V&R

Hanne Leewe / Reiner Andreas Neuschäfer

Ich hatte von dir nur vom Hörensagen vernommen

Gottesbilder

Unter Mitarbeit von
Carmen Büchel, Claudia Umlauf und Uwe Thinius

Religionsunterricht praktisch

Unterrichtsentwürfe und Arbeitshilfen
für die Sekundarstufe II

Herausgegeben von
Frauke Büchner, Michael Wermke, Birgit Zweigle

Vandenhoeck & Ruprecht

Deus tantum cognoscitur
quantum diligitur.

Gott wird nur so weit erkannt,
wie er geliebt wird.

Bernhard von Clairvaux

Bibliografische Information Der Deutschen Bibliothek

Die Deutsche Bibliothek verzeichnet diese Publikation in der Deutschen Nationalbibliografie; detaillierte bibliografische Daten sind im Internet über <http://dnb.ddb.de> abrufbar.

ISBN 3-525-61419-5

© 2005, Vandenhoeck & Ruprecht in Göttingen
Internet: www.v-r.de
Alle Rechte vorbehalten. Das Werk und seine Teile sind urheberrechtlich geschützt. Jede Verwertung in anderen als den gesetzlich zugelassenen Fällen bedarf der vorherigen schriftlichen Einwilligung des Verlages.
Hinweis zu & 52a UrhG: Weder das Werk noch seine Teile dürfen ohne vorherige schriftliche Einwilligung des Verlages öffentlich zugänglich gemacht werden. Dies gilt auch bei einer entsprechenden Nutzung für Lehr- und Unterrichtszwecke.
Printed in Germany.
Lithografie | Satz: Weckner Fotosatz GmbH | media+print, Göttingen
Druck und Bindung: Hubert & Co., Göttingen

Gedruckt auf alterungsbeständigem Papier.

Inhalt

A Einführung 7

    Lernvoraussetzungen 7
    Fachwissenschaftliche Überlegungen 8
    Biblisch-theologische Grundlinien 9
    Didaktische Intentionen 11
    Literatur

> *Binnenstruktur der Bausteine:*
>
> – Theologisch-didaktische Aspekte
> – Intentionen | Einschätzungen
> – Literatur und Medien
> – Unterrichtsimpulse, Verlaufsvorschläge und Projektideen
> – Materialien

B Bausteine 13

I. Einstimmungen 13

II. Die Vielzahl und Vielfalt biblischer Gottes-Vorstellungen 22

III. Gottes-Vorstellung und Gottes-Offenbarung 39

IV. Aspekte biblischen Redens von und mit Gott 54
    1. *Gott befreit: Exodus* 54
    2. *Gott der Schöpfer* 59
    3. *Gott und das Leid* 63
    4. *Mit Gott reden* 73
    5. *Gott will Schalom* 86
    6. *Gott leidet* 95
    7. *Gott richtet* 104
    8. *Gott ist Liebe* 108

V. Reden von Gott heute 116
    1. *Weibliche Bilder von Gott* 116
    2. *Missbrauch des Gottesnamens* 123
    3. *Gott erleben in der Gemeinde* 129
    4. *Praktischer Atheismus und A-Theismus im Christentum* 131

VI. Von Beweisen, Fragen und (An-)Klagen 141

VII. Ausklang und Abschluss – Lerngruppen-Kooperation 149

C Lernerfolgsüberprüfungen 155

    Mündliche Abiturprüfung 155
    Klausur 157

Quellenverzeichnis 158

A Einführung

Lernvoraussetzungen

Die Begegnung mit dem Unbegreiflichen als Lebenskompetenz. Jeder Mensch macht im Laufe seines Lebens Erfahrungen, die das Alltägliche sprengen, die unbegreiflich sind und Bisheriges in Frage stellen. Tod, Krankheit, Behinderung, Enttäuschung führen ebenso an die Grenzen des Begreifens wie das Erlebnis echter Liebe, das Geschenk neuen Lebens, die unerwartete Befreiung aus einer belastenden Situation.

Religiöse und ethische Bildung im Religionsunterricht setzt Impulse dafür, mit diesem Unbegreiflichen lebenskompetent umzugehen. Hierfür ist eine reflektierte Begegnung mit eigenen *und* fremden Erfahrungen, Überzeugungen und Vorstellungen unabdingbar – gerade dann, wenn diese befremdlich wirken, Ängste auslösen oder Aggressionen hervorrufen. Im Religionsunterricht kommt dann die Dimension Gott zur Sprache – nicht so, als ob in der Lerngruppe oder gar zwischen Lerngruppe und Lehrendem Einigkeit darüber herrsche, wer oder was das sei, sondern so, dass Entdeckungen gemacht, Auseinandersetzungen geführt, Möglichkeiten erprobt werden können – eine Herausforderung für alle Beteiligten, besonders für den Lehrenden, der mit der eigenen Einstellung nicht hinter dem Berg halten kann; denn wer eine Sicht des Lebens zeigen will, muss „Gesicht zeigen" (Michael Meyer-Blanck).

So wenig wie sich ein einheitliches Bild jugendlicher Religiosität entwerfen lässt, kann von gleichen Vorstellungen, Assoziationen, Gefühlen und Erfahrungen in Zusammenhang mit dem Stichwort „Gott" ausgegangen werden.[1] Als Tendenzen sind jedoch u.a. auszumachen:

1. Die Orientierung am biblischen bzw. kirchlichen Reden von Gott nimmt ab.
2. Der Einzelne filtert aus verschiedenen religiösen Vorstellungen das heraus, was er für sich für passend hält, und gestaltet daraus sein persönliches Gottesbild.
3. Der Gottesfrage wird immer weniger Relevanz für die eigene Gesamtbiografie zugemessen.
4. An vagen Funktionen Gottes (z.B. „Gott als Inbegriff der Geborgenheit") wird festgehalten.

Angesichts dieser Ausgangslage empfiehlt es sich erst recht, die Frage nach Gott nicht als Frage nach einer abstrakten Wahrheit einzuführen, sondern von den Fragen der Jugendlichen her behutsame Deuteangebote zu machen. Die Schülerinnen und Schüler sollen erfahren, dass sie in der Schule „nicht auf eine Umgebung stoßen, die sie aus Fragezeichen zu besserwisserischen und nichtfragenden Ausrufezeichen zurechtbiegt." (Ekkehart Martens). Aufgabe der Lehrenden ist es, die eigene Position ins Spiel und zur Diskussion zu stellen: „Das Zeigen von Religion hat zunächst einen – im besten Sinne – musealen Sinn. Wer etwas zeigen will, muss etwas davon kennen und es an Gegenständen aufzeigen können. Ein guter Führer (im Museum wie in der Kirche oder am Berg) muss in der Sache erfahren sein. Er verlangt aber nicht, dass die anderen schon ebenso erfahren sind, und auch nicht, dass sie sich sofort für die Sache begeistern. Wer etwas zeigt, schließt das nicht aus, aber setzt das auch nicht voraus. Ich zeige dir etwas, und du musst es nicht toll finden, aber ich zeige dir etwas, wozu ich selbst eine – wie auch immer im einzelnen geartete – Beziehung habe. Du musst deinen Weg *selbst* finden, aber nicht *allein*."[2]

---

1 Siehe den Abschnitt „Lebenslagen Jugendlicher" in: Maße des Menschlichen. Evangelische Perspektiven zur Bildung in der Wissens- und Lerngesellschaft. Eine Denkschrift, hg.v. Kirchenamt der EKD, Gütersloh 2003, S. 36–41.
2 Meyer-Blanck, Michael: Religionsunterricht in der pluralistischen Gesellschaft. Praktisch-theologische Standortbestimmung, in: Bedford-Strohm, Heinrich (Hg.): Religion unterrichten. Aktuelle Standortbestimmung im Schnittfeld zwischen Kirche und Staat, Neukirchen-Vluyn 2003, S. 96–106, hier: S. 105.

Vorliegende Anregungen und Ausführungen haben insbesondere die Beziehungs- bzw. Begegnungsfähigkeit der Schülerinnen und Schüler im Blick. Wir sind davon überzeugt, dass hierfür eine religiöse Kompetenz maßgeblich ist. Sie kann sich bewähren und entwickeln in dem Ringen, im Unterricht immer wieder eine gemeinsame Sprache zu finden trotz verschiedener Ebenen des Verstehens. Bewusst wird den Jugendlichen ein hohes Maß an Selbst-, Sozial-, Methoden- und Sprachkompetenz abverlangt, wenn es darum geht, eigene Gedanken zur Sprache und in Abstimmung mit den anderen ins Spiel zu bringen. Wir regen an, auch in der gymnasialen Oberstufe immer wieder subjektorientierte Unterrichtsgestaltungen zu arrangieren, bei denen Sch sich selbsttätig, arbeitsteilig und kreativ einbringen können.

Wer sich im Religionsunterricht an die Gottes-Vorstellungen heranwagt, hat zunächst die Erfahrungen und Situationen der Jugendlichen in Familie, Schule und peer-groups zu bedenken sowie auch ihre „Alltäglichkeiten" wahrzunehmen, die sich in Einstellungen, Gefühlen, Events, Festen, Moden, Beziehungen, Medien, in Lebensstilen und Lebensentwürfen, in Hoffnung und Trauer zeigen. Dazu gehört, für die Vorstellungen und Verständnisweisen empfänglich zu werden, die die jungen Menschen selbst zur Erschließung von Unterrichtsinhalten mitbringen, sich *mit* ihnen „über die Grenzen der erlebten Welt hinauszutasten, und die Transzendenzerfahrungen mit der Gottesfrage und der Gotteserfahrung in einen Dialog zu bringen".[3] Hierbei sollte auch Verletzungen aus der religiösen Sozialisation und Bildung Raum gegeben werden, insbesondere wo Sch durch destruktives bzw. unreflektiertes Weitererzählen biblischer Geschichten ein problematisches Bild Gottes vermittelt worden ist, das sie als Heranwachsende nicht mehr losgelassen und zu Verwerfungen bzw. Leugnungen Gottes selbst geführt hat.

Es wird empfohlen, die Sch in die Unterrichtsplanungen und -gestaltungen bewusst einzubeziehen. Entsprechend dem erfahrungsbezogenen, lebensweltorientierten Ansatz verstehen sich vorliegende Ideen und Impulse nur als Hinweise auf potenzielle Unterrichtsinhalte. Wir haben bewusst fragmentarisch gestaltet, um zu einem kritisch-konstruktiven Umgang auch mit den Vorgaben von Lehr- und Bildungsplänen herauszufordern.

Fachwissenschaftliche Überlegungen

> Wahrer als unser Reden von Gott ist unser Denken über ihn, und wahrer als unser Denken ist sein Sein.
>
> Augustinus

Wer das Wort Gott in den Mund nimmt, gerät in Erklärungsnot. Meint er ein übernatürliches Wesen? Irgendeines? Ein bestimmtes? Meint er es *ernst*? Er ist herausgefordert, Stellung zu nehmen, eine Position zu beziehen: Glaubt er „an Gott", glaubt er überhaupt? Und wenn: Was bedeutet das: Glauben? Was bedeutet es für ihn?

- Gott ist eine Chiffre, sagt die moderne Religionskritik. Und Religion ein Platzhalter für Anthropologie und Ethik.
- Gott war eine Hilfkonstruktion, sagt die Naturwissenschaft. Je mehr wir die Naturgesetze verstehen, desto weniger brauchen wir Gott. Wir „erklären ihn weg".
- Gott ist gefährlich, sagen Feuerbach, Marx, Nietzsche, Freud und die DDR-Ideologie mit unterschiedlicher Akzentsetzung. Das Wort steht für ein pathologisches Bewusstsein bzw. für eine ideologische Verschleierung gesellschaftlicher Macht- und Unrechtsverhältnisse.

In einer pluralen und multikulturellen Gesellschaft sind die verschiedenen Verwendungsweisen des Wortes Gott in den verschiedenen Religionen oder Formen von außerkirchlicher Religiosität zu unterscheiden. Es gilt sprachlich und theologisch das Reden von Gott zu unterscheiden und zu entscheiden, inwiefern von demselben Gott die Rede ist oder hinter allen Gottesvorstellungen die Erfahrung derselben göttlichen Macht steht. Religionswissenschaftlich ist zwischen polytheistischen, henotheistischen und monotheistischen Religionen zu unterscheiden. Im modernen Sprachgebrauch steht das Wort Gott meistens für einen letzten Sinn unseres individuellen Lebens, der Geschichte oder des Kosmos, und wird häufig mit der Natur bzw. einer universellen Lebensenergie gleichgesetzt. Vor dem Hintergrund solcher Vorstellungen ist das Verständnis der biblischen Rede von Gott nachzuzeichnen bzw. nachzuvollziehen.

---

3 Schambeck, Mirjam: Mystagogisches Lernen, in: Hilger, Georg; Leimgruber, Stephan; Ziebertz, Hans-Georg: Religionsdidaktik. Ein Leitfaden für Studium, Ausbildung und Beruf, München ²2003, S. 373–384, hier: S. 380.

Biblisch-theologische Grundlinien

Der Gebrauch des Wortes Gott in der Bibel ist zu differenzieren in

- ein Reden über Gott,
- ein Reden zu Gott und
- ein Reden von Gott.

Kurt Marti resümiert: „So hat die Theologie zwar immer mit Sprache, mit Wissenschaft zu tun, allerwärts hinhörend auch hier, doch ist ihre Rede von Gott ein einziges unablässiges Gebet: Gib, o Gott, dass wir *dich* reden hören!"[4] Die Etymologie des Wortes „Gott" gibt Aufschluss: Es ist verwandt mit dem indogermanischen Zeitwort ghu („anrufen") und bedeutet ursprünglich so viel wie „ein Wesen, das man (im Gebet) anruft".

Alles Beten setzt einen personalen Gottesgedanken voraus, wie umgekehrt der Glaube an einen Gott im Gebet seinen ursprünglichsten Ausdruck findet. Da das Gebet sich selbst als Antwort auf eine Anrede Gottes begreift, impliziert das Wort Gott den Gedanken der Offenbarung bzw. des Wortes Gottes. Von daher beinhaltet die Rede von Gott zugleich, dass jemand sich von Gott selbst angesprochen weiß.[5]

Die Verfasser der Bibel lassen keinen Zweifel: Sie reden von Gott, weil Gott zuerst geredet hat – sei es in der Schöpfung: „und Gott sprach", sei es zu Abraham: „Geh aus deinem Vaterland" oder zu Mose: „So geh nun hin ... Ich werde sein, der ich sein werde ...".

Vom Neuen Testament her hat sich der biblische Gott in der Person Jesus von Nazareth letztgültig offenbart. Von daher ist es christlicherseits nicht möglich, von Gott zu reden, ohne Jesus Christus im Blick zu haben.

Christlich von Gott reden heißt: von Gottes Taten reden – von seiner Geschichte mit dem Volk Israel und von Jesu kurzem Lebensweg zwischen Bethlehem/Nazareth und Jerusalem. Somit ist ein Reden von Gott wesentlich ein *Erzählen*.[6] Alle Theologie als theoretische Reflexion des Glaubens an Gott bleibt auf das Erzählen von Gotteserfahrungen und Gottesbegegnungen bezogen. Bei der Frage, wie dieses Erzählen geschieht und was dessen Inhalt im Wesen ausmacht, gab es im Laufe der (Kirchen-) Geschichte unterschiedliche Weichenstellungen.[7]

Biblisch von Gott reden – So konkretisieren wir bewusst den Untertitel des Bandes „Gottesbilder"; schon das Hiob-Zitat, das den Haupttitel bildet, legt nahe, dass das Alte Testament eine wesentliche Rolle spielt. Das Alte Testament ist zugleich und zuerst die Thora der Juden – und so ist es eigentlich selbstverständlich, dass wir die Schülerinnen und Schüler in den Unterrichtsmaterialien nicht nur mit christlichen, sondern auch mit jüdischen Gotteserfahrungen konfrontieren.

Die dritte monotheistische Weltreligion kann dem Ansatz „biblisch" nach nicht unmittelbar mit zum Zuge kommen, wird aber durch einzelne Schlaglichter auf den Islam (jeweils kenntlich durch das „Logo") in den Blick genommen. Dabei geht es um Verstehen, Verständnis und Verständigung, so dass eine mögliche Begegnung angebahnt und der eigene Horizont erweitert werden kann. Die kurzen Textstücke eignen sich als Gesprächsimpulse; der Gesamttext ist in Baustein VII als Kopiervorlage nachgeliefert.

Didaktische Intentionen

Kompetenzen konsequent fordern und fördern. Vorliegende Informationen, Ideen und Impulse orientieren sich am Kompetenzmodell. Es konzentriert sich auf die Entwicklung von Lernkompetenz auf den Ebenen Sachkompetenz, Methodenkompetenz, Sozialkompetenz und Selbstkompetenz. Während die Sachkompetenz vorwiegend Inhalte im Blick hat, bezieht sich die Sozial- und Selbstkompetenz auf Haltungen und den Umgang mit anderen Menschen und sich selbst (Einbringen – Zurücknehmen). Die Methodenkompetenz reflektiert, auf welchem Wege welche Ergebnisse zu erwarten sind, beschreibt diese Wege und lernt die Ergebnisse einzuschätzen. Die beschriebenen Unterrichtsarrangements bemühen sich um Balance zwischen den verschiedenen Kompetenzen, die zwar zu unterscheiden, aber nicht immer klar zu trennen sind.

---

4 Marti, Kurt: O Gott!, Stuttgart 1986, S. 26.
5 Vgl. Buber, Martin: Das dialogische Prinzip, Darmstadt 1984 (5., durchges. Aufl.), S. 76-121 sowie S. 159-161.
6 Siehe hierzu die Ausführungen in Marti, Kurt: O Gott!, Stuttgart 1986, S. 11-27, z.B. S. 25: „Ausgehend von der Frage, wie von Gott die Rede sein könne, sind wir – vielleicht nicht zufällig – bei einem Beispiel gelandet. Die Frage kann tatsächlich wohl nur mit Beispielen, nicht aber mit theologischen oder sprachlichen Rezepten beantwortet werden. Die Bibel selbst berichtet vorwiegend ebenfalls von Situationen und Beispielen."
7 Der Begriff Entscheidung zielt auf das Verständnis von Dogmengeschichte als Entscheidungsgeschichte im Gegensatz zur Annahme einer Entwicklungsbestimmung. Vgl. z.B. Beyschlag, Karlmann: Grundriß der Dogmengeschichte. Bd. 2 Gott und Mensch, Teil 2 Die abendländische Epoche, Darmstadt 2000, S. XIf.: „Dogmengeschichte ist nicht nur Normgeschichte (...), sondern auch Schicksalsgeschichte des christlichen Glaubens".

Hinsichtlich der *Sachkompetenz* haben wir insbesondere im Blick:

- biblische Texte erfassen und historisch wie sozialgeschichtlich einordnen können;
- biblische Gattungen erkennen und benennen können;
- Gottesnamen und Gottesbezeichnungen aus der Bibel benennen können;
- den Leitgedanken „Exodustradition" erklären können;
- Einsicht in die Vielfalt und Verschiedenheit biblischer Gottesvorstellungen gewonnen haben;
- atheistische Positionen darstellen und einschätzen können.

Hinsichtlich der *Methodenkompetenz* haben wir im Blick:

- mit biblischen und philosophischen Texten differenziert umgehen können;
- mit Bildern, Zeichnungen und Karikaturen umgehen können;
- Diskussion und Dialog unterschiedlicher Positionen leiten und analysieren können;
- unterschiedliche exegetische Methoden kritisch einschätzen und anwenden können;
- unterschiedliche Unterrichtsmethoden konstruktivkritisch einschätzen und anwenden können;
- kirchliche „Gebrauchstexte" (z.B. Evangelisches Gesangbuch, Kinderbibeln, Liturgien) einschätzen können;
- Informationen aus Printmedien und dem Internet besorgen und bewerten können.

Hinsichtlich der *Selbstkompetenz* haben wir im Blick:

- eigene Vorstellungen ins Gespräch bringen und evtl. korrigieren können;
- mit (fremden) Positionen konstruktiv-kritisch umgehen können;
- eigene Arbeitszeit organisieren können;
- eigene Orientierung finden können;
- Voraussetzungen eigener Positionen darlegen und reflektieren (Grundlagenklärung);
- Urteilsfähigkeit unter Beweis stellen.

Hinsichtlich einer *Sozialkompetenz* haben wir im Blick:

- Dialogfähigkeit aufzeigen;
- Kommunikationsfähigkeit (sich einbringen – sich zurücknehmen) erweisen;
- Kooperationsfähigkeit, d.h. auch, sich auf das Niveau einer anderen Person einstellen können (z.B. „Erklären Sie einem Fünfjährigen...!"), einsetzen;
- Partner- und Gruppenarbeit organisieren, durchführen und analysieren können.

Bewährtes Bewerten – angemessenes Einschätzen. Eine besondere Herausforderung ist die Suche nach einer dem Kompetenzmodell sachgemäßen Bewertungspraxis. Transparenz ist nötig; die Bewertungskriterien müssen offengelegt werden. Kreativität, Präsentation und Kommunikation müssen angemessen in die Bewertung mit einfließen. Die Sch sollen an der Bewertung beteiligt werden. Wir gehen hier davon aus, dass zu jeder Unterrichtsstunde von Sch ein Ergebnisprotokoll angefertigt und offen eingeschätzt wird.

Nicht nur das Pensum zählt. Wir finden es wichtig, auch die Dimension der Spiritualität im Unterricht ins Spiel zu bringen – insbesondere beim Thema Gott! Hierbei denken wir an bewusste Gestaltungen des Stundenbeginns und -endes etwa durch: ein Symbol (z.B. gemeinsam gestaltete Kerze entzünden), ein Psalmwort (oder Losung), einen Sinnspruch; oder an das Vorlesen jeweils einer kurzen Sequenz aus (z.B.) dem Buch von Hans Frör: Ich will von Gott erzählen wie von einem Menschen, den ich liebe, Gütersloh 2003. Es ist uns wichtig, die biblischen Texte intensiv zu Wort kommen zu lassen und dabei deren Charakter als erzählte Erfahrung hervorzuheben.

Im unterrichtlichen Ausprobieren in Ostdeutschland wurde oft schmerzlich deutlich, wie für viele Sch eine Erstbegegnung mit biblischen Texten eine enorme Fremdheits- bzw. Differenzerfahrung bedeutet. Vorzugsweise ist daher ein elementarisierender und narrativer Ansatz in den Ideen und Impulsen gewählt – entsprechend unserer Überzeugung: Wo Unterrichtsmethoden in Zusammenhang mit religiöser Bildung gebracht werden, „wird in Rückbesinnung auf die jüd.-christl. Tradition dem Handlungsmuster *Erzählen* eine besondere Bedeutung zukommen, das die Ich-Du-Beziehung, den Dialog als Grundzug des Menschseins ausweist. In Folge wird der Religionsunterricht Methoden einsetzen, die durch befreiende und kreative Formen das Menschsein zu entfalten helfen."[8]

Wir sehen einen Religionsunterricht in der gymnasialen Oberstufe nicht isoliert, sondern eingebunden in das System Schule und in Kooperation mit z.B. dem ordentlichen Unterrichtsfach Ethik.

---

8 Schulte, Andrea: Methoden, in: LexRP 2 (2001), Sp. 1336.

Literatur

Adam, Gottfried: Unterwegs zu einer neuen Lernkultur – Einige Bemerkungen zur Methodenkompetenz von Schüler/-innen, in: Schulfach Religion 21./2002 Nr. 1-2 (Neue Lernkultur), S. 13-24

Albani, Matthias; Rösel, Martin: Altes Testament, Stuttgart: Calwer 2002 (ctb; 92)

Baldermann, Ingo (Hg.): Der eine Gott und die beiden Testamente, Neukirchen-Vluyn 1988 (JBTh 2)

Baldermann, Ingo: Ich glaube. Erfahrungen mit dem Apostolischen Glaubensbekenntnis, Neukirchen-Vluyn 2004

Bayer, Oswald: Barmherzigkeit, in: Hiller, Doris; Kress, Christine (Hg.): Daß Gott eine große Barmherzigkeit habe. Konkrete Theologie in der Verschränkung von Glauben und Leben. FS für Gunda Schneider-Flume, zum 60. Geburtstag, Leipzig 2001, 77-84

Berger, Klaus: Ist Gott Person? Ein Weg zum Verstehen des christlichen Gottesbildes, Gütersloh: Gütersloher Verlagshaus 2004

Biehl, Peter: Art. „Gott. 1 Aus der Sicht der christlichen Theologie", in: LexRP 1 (2001), 739-746

Böttge, Bernhard: Vermutungen über Gott. Die ‚Frage aller Fragen' neu buchstabiert mit Nikolaus von Kues (1401-1464), in: forum religion 2/2001, S. 3-15

Buber, Martin: Das dialogische Prinzip, Darmstadt 1984 (5., durchges. Aufl.)

Büchner, Frauke: Kreativ – auch in der gymnasialen Oberstufe?, in: Wermke, Michael (Hg.): Aus gutem Grund: Religionsunterricht, Göttingen 2002, S. 118-129

Ebach, Jürgen: Fragmentale Reflexionen über biblisches Reden von Gott, in: Junge Kirche 62.(4/2001), S. 20-24

Ebach, Jürgen: Gottesbilder im Wandel. Biblisch-theologische Aspekte, in: ders.: „…und behutsam mitgehen mit deinem Gott". Theologische Reden 3, Bochum 1995 (SWI…außer der Reihe; 19), S. 157-170

Ebach, Jürgen u.a. (Hg.): Gretchenfrage. Von Gott reden – aber wie?, Gütersloh: Christian Kaiser/Gütersloher Verlagshaus 2002 (Jabboq; 1+2)

Grossmann, Sigrid: Gottesbilder, in: Kassel, Maria (Hg.): Feministische Theologie, Stuttgart 1988

Herrmann, Christian (Hg.): Wahrheit und Erfahrung – Themenbuch zur Systematischen Theologie. Bd. 1: Einführende Fragen der Dogmatik und Gotteslehre, Wuppertal; Gießen 2004

Hertzsch, Klaus-Peter: „Ich bin dein Gott", in: Albertz, Heinrich (Hg.): Die Zehn Gebote. Eine Reihe mit Gedanken und Texten, Bd. 1: Ich bin der Herr, dein Gott… Du sollst keine anderen Götter neben mir haben, Stuttgart 1985 (2. Aufl.), S. 117-122

Hiller, Doris: „Du bist mein Gott, den ich suche". Spuren der Barmherzigkeitsgeschichte Gottes, in: Hiller, Doris; Kress, Christine (Hg.): Daß Gott eine große Barmherzigkeit habe. Konkrete Theologie in Verschränkung von Glauben und Leben. FS für Gunda Schneider-Flume zum 60. Geburtstag, Leipzig 2001, S. 85-98

Maße des Menschlichen. Evangelische Perspektiven zur Bildung in der Wissens- und Lerngesellschaft. Eine Denkschrift, hg.v. Kirchenamt der EKD, Gütersloh 2003

Kistenbrügge, Armin: Das Gebet in der Dogmatik. Untersucht am Beispiel von Gerhard Ebelings Dogmatik des christlichen Glaubens, Frankfurt am Main 2000 (Beiträge zur theologischen Urteilsbildung; 9)

Knipping, Burkhard R.: Gottesbilder. Mehr auf Erden als im Himmel, in: Themenhefte Gemeindearbeit Nr. 43, Aachen 2000

Körtner, Ulrich: Art. „Gott. Hermeneutische Überlegungen", in: ThBLNT 1 (Neubearb. 1997), S. 841-845

Lachmann, Rainer: Gott, in: Adam, Gottfried; Lachmann, Rainer; Ritter, Werner H.: Theologische Schlüsselbegriffe. Biblisch – systematisch – didaktisch, Göttingen 1999 (TLL; 1), S. 108-123

Markwort, Ralf: Gott in der Krise. Materialien zur LPE 12/13.4P – Gottesglaube und Atheismus, in: entwurf 2/2000, S. 47-51

Marti, Kurt: O Gott!, Stuttgart 1986

Maurer, Ernstpeter: Zur Personalität Gottes, in: entwurf 2/2000, S. 21-24

Neumüller, Gebhard (Hg.): Gott und Gottesbilder. Sekundarstufe II Lernzirkel, Speyer: Ev. Presseverlag Pfalz 2000

Neumüller, Gebhard; Niehl, Franz Wendel (Hg.): Gott und Gottesbilder. Konzepte. Materialien für den Religionsunterricht in der Sekundarstufe II (Heft 2), Frankfurt am Main 1977

Orth, Gottfried: Systematische Theologie, Stuttgart: Calwer 2002 (ctb; 91)

Rieger, Hans-Martin: Grenzen wissenschaftlicher Rationalität, Relativismus und Gottesglaube. Reflexionen zur zeitgenössischen wissenschaftstheoretischen Diskussion, in: ThBeitr 33./2002, S. 334-355

Schlink, Edmund: Ökumenische Dogmatik. Grundzüge, Göttingen 1985 (2. Aufl.)

Schmidt, Werner Heinrich: Art. „Gott. II Altes Testament", in: TRE XIII, 1984, S. 608-626

Schulte, Andrea: Die Bedeutung der Sprache in der religionspädagogischen Theoriebildung, Frankfurt am Main u.a. 2001 (Religion in der Öffentlichkeit; 5)

Schulte, Andrea; Wiedenroth-Gabler, Ingrid: Religionspädagogik, Stuttgart 2003 (ctb; 94)

Slenczka, Reinhard: Gotteserkenntnis und Gotteserfahrung, in: Herzog, Albrecht Immanuel (Hg.): Neues und Altes. Ausgewählte Aufsätze, Vorträge und Gutachten, Bd. 1: Aufsätze zu dogmatischen Themen, Neuendettelsau 2000, S. 97-115

Sölle, Dorothee: Gott denken, Stuttgart 1990

Vieweger, Dieter; Heiligenthal, Richard: Art. „Gott. Biblisch-theologisch", in: ThBLNT 1 (Neubearb. 1997), S. 827-841

Wegenast, Klaus: Der christliche Glaube als Lehre im Religionsunterricht, in: Adam, Gottfried; Lachmann, Rainer (Hg.): Religionspädagogisches Kompendium, Göttingen 1997 (5., neubearb. Aufl.), 327-380

B Bausteine
I. Einstimmungen

Theologisch-didaktische Aspekte

Eine Vielfalt von Glaubensgeschichten und Glaubenskonstruktionen tritt zu Tage, wenn im Religionsunterricht die Frage nach Gott gestellt wird. Spannend und beunruhigend zugleich mag es für die Lehrenden sein, dass sie nicht vorausplanen können, womit sie in ihren Lerngruppen konfrontiert werden könnten. Einziger Anhalt ist die in der Sekundarstufe II zu erwartende religiöse Entwicklungsstufe der Sch. Es empfiehlt sich daher, weniger mit Erwartungen als vielmehr mit großer Offenheit in diesen Kurs einzusteigen, zum Nachdenken und Nachfragen einzuladen und Platz einzuräumen für unerwartete Formulierungen, Vorstellungen – und Verletzungen. Zu berücksichtigen ist auch, dass bei Sch, die etwa in der Oberstufe erstmals am Religionsunterricht teilnehmen, sehr wenig religiöse Sprachkompetenz vorhanden ist.

Die vorliegenden Ideen und Impulse zielen darauf, das, was die Sch mitbringen, unbedingt ernst zu nehmen und in den Unterricht einfließen zu lassen. Darüber hinaus wollen sie die Sch an einen kompetenten Umgang mit religiöser Sprache heranführen. Schließlich soll bereits der Beginn der Unterrichtsreihe vor Augen führen, dass es bei der Gottes-Frage nicht um Abstraktes, sondern um Konkretes und Lebensrelevantes geht, letztlich sogar um Lebenskompetenz.

Eine Zusammenarbeit mit dem parallelen Ethikunterricht bzw. Philosophieunterricht drängt sich bei der Gottes-Frage geradezu auf. Die unterschiedlichen Grundlagen und Denk-Voraussetzungen eines konfessionell gebundenen und eines weltanschaulich bewusst nicht gebundenen Fachs werden hier augenfällig; die Kreativität der Sch ist gefragt, um diese Augenfälligkeit real darzustellen.

Intentionen

- Der Verlauf des Kurses „Gottes-Vorstellungen" soll von Sch und L gemeinsam geplant werden. Dabei werden in idealer Weise Interessen der Sch, der L und des Lehrplans berücksichtigt und zusammengebunden.
- Neben der *Selbstkompetenz*, eigene Lernprozesse zu planen und zu strukturieren, wird die *Methodenkompetenz* gefördert, wenn die jeweiligen Methoden nicht nur vorgestellt und eingesetzt, sondern auch reflektiert werden.
- *Gibt es Gott wirklich?* Diese Frage ist, unserer Erfahrung nach, immer und in erster Linie dabei, wenn Sch ihre Fragen zum Thema Gott formulieren sollen. Es reicht nicht, diese Frage als unsachgemäß zurückzuweisen oder zu übergehen. Die Sch sollen selbst erkennen, dass ihre Frage nicht eindeutig und nicht sinnvoll zu beantworten ist. Im Laufe des Kurses werden sie ihre Frage(n) neu formulieren und neue Fragen zulassen.
- Die Jugendlichen werden herausgefordert, ihre Frage nach Gott so zu formulieren, dass sie für ihr Leben Gewicht hat.
- Durch eine Pro-und-Kontra-Debatte wird die Kommunikations- und Interaktionskompetenz, also die *Sozialkompetenz* gefördert.
- Luthers Satz aus der Erklärung des Ersten Gebots: „Worauf du dein Herz hängst, das ist dein Gott" weitet den Blick auf *Metaphern* und Vorstellungen von Gott.
- Die Karikatur von Marie Marcks (**M2**) stellt die „Gottes-Frage" im schülerrelevanten Kontext Schule – Anlass dazu, dass die Sch ihre Situation reflektieren. Wie abhängig sind sie von den Punkten und Zensuren, die L ihnen zuteilen? Ist der „Zensuren-Gott" ein Gott, der Freiheit und Leben eröffnet? Wenn nicht, was kann man zu seiner Entmachtung tun? Im Idealfall von Unterricht entwickelt sich ein offenes Gespräch zwischen Lehrenden und Lernenden, das zu Veränderungen in der Art der Zensurengebung führt und die Sicht auf diese Art der Leistungsbewertung verändert.

Einschätzungen
(Leistungsbewertung und Klausuren)

Wichtig ist in dieser einstimmenden Phase der Unterrichtsreihe ein sorgfältig geführtes Protokoll, das mindestens Methoden und Thesen präzise festhält. Dieses Protokoll wird in der nächsten Stunde präsentiert und bewertet. In unseren Erfahrungskontexten hatten die Sch erhebliche Schwierigkeiten mit dem Erstellen von Protokollen eines eher geisteswissenschaftlichen Unterrichts, so dass hier evtl. Hilfestellungen zu geben sind.

Weitere Bewertungen können erarbeitet werden durch die Vorbereitung und Präsentation eines der drei Texte (**M1–3**) in der zweiten Doppelstunde.

Die Texte (**M1–3**) eignen sich auch als „Materialanhang" zu einer Klausur:

- Eine Person, mit der Sie befreundet sind, schreibt Ihnen eine E-Mail: „... ich will es endlich wissen: Gibt es Gott oder nicht? Du bist doch im Religionsunterricht, du musst es wissen." Antworten Sie Ihrem Freund/Ihrer Freundin. Wenn Sie wollen, können Sie die Texte von Brecht, Bultmann und Gollwitzer in Ihre Antwort einbeziehen.

Bei der Bearbeitung von **M4** und **M5** wird die kreative Leistung in den Kleingruppen eingeschätzt. Bewertungskriterien sind: Eigenständigkeit, Originalität, korrekter Gebrauch von Fachtermini (Karikatur – Zeichnung – Collage – Moritat) sowie die Sachgemäßheit (Trifft die Darstellung das gestellte Thema?). Auch wenn das „Endprodukt" der kreativen Arbeitsphase Wünsche offen lässt, kann der kreative Prozess an sich positiv bewertet werden („Ich wollte eigentlich darstellen ...").[1] Wo in Gruppen gearbeitet wurde, gehört zur Präsentation auch eine Reflexion über die Zusammenarbeit. In der gesamten Einheit geht es um die Reflexion der eigenen Situation. Fähigkeit und Bereitschaft zur Selbstreflexion können bewertet werden. Wenn aus dieser Selbstkompetenz sogar Ansätze von Handlungskompetenz erwachsen, ist dies besonders positiv zu registrieren.

Literatur und Medien

Berg, Horst Klaus: Lieder, Bilder, Szenen im Religionsunterricht, Band 8, München 1978, S. 71f.

Berg, Horst Klaus: Arbeiten mit Karikaturen, in: Adam, Gottfried; Lachmann, Rainer (Hg.): Methodisches Kompendium für den Religionsunterricht 1. Basisband, Göttingen 2002 (4., überarb. Aufl.), S. 262–268

Greving, J.; Paradies, L.: Unterrichts-Einstiege. Ein Studien- und Praxisbuch, Berlin 2000 (5. Aufl.)

Lehmann, Christine: Unterrichtsvorbereitung – ein didaktischer Denkprozess, in: Noormann, Harry u.a. (Hg.): Ökumenisches Arbeitsbuch Religionspädagogik, Stuttgart ²2004, S. 193–228

Peters, Albrecht: Kommentar zu Luthers Katechismen, hg.v. Gottfried Seebaß, Göttingen 1990–1994

Rupp, Horst F.: Unterrichtseinstiege, in: Adam, Gottfried; Lachmann, Rainer (Hg.): Methodisches Kompendium für den Religionsunterricht 2. Aufbaukurs, Göttingen 2002, S. 335–342

Rupp, Horst F.: Eruierung von Ausgangslagen und Meinungen, in: Adam, Gottfried; Lachmann, Rainer (Hg.): Methodisches Kompendium für den Religionsunterricht 2. Aufbaukurs, Göttingen 2002, S. 350–360

Schulte, Andrea: Methoden, in: LexRP 2 (2001), Sp. 1334–1340

Unterrichtsimpulse, Verlaufsvorschläge und Projektideen

1. Planung und Einklang

Sch und L schreiben auf Moderationskarten mit dicken Stiften je ein Stichwort zu: „Am Thema *Gott* interessiert mich ...". Hinweise der L auf fächerübergreifende Themen erweitern das mögliche Spektrum.

Die Karten werden unsortiert und undiskutiert an die Tafel gepinnt oder geklebt.

Die Karten werden von Sch und L gemeinsam zu einem *Mind Map* sortiert, d.h. es werden Schlüsselbegriffe und Unterthemen gefunden, denen die Stichworte zugeordnet werden.

Hierbei können die Sch evtl. die Hintergründe für ihr Stichwort ins Spiel bringen.

Wenn alle Stichworte untergebracht sind, wird ausgehandelt, welche Themen, Unterthemen und Aspekte im Unterricht behandelt werden sollen und können. Dabei zählen Argumente! Die Tatsache, dass ein Stichwort oder Thema im Lehrplan auftaucht oder von einer Mehrheit genannt wurde, reicht allein nicht aus.

---

1 Zur Bewertung kreativer Leistungen vgl. Seminarfach – Tipps für Fachbetreuer/-innen, unter www.ptz-neudietendorf.de/Veröffentlichungen/Seminarfach.

Dabei bringt L die eigenen Argumente und auch die Erfahrung z.B. mit Zeitplanung ein. Schließlich wird gemeinsam ein Kursplan erstellt und beschlossen; dabei werden auch schon kreative Phasen oder mögliche Projekte bedacht.

In Kleingruppen finden sich Sch, die gemeinsam ein Referat zu einem Aspekt des Themas ins Auge fassen. Diese Aufgaben werden verbindlich verteilt und terminiert.

Danach werden Absprachen getroffen über die Leistungsbewertung in diesem Kurs. Neben erfolgreicher Teilnahme an Klausur und schriftlichen Leistungskontrollen wird mindestens erwartet: Regelmäßig ein Stundenergebnisprotokoll anzufertigen, ein Referat mit Präsentation vor der Gruppe zu halten. Darüber hinaus bieten sich weitere (Kurz-)Referate, Moderationsaufgaben im Unterricht, Hausarbeiten an.

Am Schluss stehen verbindliche Absprachen über Inhalte, Termine, Leistungsbewertung, die schriftlich fixiert werden und nur durch gemeinsamen Beschluss veränderbar sind.

2. Pro und Kontra Existenz Gottes

Die Methode der *Pro-und-Kontra-Diskussion*[2] wird vorgestellt: Sch sollen eine Debatte darüber führen, ob es Gott gibt oder nicht.

Sie sammeln zunächst in zwei Gruppen Pro- und/oder Kontra- Argumente.

Einige Sch tragen diese später als Anwaltspersonen oder als Experten/-innen vor. Die Rollen der Anwaltspersonen werden mindestens doppelt besetzt. Ein Teil der Gruppe beurteilt als Zuhörende die Qualität der Argumentationsweise. Anwaltspersonen und Experten/-innen spielen eine Rolle, sie können, müssen aber nicht ihre reale Position vertreten.

Die Anwaltspersonen beider Positionen legen ihre Strategie fest und berufen Experten/-innen, die ihre Argumentationsweise unterstützen sollen.

Während die Anwaltspersonen und Experten/-innen sich auf ihren Auftritt vorbereiten, formuliert die Gruppe der Zuhörenden Kriterien überzeugender Argumentationen, an denen das Gehörte später gemessen wird.

Die Anwaltspersonen halten nacheinander ihr Plädoyer (jeweils 2,5 Minuten; wer beginnt, wird ausgelost), dann rufen sie ihre Experten/-innen auf, die ebenfalls je 2,5 Minuten Zeit haben. In der dritten Runde greifen die Anwaltspersonen die Argumente der Gegengruppe auf bzw. an und haben Gelegenheit, ihre eigene Argumentation zu präzisieren.

Danach werden die Zuhörenden befragt: Hat jemand durch die Debatte die eigene Meinung geändert? Warum? Was war überzeugend? Welche Argumentationen waren nachvollziehbar, welche nicht?

Das Rollenspiel wird ausdrücklich beendet. Alle verlassen ihre Rollen. Nur die L bleibt in der Moderatoren-Rolle.

Im Folgenden geht es nicht mehr um die Frage „Wer hat Recht?", sondern nur um die Art der Argumentation. Ergebnisse dieser Auswertungs-Runde können sein:

- Die Diskutierenden haben (nicht) klar gelegt, was sie jeweils unter „Gott" verstehen, darum haben sie aneinander vorbei geredet, oder aber sie haben eine Basis der Verständigung geschaffen.
- Sie haben ihren eigenen Erfahrungshintergrund (nicht) deutlich gemacht, dadurch wurde das Gesagte (nicht) nachvollziehbar.
- Die Diskutierenden sind von Voraussetzungen ausgegangen, auf denen ihre Argumentation aufbaute, die sie (nicht) offengelegt haben. Darum konnten sie sich (nicht) miteinander verständigen.
- Überzeugen konnten weniger „schlagende" Beweise als vielmehr persönliche Zeugnisse.

Die Sch formulieren in Kleingruppen Thesen: *Sinnvoll über die Frage der Existenz Gottes zu reden, bedeutet bzw. setzt voraus ...*

Inhalte der Thesen können sein:

- Es kann keine allgemein gültige Antwort auf die Frage nach der Existenz Gottes geben, sondern nur individuell verantwortete Aussagen.
- Diese Aussagen müssen – wenn sie der Verständigung mit anderen dienen sollen – Denk-Voraussetzungen, Erfahrungen und Interessen offen legen, andernfalls eignen sie sich allenfalls zur Bestätigung der Zugehörigkeit zu einem Kreis von Gleichgesinnten.

Alternativ kann der Einstieg auch über ein *Positionsspiel* erfolgen: Gibt es Gott (nicht)? – Diese Frage schreibt L an die Tafel und fordert die Sch auf, sich auf einer im Unterrichtsraum ausgelegten Linie aufzustellen, an deren äußeren Polen Schilder mit Ja und Nein angebracht sind. Auf diese Weise sind die Sch gefordert, „Gesicht zu zeigen" und im wahrsten Sinne des Wortes Position zu beziehen. Die Linie bietet auch die Möglichkeit, differenziert näher bei dem einen oder anderen Pol

---

2 Z.B. in Klippert, Heinz: Kommunikationstraining. Übungsbausteine für den Unterricht, Weinheim und Basel 2001 (8. Aufl.), S. 204.

zu stehen. In kurzen begründeten Statements sollen die Sch ihre Position erläutern. Ein erstes anschließendes Unterrichtsgespräch wäre denkbar.

In einer zweiten Doppelstunde werden die selbst erarbeiteten Thesen in Beziehung gesetzt zu Texten anderer Autoren.

In vier Gruppen werden Texte bearbeitet:
- Helmut Gollwitzer: Erörterung der Frage, ob es Gott gibt (**M1a**)
- Rudolf Bultmann: Über Gott reden oder von Gott reden? (**M1b**)
- Bertolt Brecht: Geschichten von Herrn Keuner (**M1c**)
- Materialismus versus Religion in der sog. „Deutschen Demokratischen Republik" (**M1d**)[3]

Aufgaben:
- Recherchieren Sie zunächst, wer der Autor des Textes war.
- Formulieren Sie in maximal drei Thesen, was der Autor zur Frage nach der Existenz Gottes schreibt.
- Setzen Sie diese Thesen in Beziehung zu den Thesen, die Sie im Kurs im Anschluss an die Pro-und-Kontra-Diskussion bzw. das Positionsspiel aufgestellt haben. Gibt es Ähnlichkeiten, gibt es Widersprüche? Nehmen Sie Stellung dazu.
- Überarbeiten Sie evtl. Ihre Thesen.
- Was bedeuten die gewonnenen Erkenntnisse für ein Gespräch zwischen der Lerngruppe im Religionsunterricht und im Ethikunterricht (bzw. Philosophie)? Laden Sie zu einem solchen Gespräch ein und bereiten Sie dieses vor.

3. Zensuren

Die Sch interpretieren in kleinen Gruppen die Karikatur von Marie Marcks (**M2**).

Aufgaben:
- Beschreiben Sie, was Sie sehen.
- Marie Marcks will meiner Meinung nach damit ausdrücken … – Stimmen Sie ihr zu?
- Versetzen Sie sich nacheinander in mehrere der gezeichneten Personen: In eines der Kinder am Fuß der Pyramide, in eine(n) der Erwachsenen, in eine der Figuren, welche die Pyramide bilden. Beschreiben Sie, wie es Ihnen in dieser Position geht. Möchten Sie an dieser Position etwas verändern? Gegebenenfalls verändern Sie die Karikatur.
- An welcher Stelle der Pyramide sehen Sie sich als Schüler/in? Wie gefällt Ihnen diese Position? Wenn sie Ihnen nicht gefällt: Was kann geschehen, dass es Ihnen und anderen besser geht?
- Finden Sie einen Namen bzw. Titel für die Karikatur!

An der Tafel wird der Satz Martin Luthers sichtbar: „Worauf Du nu (sage ich) Dein Herz hängest und verlässest, das ist eigentlich Dein Gott." (**M3**). Im Gespräch setzen die Sch die Karikatur in Beziehung zu diesem Katechismus-Satz: Zeigt die Karikatur die Anbetung eines Gottes? Ist das schulische Leistungssystem der Gott, den Sch, Eltern, L und spätere Arbeitgeber anbeten? Wenn ja, ist dies ein Leben schaffender und Freiheit eröffnender Gott? Evtl. kann Letzteres in die Diskussion darüber führen, dass es bei Martin Luthers Auslegung des Ersten Gebots nicht um die Möglichkeit oder Unfähigkeit des Menschen geht zu glauben, sondern um die Unterscheidung von falschem und wahrem Gott. Für Luther ist Gott bzw. sind die Götter nicht etwas, „zwischen dem der Mensch wählen könnte in der Form von Angebot und Nachfrage, sondern etwas, wovon er beherrscht ist im Zentrum seiner Existenz, nämlich im Herzen".[4] Die Frage ist also nicht, ob jemand glaubt, sondern woran bzw. an wen er oder sie glaubt, woran das Herz hängt, was einen den Rücken stärkt, wovor sich jemand fürchtet und wer oder was in dieser Weise sein/ihr Gott ist.

---

[3] Siehe hierzu grundsätzlich: Pirner, Manfred L.: Kirche im Sozialismus, in: Lachmann, Rainer; Gutschera, Herbert; Thierfelder, Jörg: Kirchengeschichtliche Grundthemen. Historisch – systematisch – didaktisch, Göttingen: Vandenhoeck & Ruprecht 2003 (TLL; 3), S. 324-341 sowie Domsgen, Michael: Volksbildung in der DDR, in: ders.: Religionsunterricht in Ostdeutschland, Leipzig 1998 (Arbeiten zur praktischen Theologie; 13), S. 7-39.
[4] Slenczka, Reinhard: Kirchliche Entscheidung in theologischer Verantwortung. Grundlagen, Kriterien, Grenzen, Göttingen 1991, S. 76.

Sch entwerfen in Einzelarbeit oder in Kleingruppen möglichst realitätsnahe Szenen, in denen entweder dieser „Gott" angebetet wird oder in denen diese Anbetung verweigert wird. Diese Szenen können als Texte, Bilder, Moritaten, Video … dargestellt werden. Kreative Prozesse brauchen Zeit, am besten wird die Aufgabe schon vorher angekündigt und verabredet, dann haben die Sch eine „kreative Inkubationszeit".

Die Szenen werden präsentiert und besprochen und zusammenfassend auf die Situation als Sch oder L bezogen. Leitfrage: *Beten wir den Gott der Leistung an?* Die positive, aber auch die negative Wirkung des schulischen Leistungssystems wird diskutiert. Wie groß ist die Abhängigkeit von der Außenbewertung durch Zensuren? Sind Veränderungen nötig? Sind Veränderungen möglich, z.B. Absprachen zwischen L und Sch über die Art der Leistungsbewertung? Wie können Sch (stärker) beteiligt werden an der Zensurengebung?

M1a — Die Frage nach Gott in Frage gestellt …

Die Frage, „ob es Gott gibt", ist falsch gestellt. So kann man nur bei einem umstrittenen Ding wie eben z. B. den Marsmenschen fragen und die Frage dann durch Beweis positiv oder negativ entscheiden. „Einen Gott, den es gibt, gibt es nicht", schrieb Dietrich Bonhoeffer 1931. Ob „es Gott gibt" ist nicht wie bei den Einzeldingen Sache unserer objektiven Feststellung, sondern unserer Entscheidung: ob wir leben als Menschen, die sich unter Gott gestellt wissen, oder als Menschen, die sich selbst die höchsten Wesen sind (K. Marx), – ob wir leben als Menschen, für die nur das wissenschaftlich Feststellbare wirklich ist, oder als Menschen, die sich unter einer höheren Verpflichtung und unter einer geheimnisvollen Begnadung wissen.
Mehreres ist dabei zu beachten:

1. Hier ist die Unterschiedenheit der Rede von Gott von jeder Aussage, die weltliche Dinge zum Gegenstand hat, deutlich erkannt.

2. Hier hatten die Vertreter des Gottesglaubens eine starke Position in der Auseinandersetzung mit dem neuzeitlichen Atheismus, der aus der Tatsache, dass in der modernen Wissenschaft Gott nicht vorkommt und dass diese Wissenschaft Gott weder beweisen und auffinden noch überhaupt für ihre Erklärungen der weltlichen Phänomene brauchen kann, die negative Konsequenz zog, die Wissenschaft habe damit die Nichtexistenz Gottes bewiesen. Jetzt war klar: die Wissenschaft kann dazu weder positiv noch negativ etwas sagen, weil sie unzuständig ist, und dieser Atheismus hat sich enthüllt als ein Denken, das nicht weiß, wovon es spricht, weil es Gottes Sein mit dem Sein eines weltlichen Dinges gleichsetzt. Er ist antiquiert und liegt, wie die Polemik gegen die Religion in der Sowjetunion und der DDR jeden Tag beweist, mit seiner Berufung auf die Ergebnisse der Wissenschaft unter dem Niveau der heutigen wissenschaftlichen Reflexion, – was sich im Laufe der Zeit auch im Osten herumsprechen wird!

3. Damit war aber auch die Theologie davor gewarnt, Gott irgendwie objektiv beweisen zu wollen und im Kampf mit dem Atheismus die Wissenschaft für den Glauben zu Hilfe zu rufen, so, wie es der Atheismus gegen den Glauben zu tun pflegte. Vielmehr wurde die Theologie nun darauf gewiesen, dass der (…) Glaubende ohne Beweissicherung bekennen und leben muss und allein dadurch auch andere zum gleichen Leben bekehren und überwinden kann.

4. Von daher wurde die Theologie darauf aufmerksam, dass es bei der biblischen Verkündigung sich nicht anders verhält: Auch im Alten und Neuen Testament wird nie abgelöst von Gott an sich, sondern immer zugleich mit Gott auch vom Menschen gesprochen. Auch in der Bibel ist Gotteserkenntnis nie eine theoretische, immer eine praktische Angelegenheit; auch hier wird von Gott bekennend gesprochen und nicht konstatierend, auch hier offenbart das Gottesbekenntnis zugleich das Selbstverständnis des Menschen. Von Gott kann man im biblischen Sinne nicht neutral, sondern nur immer existenziell sprechen oder man hat nicht von Ihm gesprochen. Ihn kann man nicht abgelöst von uns betrachten, weil wir nicht abgelöst von Ihm existieren. Von Gott kann ich in Wahrheit nur so sprechen, dass ich zugleich vor Ihm stehe; dann ist jedes Wort, das ich von ihm sage, zugleich ein Bekenntnis über mich selbst, über das Gericht und die Gnade, das ich, vor ihm stehend, von ihm empfange.

Helmut Gollwitzer 1964
© Chr. Kaiser/Gütersloher Verlagshaus GmbH, Gütersloh

Vom Sinn und Unsinn, über Gott zu reden … | M1b

Versteht man unter „von Gott" reden „über Gott" reden, so hat solches Reden überhaupt keinen Sinn: denn in dem Moment, wo es geschieht, hat es seinen Gegenstand, Gott, verloren. Denn wo überhaupt der Gedanke „Gott" gedacht ist, besagt er, dass Gott der Allmächtige, d.h. die Alles bestimmende Wirklichkeit sei. Dieser Gedanke ist aber überhaupt nicht gedacht, wenn ich über Gott rede, d.h. wenn ich Gott als ein Objekt des Denkens ansehe, über das ich mich orientieren kann, wenn ich einen Standpunkt einnehme, von dem aus ich neutral zur Gottesfrage stehe, über Gottes Wirklichkeit und sein Wesen Erwägungen anstelle, die ich ablehnen oder wenn sie einleuchtend sind, akzeptieren kann. Wer durch Gründe bewogen wird, Gottes Wirklichkeit zu glauben, der kann sicher sein, dass er von der Wirklichkeit Gottes nichts erfasst hat; und wer mit Gottesbeweisen etwas über Gottes Wirklichkeit auszusagen meint, disputiert über ein Phantom. Denn jedes „Reden über" setzt einen Standpunkt außerhalb dessen, worüber geredet wird, voraus. Einen Standpunkt außerhalb Gottes aber kann es nicht geben, und von Gott lässt sich deshalb auch nicht in allgemeinen Sätzen, allgemeinen Wahrheiten reden, die wahr sind ohne Beziehung auf die konkrete existenzielle Situation des Redenden.

Man kann über Gott sinnvoll sowenig reden, wie man über Liebe reden kann. In der Tat, auch über Liebe kann man nicht reden, es sei denn, dass dies Reden über Liebe selber ein Akt des Liebens wäre.

Rudolf Bultmann 1925

Einer fragte … | M1c

Einer fragte Herrn K., ob es einen Gott gäbe. Herr K. sagte: „Ich rate dir, nachzudenken, ob dein Verhalten je nach der Antwort auf diese Frage sich ändern würde. Würde es sich nicht ändern, dann können wir die Frage fallen lassen. Würde es sich ändern, dann kann ich dir wenigstens noch so weit behilflich sein, daß ich dir sage, du hast dich schon entschieden: Du brauchst einen Gott."

Bertolt Brecht
© Suhrkamp Verlag 1995

M1d „Materialismus und Religion sind unvereinbar"

Die Arbeiterklasse braucht zur Führung ihres Klassenkampfes theoretische Einsicht in die realen Bedingungen und objektiven Erfordernisse zur Verwirklichung ihrer historischen Mission. Das verlangt materialistisches Herangehen an die Erforschung gesellschaftlicher Erscheinungen. Materialismus heißt weiter nichts, als die Tatsachen in ihrem eigenen Zusammenhang und in keinem phantastischen aufzufassen. (...)

Der dialektische und historische Materialismus vermittelt der Arbeiterklasse das Bewusstsein ihrer schöpferischen Kraft und rüstet sie mit der Überzeugung aus, dass kein Glauben an Wunder, an höhere Mächte, an das Gewissen der Ausbeuter ihre Lage verändern kann, sondern dass dazu materielle Aktionen, bewusster und organisierter Klassenkampf zum Sturz der Macht der Bourgeoisie und für den Aufbau des Kommunismus erforderlich sind. (...) Im Kampflied der internationalen Arbeiterbewegung „Die Internationale" fand dies in folgenden Worten einen klaren Ausdruck:

„Es rettet uns kein höh'res Wesen,
Kein Gott, kein Kaiser, noch Tribun.
Uns aus dem Elend zu erlösen,
Können wir nur selber tun."

Der Marxismus-Leninismus, die wissenschaftliche Weltanschauung der Arbeiterklasse, und Religion, der Glauben an höhere, überirdische Mächte, sind unvereinbare Gegensätze. (...) Der Marxismus-Leninismus befindet sich in einem kritischen Verhältnis zur Religion. Er betrachtet sie als eine Weltanschauung, die die Werktätigen daran hindert, sich ihrer eigenen Kraft bewusst zu werden und diese Kraft im Kampf für ihre eigenen Lebensinteressen einzusetzen. (...) Die Religion steht im schroffen Gegensatz zur Wissenschaft. (...) Die Kritik an der Religion kann nicht auf Bildung und Aufklärung beschränkt werden. Sie muss zum Kampf gegen die Ausbeutergesellschaft fortschreiten und mit der Beseitigung der Ausbeutung ihre sozialen Wurzeln aufheben. (...) Nur ein wissenschaftliches Weltbild, das sich auf die Erkenntnisse der Naturwissenschaft und des Marxismus-Leninismus stützt, gewährleistet in den gesellschaftlichen Prozessen und im persönlichen Leben eine richtige Orientierung. Junge Sozialisten müssen sich rüsten für die erfolgreiche Fortführung des kommunistischen Aufbauwerkes. Konsequent handeln für den Sozialismus kann nur der, der sich seiner eigenen Kraft und der des Volkes bewusst ist und uneingeschränkt sein Wissen und Können zum Wohle des Volkes einsetzt. Religiöses Bewusstsein schmälert das Vertrauen in die eigene Kraft, desorientiert das praktische Verhalten und hemmt die Herausbildung solcher Eigenschaften wie Entschlossenheit, Tatkraft und Bewusstsein. Aus diesem Grunde betrachtet es die FDJ als ihre Pflicht, die junge Generation im Geiste des Marxismus-Leninismus zu standhaften Internationalisten und sozialistischen Patrioten zu erziehen.

Lesematerial der FDJ 1975/76

Die religiöse Weltanschauung aber steht der Wissenschaft entgegen. Deshalb ist es unmöglich, die reale Wirklichkeit richtig zu erklären, wenn man von der religiösen Weltanschauung ausgeht. Nur der Verzicht (und am besten der bewusste Verzicht) auf die religiösen Prinzipien der Erklärung der Welt gibt der Entwicklung der Wissenschaft freien Raum.

Timofejew Wiktor 1975

Einen Augenblick mal … | M2

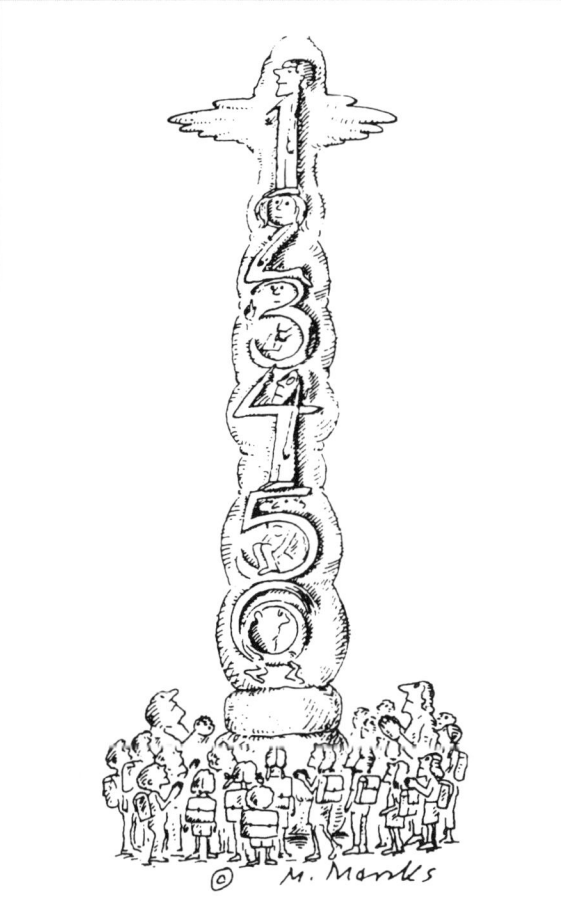

Marie Marcks: Zensurenpyramide 1977

Woran du dein Herz hängst … | M3

Worauf Du nu (sage ich) Dein Herz hängest und verlässest, das ist eigentlich Dein Gott. – Jam in quacunque re animi tui fiduciam et cor fixum habueris, haec haud dubie Deus tuus est. (Martin Luther)

5 Ein Gott heißet das, dazu man sich versehen soll alles Guten und Zuflucht haben in allen Nöten. Also daß ein Gott haben nichts anders ist, denn ihm von Herzen trauen und gläuben, wie ich oft gesagt habe, daß alleine das Trauen und Gläuben des Herzen machet beide Gott und Abegott. Ist der glaube und Vertrauen recht, so ist auch Dein Gott recht, und wiederümb, wo das Vertrauen falsch und unrecht ist, da ist auch der recht gott nicht. Denn die zwei gehören zuhaufe, Glaube und Gott. Worauf
10 Du nu (sage ich) Dein Herz hängest und verlässest, das ist eigentlich Dein Gott.

Martin Luther in seiner Erklärung zum Ersten Gebot im Großen Katechismus (1529)

II. Die Vielzahl und Vielfalt biblischer Gottes-Vorstellungen

Theologisch-didaktische Aspekte

Wer den biblischen Gottes-Vorstellungen auf der Spur ist, findet dort eine große Vielzahl und Vielfalt (nicht Beliebigkeit!) verschiedenster Texte, Worte und Bezeichnungen. Dieser Reichtum biblischer Aussagen soll als kritische Anfrage an die Verabsolutierung von Einzelaussagen verstanden werden. Weder in Theologie und Kirche noch im Hinblick auf das Gottesbild des Einzelnen ist es hilfreich, Gotteserfahrungen zu verallgemeinern – so als ob Gott, weil Mose ihm *einmal* im brennenden Dornbusch begegnet ist, ein *immer* brennendes Feuer, umgeben von Dornen, sein müsse. Gotteserfahrungen sind je einzigartig; da wird die eigene Existenz mit Gott in Beziehung gebracht und religiös interpretiert.

Des weiteren wäre es fatal, die Abhängigkeit theologischen Redens von anthropologischen Bedingungen zu übersehen. Wo dies trotzdem geschieht, werden theologische Sätze nicht mehr in erster Linie als Glaubenserfahrungen verstanden, sondern als – möglicherweise – unbegreifliche, unverständliche und nicht weiter hinterfragbare Lehrsätze.

Darüber hinaus ist den Sch ideologiekritisch vor Augen zu führen, wie menschliche Gottes-Vorstellungen eine bestimmte Funktion bzw. Intention haben – sowohl für die, die sich an ihnen orientieren, als auch für die, die sie anderen empfehlen oder aufdrängen.

Durch die Vielfalt und Vielzahl biblischer Gottes-Vorstellungen wird die Fixierung auf eine einzige Gottes-Vorstellung zu Recht erschwert. Inwieweit dies aber bei Texten für den kirchlichen bzw. religiösen Bereich (Gesangbücher, liturgische Texte, Kinderbibeln, Traktat-Literatur) zum Zug kommt, ist von den Sch im Rahmen ihrer Medienkompetenz zu prüfen. Wahrscheinlich sind diese Gebrauchs-Texte im Alltag für die Außenwahrnehmung von Kirche und Christentum bestimmender als die biblischen Texte.

Was bedeutet das Wort Allah?

Allah ist das arabische Wort für „der Gott", es ist kein spezieller Eigenname im herkömmlichen Sinn, denn auch arabische Christen sagen „Allah". Allah definiert sich im Qur'an durch viele Zusätze. Die häufigsten Worte, die in diesem Zusammenhang von Ihm selbst genannt werden, sind ar-rahman (= gnädig) und ar-rahim (= barmherzig). Mit einer Ausnahme stehen diese Worte über jeder Sure des Qur'ans in der sog. Basmallah (Bismillahi-rahmani-rahim = im Namen Gottes, des Gnädigen, des Barmherzigen).

Intentionen und Einschätzungen

- Die Sch sind einerseits biblischen Texten und Aussagen auf der Spur. Andererseits setzen sie ihre eigene Vorstellung von Gott in Beziehung zu biblischen und anderen Texten.
- Über den Einbezug kreativer Kompetenzen hinaus geht es um die Fähigkeit, eigene wie fremde Gottes-Vorstellungen zu überprüfen und kompetent damit umzugehen.
- Im dritten Abschnitt ist eine Auseinandersetzung insbesondere der religiös sozialisierten Sch mit den eigenen und vertrauten Gottes-Vorstellungen im Blick. Auch die in der Kindheit vermittelten oder im gemeindlichen oder häuslichen Kontext begegnenden Bilder spielen eine Rolle. Es geht um die kritisch-konstruktive Wahrnehmung der eigenen religiösen Sozialisation. Damit wird neben ihrer Sprachkompetenz auch die Selbstkompetenz gestärkt. Auch nicht kirchlich gebundene Sch werden befähigt, Traditionsbildungen zu erkennen und kritisch zu bewerten. Dies stärkt vor allem ihre Sozialkompetenz.

Um den Diskussionsverlauf dokumentieren zu können, ist ein kommentierendes Protokoll hilfreich, für das zwei Sch eine Note bekommen.

Die Gruppenarbeit zu den Texten (**M2a–d**) des zweiten Teils und die Präsentation der Ergebnisse lassen sich genauso bewerten wie die Moderation beim Abschlussgespräch.

Die methodisch korrekte Analyse von Texten und Bildern sowie deren Präsentation allein oder in der Gruppe kann bewertet werden. Vor allem aber soll die Kreativität der Sch belohnt werden.

Literatur und Medien

Biehl, Peter: Gott, in: LexRP 1 (2001), Sp. 739-746

Bottigheimer, Ruth B.: Eva biss mit Frevel an, Rezeptionskritisches Arbeiten mit Kinderbibeln in Schule und Gemeinde, Göttingen 2003 (TLL), S. 26-32 und S. 97-101

Bottigheimer, Ruth B.: Gott in Kinderbibeln. Der veränderliche Charakter Gottes, in: Adam, Gottfried; Lachmann, Rainer (Hg.): Kinder- und Schulbibeln. Probleme ihrer Erforschung, Göttingen: Vandenhoeck & Ruprecht 1999, S. 90-102

Büchner, Frauke: Kreativ – auch in der gymnasialen Oberstufe?, in: Wermke, Michael (Hg.): Aus gutem Grund: Religionsunterricht, Göttingen 2002, S. 118-129

Dalferth, Winfried: Christliche Popularmusik als publizistisches Phänomen. Entstehung – Verbreitung – Rezeption, Erlangen 2000 (Studien zur Christlichen Publizistik; 2)

Geistliches Wunderhorn. Große deutsche Kirchenlieder. Ausführlich kommentiert und kulturgeschichtlich erläutert von Hansjakob Becker u.a., München ²2003

Handbuch zum Evangelischen Gesangbuch, Bd. 3: Liederkunde zum Evangelischen Gesangbuch, hg.v. Gerhard Hahn u. Jürgen Henkys, Göttingen 2000ff. (Einzelhefte)

Holzem, Andreas (Hg.): Normieren, Tradieren, Inszenieren. Das Christentum als Buchreligion, Darmstadt: WBG 2004 (Die Beiträge zeigen auf, wie die Bibel Kultur und religiöse Praxis beeinflussten und wie umgekehrt der Normierungsprozess religiöser Schriften von historischen Fakten abhing.)

Klöpper, Diana: Die Vielfalt biblischen Redens von Gott. Anfragen an ihre Umsetzung in Kinderbibeln am Beispiel der Urgeschichte, in: dies.; Schiffner, Kerstin; Taschner, Johannes (Hg.): Kinderbibeln – Bibeln für die nächste Generation? Eine Entscheidungshilfe für alle, die mit Kindern Bibel lesen, Stuttgart: Katholisches Bibelwerk 2003, S. 114-133

Leewe, Hanne; Elster, Jutta; Sangkuhl, Regina: Kirchengeschichte – ein herausforderndes Thema. Projekt- und Unterrichtsideen, Neudietendorf: Pädagogisch-Theologisches Zentrum 2004

Lindner, Heike: Musik im Religionsunterricht. Mit didaktischen Entfaltungen und Beispielen für die Schulpraxis, Münster u.a. 2003

Mühlen, Reinhard: Die Bibel und ihr Titelblatt. Die bildliche Entwicklung der Titelblattgestaltung lutherischer Bibeldrucke vom 16. bis zum 19. Jahrhundert, Würzburg 2001 (Studien zur Theologie; 19)

Neuschäfer, Reiner Andreas: Kinderbibeln im Hochschulstudium. Erfurter Erfahrungen, in: Adam, Gottfried; Lachmann, Rainer; Schindler, Regine (Hg.): Illustrationen in Kinderbibeln. Von Luther bis zum Internet, Jena 2005, S. 189-198

Nipkow, Karl Ernst: Kinder und Jugendliche und der Glaube an Gott, in: Wermke, Michael (Hg.): Aus gutem Grund: Religionsunterricht, Göttingen 2002, 44-51

Reents, Christine: Neuere Kinderbibeln unter der Lupe, in: Adam, Gottfried; Lachmann, Rainer; Schindler, Regine (Hg.): Das Alte Testament in Kinderbibeln. Eine didaktische Herausforderung in Vergangenheit und Gegenwart, Zürich: TVZ 2003, S. 241-264

Wirtz, Hans-Gerd (Hg.): Der Glaube der Kinder und das Gottesbild in Kinderbibeln, Weimar: Dadder 1997 (Schriften zur internationalen Kultur- und Geisteswelt; 16)

Unterrichtsimpulse, Verlaufsvorschläge und Projektideen

1. Biblische Gottes-Vorstellungen

Die Sch wählen sich aus einer Vielzahl laminierter Bilder ein Bild aus, das eine biblische Gottesvorstellung illustriert, die sie in dieser Stunde näher in Blick nehmen wollen. Eine Bildkartei mit „Gottesbildern" kann im Pädagogisch-Theologischen Institut Drübeck-Neudietendorf (Zinzendorfplatz 3, 99192 Neudietendorf, 036202/21640) ausgeliehen (in laminierter Form oder als CD gebrannt) oder selbst erstellt werden. Die Bilder (oft aus Werbeanzeigen oder Reportagen) illustrieren u.a. die in **M1** aufgeführten biblischen Aussagen.

„Stichwort"		„Stichwort"	
Amme		Licht	
Arzt		Liebe	
Baby		Majestät	
Brot		Schaf	
Feuer		Schloss	
Fremd		Schöpfer	
Ganze Welt		Schöpfung	
Gebärende		Schutz	
General		Soldaten	
Gottes Sohn		Sonne	
Himmel		Trösten	
Hirte		Unser Vater	
Kreuz		Weg	
		Weinen	

Gottes-Bilder mit Beispielen aus der Gottes-Bilder-Kartei des PTZ

Mögliche Aufgaben:

- Beschreiben Sie das Bild, das Sie ausgewählt haben.
- Warum haben Sie dieses Bild gewählt? Welche Wirkung übt es auf Sie aus? Welche Wirkung könnte es auf andere Menschen haben? Können Sie sich vorstellen, dass Sie selbst einmal dieses Bild ganz anders deuten?
- Wie haben Sie als Kind über Gott gedacht?
- Wem nutzt diese Vorstellung von Gott? Beschreiben Sie diesen „Nutzen".
- Finden Sie heraus, in welcher Situation das Bibelwort entstanden ist, das auf Ihrer Bildkarte steht. Dazu schlagen Sie die biblische Stelle auf und versuchen aus dem Kontext (Textzusammenhang) eine mögliche Situation zu erheben.

Als Alternative ist denkbar: Die Bilder werden ohne Bildunterschrift verteilt und ermöglichen so eine noch größere Vielfalt an Assoziationen zum Gottesbegriff. Erst im zweiten Durchgang werden Bilder und Bibelzitate zueinander in Beziehung gesetzt.

Die Kleingruppen präsentieren ihre Arbeitsergebnisse.

Als weitere Möglichkeit können die Bilder ohne Bildunterschrift und/oder Bibelstellenzuordnung verteilt werden mit der Aufforderung, unter Zuhilfenahme einer Konkordanz Bibelworte zu finden, die zu dem jeweiligen Bild passen.

Die Vielzahl und Vielfalt biblischer Gottes-Vorstellungen

Zunächst wird die Vielzahl biblischer Bilder wahrgenommen (vgl. **M1**). Einige davon sind vertraut, andere fremd. Was stimmt denn nun? Ist Gott so oder anders? Was bedeutet bzw. bewirkt die Vielzahl biblischer Bilder (z.B. eine Kritik an der Verabsolutierung einzelner Vorstellungen)? Sind die Sch einverstanden mit einer so begründeten Relativierung ihrer eigenen Gottes-Vorstellungen – z.B. des Vaters, der Liebe, des Allmächtigen?

An der Tafel werden die vorgestellten Gottes-Vorstellungen nach ihrer Funktion sortiert: Fördern sie das Wohlbefinden, kritisieren sie, motivieren sie usw.? Rufen die Metaphern bei allen Sch die gleichen Emotionen, Erwartungen und Wirkungen hervor?

Denkbares Ergebnis dieser ersten Gesprächsrunde: Biblische Metaphern von Gott sind in konkreten Situationen entstanden und sprechen – in ihrer Ursprungssituation und heute – zu konkreten Menschen. Sie sind immer mit einem bestimmten Interesse formuliert – etwa zu trösten, zu motivieren, zu beruhigen, gefügig zu machen – und werden auch heute oftmals mit einem bestimmten Interesse benutzt. Es ist jeweils zu prüfen, ob dieses Interesse offen gelegt und legitim ist, d.h. ob es Leben fördert oder einschränkt.

Das zunächst Erarbeitete wird überprüft, erweitert oder korrigiert durch die Arbeit an vier Texten, die jeweils eine Kleingruppe beschäftigen:

- Heinz Zahrnt: Das Leben Gottes – Aus einer unendlichen Geschichte (**M2a**)
- Eduard Kopp: Religion für Einsteiger: Ist Gott allmächtig? (**M2b**)
- Leszek Kolakowski: Gott oder die Güte ist relativ (**M2c**)
  Aufgabe: Auf welche biblische Geschichte bezieht sich Kolakowski hier? Erzählen Sie!
- Horst Bannach: Gott, Vater, Sohn und Heiliger Geist (**M2d**)

Aufgabe für alle Gruppen:

- Fassen Sie die Aussagen des Textes zusammen und vergleichen Sie diese mit den Ergebnissen des Gesprächs über Gottes-Vorstellungen im ersten Teil der Stunde.
- Formulieren Sie Thesen für das anschließende Kursgespräch (Das Gespräch wird moderiert von einer/m Sch.).

2. Gottesbilderladen

Die Sch bereiten die Aufführung unterrichtsunabhängig vor oder lesen die vorgegebenen Szenen (**M3**) mit verteilten Rollen.

Leitfragen im auswertenden Gespräch:

- Warum kommen die Leute in den Laden?
- Wozu brauchen bzw. benutzen sie „ihre" Gottes-Vorstellungen?
- Welche Rolle spielt der Verkäufer?
- Sind die im Laden angebotenen Gottes-Vorstellungen biblische Bilder oder haben sie wenigstens Anhaltspunkte in biblischen Texten?
- Wie könnte die Geschichte der jeweiligen Kundschaft weitergehen, nachdem sie den Laden verlassen hat?
- Setzen Sie das Vorgeführte in Beziehung zu Jes 44 und Jes 45!

Die Sch stellen gemeinsam Überlegungen zu einer Aufführung an:

- Bei einem Schulfest?
- Innerhalb eines Schulgottesdienstes?
- Vor einer anderen Religions- oder Ethik-/Philosophie-Lerngruppe?

Einige Sch schreiben zusätzliche Szenen, entwerfen und malen ein Bühnenbild, besorgen bzw. gestalten die Requisiten, entwerfen einen Text für eine Einladungskarte, bereiten die Dokumentation mit Video oder eine Rezension der Aufführung in der Schülerzeitung vor, andere haben die Übernahme der jeweiligen Rollen vor Augen.

3. Gottesbilder in religiösen Gebrauchstexten

Die Sch stellen religiöse Schriften und Bücher vor, die sie zu Hause entdeckt haben.

In der Erprobung dieser Unterrichtseinheit zeigte sich an verschiedenen Orten durchaus voneinander abweichende Entdeckungen.

Aufgaben:

- Wie wird in diesem Buch/dieser Schrift von Gott geredet? Wie wird er angeredet, wie genannt, wie gegebenenfalls in Bildern dargestellt? Welche Metaphern werden für Gott gebraucht?
- Vergleichen Sie diesen Befund mit dem, was Sie über die biblischen Gottes-Vorstellungen herausgefunden haben.

- Sprechen die Bilder und Vorstellungen Sie an? Begründen Sie.

Die untersuchten Texte und Bilder werden vorgestellt und die Ergebnisse der Arbeitsgruppen präsentiert. Ergebnisse des auswertenden Gesprächs könnten sein: Gottes-Vorstellungen weisen Abhängigkeiten vom sozialen und historischen Kontext auf. Das Verhältnis von disziplinierenden und befreienden Vorstellungen wechselt zeit- und situationsbedingt und ist kritisch zu diagnostizieren. Es lohnt sich, die Tradition an den biblischen Ursprüngen zu messen, ein grundlegend protestantisches Prinzip!

In einem zweiten Durchgang können in Gruppen gezielt Texte und Bilder analysiert werden.

1.1 Lieder aus dem evangelischen Gesangbuch (EG)

Um die Orientierung zu erleichtern, werden den Sch einige Lied-Texte angeboten, die sie auf die darin enthaltenen Gottes-Vorstellungen untersuchen. Wer „Manipulationen" durch eine bestimmte Auswahl vermeiden will, lässt die Sch selbst im Gesangbuch blättern. Untersuchenswerte Texte sind z.B.: EG 1; 58; 64; 65; 139; 165; 171; 270; 274; 279; 296; 302; 303; 304; fast alle Lieder 316–340; 361; 362; 369; 380; 381; 401; 407; 506. Besonders interessant sind:

58	Nun lasst uns gehen und treten (Strophen 4 und 5 enthalten das einzige eindeutig weibliche Gottesbild „wie von treuen Müttern …")
171	Bewahre uns, Gott
381	Gott, mein Gott, warum hast du mich verlassen? Eines der ganz wenigen Lieder, die Fragen nach Gottes Macht offen lassen.
407	Stern, auf den ich schaue. In der ersten Strophe werden sehr unterschiedliche Bilder für Gott nebeneinander gestellt.
482	Der Mond ist aufgegangen

Aufgaben:

- Wie wird in diesem Lied von Gott gesprochen bzw. gesungen? Wie wird er angeredet, wie genannt? Welche Metaphern werden für Gott gebraucht?
- Vergleichen Sie diesen Befund mit dem, was Sie über die biblischen Gottes-Vorstellungen herausgefunden haben.
- Sprechen diese Gottes-Vorstellungen Sie an? Begründen Sie.
- Berücksichtigen Sie die Entstehungszeit eines Liedes bei der Interpretation des Textes.
- In welchem Verhältnis stehen Zeitgeist und Lebensgefühl des Textdichters/der Textdichterin zum verwendeten Gottesbild? Lässt sich dies aus dem Liedtext erheben? Recherchieren Sie Lebensdaten und historische Situation der Lieddichter/innen.

1.2 Liturgische Texte aus Gottesdienst, Gesangbuch oder religiösen Büchern

Wenn möglich, lässt sich ein gemeinsamer Besuch in einem „normalen" Gottesdienst vereinbaren, der vor- und nachbereitet wird.

Aufgaben:

- Im EG sind ab Nr. 679 liturgische Texte für Gottesdienste abgedruckt. Untersuchen Sie einige dieser Texte auf die Gottes-Vorstellungen, die sie transportieren.
- Sie haben liturgische Texte und Gesänge in einem Gottesdienst erlebt. Möglicherweise gab es einen Gottesdienstzettel, auf dem z.B. Gebete abgedruckt waren, oder Sie bitten den Pfarrer/die Pastorin, Ihnen die Texte des Gottesdienstes zu geben. Untersuchen Sie einige dieser Texte auf die Gottesvorstellungen, die sie beinhalten.
- Achten Sie darauf, wie Gott angeredet wird.
- Vergleichen Sie diesen Befund mit dem, was Sie über die biblischen Gottes-Vorstellungen herausgefunden haben.
- Sprechen die Bilder und Metaphern Sie an? Begründen Sie.
- Aus welcher Zeit stammen diese Texte?

1.3 Kinderbibeln

In historischen und aktuellen Kinderbibeln werden in Bild und Wort Gottesvorstellungen transportiert, die junge Menschen sehr prägen und bis in das Erwachsenenleben hinein wirken können. Einige der Sch werden bei diesem Arbeitsschritt sicherlich auch eigene Prägungen reflektieren und deren Basis besser verstehen können. Letzten Endes wird es bei allem Forschen nicht auf eine eindeutige Antwort ankommen, sondern vielmehr auf Einladungen zum Weiterfragen: Die Sch sollen selbst zu Entdeckenden werden, unterschiedliche Bibelbearbeitungen für Kinder unter die Lupe nehmen, Wirkungen und Wertungen durch Bibelillustrationen aufdecken, Akzeptables und Abenteuerliches auseinander halten, Fragwürdiges und Fantastisches finden usw. So werden Sch sensibilisiert, Kinderbibeln nicht einfach hinzunehmen, sondern zu hinterfragen im Hinblick auf ihren Wirkungs- und Wesensgehalt.

Zunächst werden viele verschiedene historische und/oder aktuelle Kinderbibeln (z.B. aus Bibliotheken oder von Zuhause) ausgebreitet (bei kleineren Lerngruppen innerhalb eines Stuhlkreises). L fordert Sch auf, sich zu zweit auf je eine für sie ansprechende oder abschreckende Kinderbibel zu einigen und dann diese Auswahl zu begründen. In einem zweiten Schritt wird ein kleiner Kriterien-Katalog zu Papier gebracht, ausgehend vom Impuls: *Die Gottes-Vorstellung(en) dieser Kinderbibel ist ...* Das Suchen nach Beurteilungsmaßstäben führt in der Regel zu sehr intensiven Auseinandersetzungen, die eine Sensibilisierung für fremde und eigene Sozialisationsbedingungen auslösen. Anregungen für ein Unterrichtsgespräch oder Arbeitsblatt können sein:

- Wie wird Gott in der von Ihnen untersuchten Kinderbibel bildlich dargestellt?
- Wie wird von Gott geredet und erzählt?
- Vergleichen Sie diesen Befund mit dem, was Sie über die biblischen Gottes-Vorstellungen herausgefunden haben.
- Sprechen die Bilder und Metaphern Sie an? Begründen Sie.
- Als mögliche langfristige Wirkung dieser Bilder und Metaphern bei jungen Menschen vermute ich ...

1.1 Neuere religiöse Lieder

Auch gegenwärtige religiöse Liedtexte benutzen Gottes-Metaphern. Über die neuere Musikkultur im offiziell-kirchlichen Kontext hinaus sollten auch sog. Kirchentagslieder und die christliche Popularmusik in Blick genommen werden. Als Beispiel werden von den Sch zwei Texte von Gerhard Schöne zu alten Melodien analysiert (**M4a** und **4b**).

Aufgaben:

- Vergleichen Sie die Gottes-Vorstellungen des Liedes von Gerhard Schöne mit denen des entsprechenden Gesangbuch-Liedes (331: Großer Gott wir loben dich; 321: Nun danket alle Gott).
- Können Sie eine Absicht der Neudichtung bei Gerhard Schöne erkennen oder vermuten?
- Wer ist Gerhard Schöne? Beschreiben Sie Schönes Lebensgefühl, soweit es aus dem Liedtext zu erheben ist.
- Können Sie eine Beziehung zwischen Lebensgefühl und Gottesbild herstellen?
- Nehmen Sie Kontakt auf zu Gerhard Schöne und bitten Sie ihn um eine Begründung seiner Texte. Teilen Sie ihm mit, was Sie bisher herausgefunden haben.

Als Alternative können die Sch eine biographische Erzählung zum Lied von Ute Rink (**M4c**) verfassen (nachdem sie ihrer eigenen religiösen Sozialisation beim Anhören des Liedes und Wahrnehmen des Textes nachgespürt haben) oder das Lied von Andreas Malessa (**M4d**) analysieren, in Beziehung zu Jes 44f. setzen und evtl. weitere eigene Strophen verfassen. Die verschiedenen (von den Sch zu erarbeitenden) Alltagsrelevanzen einer Rede von Gott greift das Lied „Gott spannt leise feine Fäden" von Clemens Bittlinger auf (z.B. auf CD „Lieder vom Kirchentag" von Clemens Bittlinger, PILA Music 1997).

Nachdem die Sch bis hierher Vorhandenes analysiert haben, werden sie jetzt selbst kreativ. Sie dichten, komponieren oder malen in Einzelarbeit oder kleinen Gruppen Texte, Lieder oder Bilder, die ein Gottesbild zeigen, das den jungen Menschen zusagt. Die Kriterien für dieses „Gefallen" müssen benannt werden. Beim Präsentieren der eigenen Gottes-Vorstellungen gilt: „Die Präsentation kreativer Produkte und die Reflexion eines kreativen Prozesses sollten immer von ritueller Achtsamkeit getragen sein."[1] Die Sch dürfen nicht beschämt oder verspottet werden.

---

1 Büchner, Frauke: Kreativ – auch in der gymnasialen Oberstufe?, in: Wermke, Michael (Hg.): Aus gutem Grund: Religionsunterricht, Göttingen 2002, S. 118-129, hier: S. 124.

M1 — Vielzahl und Vielfalt biblischer Gottes-Vorstellungen

Gott ist mein Licht (Ps 27)

So spricht Gott: Ich will euch trösten, wie einen seine Mutter tröstet (Jes 66,13)

Gott war im Feuer (Ex 19,18)

Am Anfang schuf Gott Himmel und Erde (Gen 1,1)

Und Gott pflanzte einen Garten (Gen 2,8)

So sollt ihr beten: Unser Vater … (Lk 11,2)

Ich bin der Weg (Joh 14,6)

Der Herr, dein Gott, ist bei dir, ein starker Heiland. Er wird sich über dich freuen und dir freundlich sein; er wird dir vergeben in seiner Liebe und wird über dich mit Jauchzen fröhlich sein. (Zef 3,17)

… wie eine Amme ihr Kind trägt (Num 11,12)

Jetzt will ich schreien wie die Gebärende (Jes 42,14)

Er ist der Herr, der Starke und Held, der Herr, der Held im Streit (Ps 24,8)

Gott ist die Liebe (1.Joh 4,8)

Der Herr ist mein Hirte (Ps 23,1)

Sprecht zu Gott: Wie furchtbar ist dein Walten! Wegen der Größe deiner Macht schmeicheln dir deine Feinde (Ps 66,3)

Gott ist Sonne und Schild (Ps 84,12)

Gott beschützt, die auf ihn vertrauen (Spr 29,25)

Du bist, Herr, die Burg, da ich mich berge (Ps 27)

Ich bin das Brot des Lebens (Joh 6,22)

So spricht Gott: Ich bin dein Arzt (Ex 15,26)

Dein, Herr, ist die Majestät und die Gewalt (1.Chr 29,11)

Ist Gott nicht hoch wie der Himmel? (Hi 22,12)

Ich war hungrig, …durstig, …fremd, …nackt, …krank (Mt 25,35 ff.)

Dieser war in Wahrheit Gottes Sohn (Mk 15,39)

Und Gott war das Wort… Und das Wort wurde Fleisch (Joh 1,1.14)

Aus einer unendlichen Geschichte

Das Leben Gottes ereignet sich in der Lebensgeschichte von Menschen. Es gibt keine Gotteserkenntnis ohne ein erkennendes Subjekt – allein vom Menschen ist Gott in der Welt erfahrbar.

Wie in einem Kraftfeld sind Schöpfer und Geschöpf im Glauben zusammengeschlossen und die Veränderung des einen Punktes zieht stets die des anderen nach sich. Wie jemand sich zu Gott stellt, so findet er ihn. Martin Luther hat für die Gotteserkenntnis des Menschen daher als Regel aufgestellt: „Glaubst du, so hast du; glaubst du nicht, so hast du nicht." Jeder Mensch hat immer so viel von Gott, wie er glaubt.

Dem entspricht der biblische Befund. Die so genannte „Heilige Schrift" ist stets beides in einem: sowohl ein Dokument göttlicher Selbstoffenbarung als auch ein Zeugnis für die Art und Weise, wie Menschen die Offenbarung angenommen haben. Es geht dabei stets „gemäß dem Menschen" zu – das heißt, hineingebunden in die jeweilige geschichtliche und biographische Situation, geprägt vom Geist der Zeit und eingefärbt in menschliche Vorstellungen, Bilder und Begriffe.

So vollzieht sich im Fortgang der Geschichte, unter dem Eindruck der erfahrenen Enttäuschungen und Erfüllungen und im kritischen Disput zwischen Tradition und Situation, ein ständiger Prozess religiöser Produktion und Progression.

Aus diesem Grund ist dieselbe Bibel, die das strengste Bilderverbot enthält, zugleich randvoll von menschenförmigen Bildern: Gott wird Vater und Mutter, Hirte und Richter, Retter und Rächer genannt; sein Auge schaut nach den Menschenkindern auf Erden; er führt in die Tiefe und wieder herauf; sein Mund spricht Worte des Zorns und der Liebe; Licht ist das Kleid, das er anhat, und das Blut der Gerichteten besudelt sein Gewand. Sinnlicher und vielfarbiger, ja widersprüchlicher, als die Bibel es tut, kann man von Gott nicht sprechen. Es gibt in ihr keinen durchgehenden einheitlichen „Gottesgedanken": Wir haben Gott immer nur in Bildern, und in den Bildern haben wir ihn wirklich – aber in keinem Bild geht er ganz auf ...

Heinz Zahrnt
© Piper Verlag GmbH, München 1997

M2b Zwischen Allmacht und Ohnmacht …

Frage: Ist Gott allmächtig? Antwort: „Großer Gott, steh uns bei!" Diese Schlagzeile, mit der am Tag nach den Terroranschlägen von New York und Washington die „Bild"-Zeitung erschien, war vielen Menschen aus dem Herzen gesprochen. Hilf- und sprachlos hatten sie vor dem Fernseher gesessen, fassungslos (…).

„Wo warst du, lieber Gott, in Eschede?" So hatte ein Boulevardblatt noch im Juni 1998 getitelt, nachdem der ICE Wilhelm-Conrad Röntgen bei Eschede 101 Menschen in den Tod gerissen hatte. Fahrgäste, die damals in den vorderen Wagen fast unverletzt überlebten, sagten den Journalisten später: „Gott hat mich vor dem Tod bewahrt." Die Angehörigen derer, die in den Trümmern der Wagen zu Tode kamen, hingegen fragten sich verzweifelt: „Warum hat Gott uns dies angetan? Warum hat er diese Katastrophe nicht verhindert? Konnte er nicht in letzter Minute die Notbremse ziehen?"

„Wo warst du, Gott?" – „Gott, steh uns bei!" Das sind zwei ganz und gar unterschiedliche Weisen, mit einer Katastrophe umzugehen: hier die quälende Frage nach der Allmacht Gottes (…), dort ein vertrauensvolles Gebet. Hier ein philosophisches, logisch letztlich unlösbares Problem, dort ein Bekenntnis. Die Weise, wie Kirche und Öffentlichkeit das Inferno von New York und Washington zu bewältigen suchen, zeigt die Stärke des zweiten Weges: „Du wirst alle Tränen von den Augen abwischen", zitierte Bischöfin Margot Käßmann. Und angesichts der aus den Hochhäusern stürzenden Menschen drückte Bischof Wolfgang Huber die tiefe Hoffnung aus, dass wir Menschen „nicht tiefer fallen können als in Gottes Hand".

Still ist es in diesen Wochen um die komplizierte Allmachtstheologie. Und dennoch: (…) Die Worte im Apostolischen Credo lauten: „Ich glaube an Gott den Vater, den Allmächtigen, Schöpfer des Himmels und der Erde." Eine schwere theologische Bürde, weshalb die Suche nach Neuformulierungen voll im Gange ist. (…) Doch inzwischen ist klar: Das heikle, den Juden und Muslimen wichtige Bekenntnis zu Gottes Allmacht lässt sich nicht einfach wegwischen. (…)

Dass Gott für ein von Menschen verursachtes Unglück direkt verantwortlich ist, lässt sich zumindest logisch ausschließen. Gott hat nach biblischem Bekunden eindeutig freie Menschen erschaffen. Warum und wie sollte er sie dann lenken wollen, ihre Eigenverantwortung durchkreuzen? Die Logik versagt allerdings kläglich, wenn Menschen wahllos und ungerecht zu Opfern werden. „Warum gerade ich?" – diese Frage ist prinzipiell nicht mit Logeleien, sondern nur mit Handeln zu beantworten: durch Hilfe, Zuneigung, Trost.

Gottes Allmacht ist im Neuen Testament (anders als im Alten) kein zentraler Begriff. (…) Dreh- und Angelpunkt des christlichen Glaubens ist etwas anderes als die Omnipotenz (Allmacht): Dieser Gott ist in seinem Sohn verfolgt, verurteilt, gekreuzigt worden – aus Liebe zu den Menschen. – Die Nähe zum Menschen, nicht die Herrschaft über ihn: Das ist seine Dimension.

Hans Jonas, jüdischer Philosoph und Autor, dessen Mutter im KZ getötet wurde, zog 1984 eine harte Konsequenz aus dem millionenfachen Judenmord im Holocaust. Er strich ein für alle Mal die Allmacht Gottes aus seinem Denken. Viele Christen halten gleichwohl an ihr fest. Anderen sind die Prinzipien der Liebe, des Vertrauens und der Geborgenheit für ihr Leben wichtiger.

Eduard Kopp 2001

Gott oder die Güte ist relativ

M2c

Diese Geschichte ist sehr kurz und einfach; sie bietet einen Ausgangspunkt, eine Frage und die Moral.

Der Ausgangspunkt:
Der Psalmist sagt vom Herrn (Psalm 136,10 und 15) er habe Ägypten an ihren Erstgeburten geschlagen – *denn seine Güte währet ewiglich;* er habe Pharao und sein Heer ins Schilfmeer gestoßen – *denn seine Güte währet ewiglich.*

Die Frage:
Was denken Ägypten und der Pharao über die Barmherzigkeit Gottes?

Die Moral:
Barmherzigkeit und Wohltätigkeit kann es nicht für alle zugleich geben. Wenn wir diese Worte in den Mund nehmen, so lasst uns immer hinzufügen: für wen. Und wenn wir den Völkern Wohltätigkeit erweisen, so lasst sie uns auch fragen, wie sie über dieses Thema denken.
Beispiel: Ägypten.

Leszek Kolakowsiki (polnischer Philosoph) 1981
© Piper Verlag GmbH, München 1992

Gott, Vater, Sohn und Heiliger Geist

M2d

Wer sich noch an die Reden Adolf Hitlers erinnert, wird sich auch daran erinnern, dass er gern und häufig den „Segen des Allmächtigen" beschwor. Der übrige Inhalt des Glaubensbekenntnisses war ihm fremd, vermutlich sogar verhasst. Aber der Allmächtige war ihm eine vertraute Gestalt, die am Ziel eines Weges stand, den zu beschreiben er soeben begonnen hatte. Dieser Weg hieß Macht.

Heute, wo wir die schrecklichen Folgen dieser Verblendung vor Augen haben, denken wir bescheidener über menschliche Macht. Aber wir machen uns nur selten klar, dass Bescheidenheit allein hier keine Tugend ist. Das Grundübel besteht ja doch nicht einfach darin, dass ein Mensch sich zu viel Macht zumutet, sondern es besteht darin, dass herkömmlicherweise die Macht Gottes – bescheiden oder unbescheiden – einfach in Verlängerung menschlicher Macht gesehen wird. Woher nehmen wir eigentlich die Zuversicht, dass wir die Macht, wie sie unter Menschen aufzutreten pflegt, nur mit einem sehr großen Faktor zu multiplizieren brauchen, um der Macht Gottes ansichtig zu werden, dass also menschliche Macht einen Maßstab abzugeben vermag für die Macht Gottes?

Horst Bannach 1959

M3 | Gottesbilderladen

Personen:
1 Verkäufer
1 Familie (Vater, Mutter, Kind)
1 Intellektueller
1 Feministin
1 Unternehmer
1 Mann
1 Frau

Requisiten: Ladeneinrichtung: Verkaufstisch, Stuhl, Kasse;
auf Stellagen sind eine Reihe Bilder ausgestellt (mit einfachen Zeichnungen auf Plakatkarton herstellen): Rohrstock; das Auge Gottes; Smile – God loves you; Spiralnebel; ein abstraktes Gemälde mit vielen bunten Farben, die ineinander verlaufen; ein Thron; eine Türglocke

Szene 1. Der Verkäufer sitzt hinter seinem Ladentisch. Die Türglocke ist zu hören: Eine Familie – Vater, Mutter und Tochter – betritt den Laden.

Mutter: *(zur Tochter gewandt)* Und rühr mir ja nichts an. Hörst du?
Verkäufer: *(steht auf)* Guten Tag. Sie wünschen?
Vater: Wir brauchen ein Gottesbild.
Verkäufer: Wie soll's denn aussehen?
Mutter: Tja, wir wissen noch nicht so genau. Es soll für unser Kind sein.
Vater: *(deutet auf das Kind)* Für unsere Inge. Früher haben wir ihr das Lied beigebracht: „Pass auf, kleine Hand, was du tust; denn der Vater im Himmel schaut herab auf dich. Pass auf, kleine Hand, was du tust."
Mutter: Aber in der letzten Zeit haben wir den Eindruck, dass Inge hinter unserem Rücken Dinge treibt, von denen wir nichts wissen.
Kind: *(zeigt hinter dem Rücken der Eltern diesen einen Vogel)*
Mutter: Da dachten wir, wir versuchen es mal mit einem richtigen Gottesbild.
Vater: Es soll aussagen: Gott ist überall. Er sieht alles. *(Inge sieht sich das Bild „Smile – God loves you" an und lässt es dann schnell unter ihrem Mantel verschwinden)*
Mutter: *(dreht sich zur Tochter um)* Inge, du sollst doch nichts anfassen!
Vater: Verstehen Sie, was wir meinen?
Verkäufer: Aber gewiss. *(zum Publikum)* Gott als Erziehungshilfe. *(Er holt das Bild mit dem Rohrstock)* Wie wär's denn damit?
Vater: Ein bisschen zu direkt!
Mutter: Unsere Absicht soll ja nicht zu offensichtlich sein.
Verkäufer: *(holt das Auge Gottes)* Und wie gefällt Ihnen dies hier? In Anlehnung an George Orwells „1984": Big brother is watching you.
Mutter: Oh ja, sehr eindrücklich. Unheimlich. Das geht mir durch und durch.
Vater: Das ist genau das, was wir, äh ..., was Inge braucht.
Verkäufer: Ich finde es auch phantastisch.
Vater: *(zu Inge)* Inge, komm mal her! – Was hast du da unter deinen Mantel gesteckt?
Inge: *(holt das gestohlene Poster aus ihrem Mantel)*
Mutter: Aber Inge! *(zum Verkäufer)* Entschuldigen Sie bitte! Das ist mir aber sehr peinlich.
Vater: *(hält Inge das Auge Gottes vor die Nase)* Inge! Gott sieht alles!

Die Eltern bezahlen an der Kasse und verlassen den Laden.

Szene 2. Die Türglocke geht. Ein Intellektueller betritt den Laden.

Intell.: Guten Tag.
Verkäufer: Guten Tag, womit kann ich Ihnen dienen?
Intell.: Sagen Sie, haben Sie dieses Bild da soeben als Gottesbild verkauft?
Verkäufer: Ja.
Intell.: Entsetzlich! Ich suche etwas ganz anderes.
Verkäufer: Wie soll denn das Ihre aussehen?
Intell.: Schwer zu beschreiben. Auf alle Fälle abstrakt! Gott als irgendein Wesen – nicht als Person. – Ich bitte Sie. Glauben etwa Sie noch an so was?
Verkäufer: Sie haben ganz Recht. Im Vertrauen gesagt: Nur etwas einfältige Leute kaufen solche Bilder. Aber für Sie wäre das gar nichts.
Intell.: Ich brauche einen Gott, der mir das Gefühl von Unendlichkeit vermittelt, von Erhabenheit und Unergründlichkeit.
Verkäufer: So ein Gott, der ganz ganz weit weg ist *(zum Publikum)* und der einem nicht zu nahe kommt.
Intell.: Was meinten Sie da eben?
Verkäufer: Ich sagte, da habe ich bestimmt etwas für Sie. Schauen Sie sich ruhig mal um.

Der Intellektuelle geht an den Stellagen entlang, nimmt das Bild mit dem Spiralnebel und das abstrakte Gemälde herunter und kommt damit zum Ladentisch.

Verkäufer: Äh, Sie sind fündig geworden ...
Intell.: Ja, ich kann mich nur noch nicht entscheiden, welches von beiden Bildern ich nehmen soll. Das eine hier entspricht mehr meiner naturwissenschaftlichen Erkenntnis, das andere mehr meinem ästhetischen Empfinden.
Verkäufer: Das ist wirklich eine schwere Entscheidung. Da kann ich Ihnen nur den Rat geben, kaufen Sie doch beide.
Intell.: Das ist die Lösung. Ich bin beeindruckt. *(bezahlt und geht)*

Szene 3. Die Türglocke geht. Eine Feministin betritt den Laden

Verkäufer: Guten Tag, Fräulein.
Feministin: Woher nehmen Sie sich eigentlich die Frechheit, mich Fräulein zu nennen?
Verkäufer: Entschuldigen Sie bitte, meine Dame.
Feministin: Schließlich rede ich Sie ja auch nicht mit Herrlein an, oder?
Und Ihre Dame bin ich auch nicht. Das hört sich ja so an, als sei ich Ihr Eigentum. Die Zeiten gehen zu Ende, wo die Männer uns Frauen als ihr Eigentum ansahen und behandelten!
Verkäufer: Sie haben völlig Recht, mei... äh, verehrte Dame. Womit kann ich Ihnen dienen?
Feministin: Hört sich schon besser an. Ich brauche ein Gottesbild.
Verkäufer: Wie soll denn Ihr Gott aussehen?
Feministin: Ist egal. – Hauptsache, es ist kein Mann!
Verkäufer: Ach so, Sie suchen einen weiblichen Gott, eine Göttin also?
Feministin: So ist es.
Verkäufer: Das finde ich sehr originell.
Feministin: Der männliche Gott ist schließlich nur eine Erfindung der Männer, um ihr Patriarchat zu stützen. Aber die Zeiten ...

M3

Verkäufer:	… gehen zu Ende. Sie haben ja so Recht. Aber ich habe keine weiblichen Gottesbilder. Vielleicht versuchen Sie mal, bei meinem katholischen Kollegen ein Marienbildnis zu bekommen.
Feministin:	Typisch. Habe ich mir gleich gedacht, als ich einen Mann hinterm Ladentisch stehen sah. Stünde eine Frau hier, gäb's auch weibliche Gottesbilder. Auf Wiedersehen. *(knallt die Tür zu)*
Verkäufer:	Auf Wiedersehen! – Hier scheint sich eine Marktlücke aufzutun.

Szene 4. Die Türglocke geht. Ein Unternehmer betritt den Laden.

Verkäufer:	Guten Tag. Sie wünschen?
Mann:	Besorgen Sie mir ein Gottesbild.
Verkäufer:	Darf ich fragen, äh…, ob es für Sie ist?
Mann:	Nein, es ist für meinen Betrieb. Die Belegschaft soll es vor allem bei Betriebsversammlungen vor Augen haben.
Verkäufer:	Aha, gut, ja. Welche Wirkung soll das Bild auf die Belegschaft haben?
Mann:	Oh – beruhigend, mäßigend, vor allem auf Lohnforderungen und Streiklust.
Verkäufer:	Aaaah, ja, ja, ja, ja *(schnell gesprochen)* Jaa, jaa, jaa *(lang gezogen)*. Schwere Zeiten für uns Selbstständige.
Mann:	Ja, ja. Für uns Unternehmer ja noch mehr. Diese Regierung macht noch unsere ganze gesunde Wirtschaft krank. Steuern, Streiks und diese elende Mitbestimmung. Da soll Unsereins noch Freude am Investieren haben. Vielleicht, habe ich mir gedacht, vielleicht hilft da ein Gottesbild. Das hat ja schließlich Jahrhunderte lang gut funktioniert.
Verkäufer:	Ja – ja – ja. Hm. Wie gefällt Ihnen das hier. Gott an der Spitze, hä …hä … Gott oben auf dem Thron und dann schön abgestuft. Also sozusagen das ewige himmlische Urbild als Vorlage für alle hierarchischen Strukturen hier unten.
Mann:	Hübsch. Das hört sich gut an, ja.
Verkäufer:	… und dazu dann das Pauluswort: „Seid euerm Herrn gehorsam mit Furcht und Zittern" Epheser 6, Vers 5. Hä, hä, hä. Wer da nicht kuscht, kann ja nur noch Marxist sein.
Mann:	Ja, danke, das hilft. Das nehme ich mit. Auf Wiedersehen. Und gute Geschäfte weiterhin!
Verkäufer:	Danke schön, auf Wiedersehen. Und … viel Erfolg!

Szene 5. Die Türglocke geht.

Verkäufer:	Guten Tag! Womit kann ich Ihnen denn dienen?
Mann:	Ich suche Gott.
Verkäufer:	Jawohl, da sind Sie hier richtig. Schauen Sie sich doch ruhig um! Wir haben hier alle Arten von Gottesbildern.
Mann:	Gottes-*Bilder*?
Verkäufer:	Ja… Ich verstehe nicht …
Mann:	Ich suche Gott!
Verkäufer:	Ja gut, was für ein Gott soll es denn sein? Ist es für Sie selber?
Mann:	Ich habe noch nie etwas gehört von verschiedenen Göttern… Ich suche Gott!
Verkäufer:	Ja, ja, aber Sie haben doch bestimmt gewisse Vorstellungen, denen dieser Gott entsprechen soll?
Mann:	Vorstellungen? Ich will keine Vorstellungen von Gott. Ich suche Gott!
Verkäufer:	Das verstehe ich nicht – offen gesagt. Ich verkaufe schon lange Gottesbilder. Noch nie hat ein Kunde etwas anderes haben wollen als ein Gottesbild, das *ihm* passt.
Mann:	Solche Bilder von Gott, die Sie hier verkaufen, habe ich schon viele besessen in meinem Leben. Sie haben alle ausgedient. Ich brauche den wirklichen Gott!
Verkäufer:	… wirklichen Gott?! Sie beunruhigen mich. Wer sollte *den* kennen, den lebendigen Gott?
Mann:	Sie kennen ihn nicht?
Verkäufer:	Natürlich macht man sich so seine Gedanken. Zumal – mit Verlaub – in Ihrem Alter. Aber ich kann Sie beruhigen: der wirkliche Gott hat sich bisher bei mir noch nie gemeldet. Also keine Angst vor meinen Gottesbildern … Wahrscheinlich sind sie alle richtig, sonst hätte er wohl protestiert … der wirkliche Gott …

Türglocke geht!

Verkäufer:	Entschuldigung. Sie gestatten doch, dass ich nun doch … Guten Tag, meine Dame, was darf es denn sein?
Frau:	Guten Tag, ja, ich suche …
Mann:	… ich suche Gott!
Verkäufer:	Ja – ja – ja… Jetzt muss ich aber herzlich bitten, mich nicht von meiner Arbeit abzuhalten! Also, meine Dame …
Mann:	Ich suche Gott. Ich suche Gott!

M4a — Ich bin ein Gast auf Erden

Sanfter Gott, wir loben dich.
Deine Kraft wirkt in den Schwachen.
Supermänner brüsten sich,
baun sich auf, es ist zum Lachen.
Große Helden gehen ein.
Bosse sind vor dir so klein.

Prominente, Megastars,
sind nach kurzer Zeit vergessen,
ihre Porsche, Jaguars
morgen schon vom Rost zerfressen.
Jets und Panzer gehen entzwei.
Vor dir schweigt das Kriegsgeschrei.

Wolkenkratzer fallen um,
durch ein kurzes Erdenbeben.
Wissenschaften sind so dumm,
wolln sie sich vor dir erheben.
Unser Stolz und unsre Pracht
gehen vorüber über Nacht.

Feuer, Erde, Wasser, Wind,
Vogelschwärme und Delphine,
Mann und Maus und Frau und Kind,
Wüste, Staubkorn und Lawine,
Mond und Sterne, Tag und Nacht,
sind von deiner Hand gemacht.

Gott, dein Atem ist so groß
Und er haucht in Steine Leben.
Fruchtbar ist dein Mutterschoß.
Du kannst nehmen, du kannst geben.
Du erhältst uns lebenslang.
Nichts als Staunen mein Gesang.

Musik: Wien 1774
Text: Gerhard Schöne 1990

M4b — Nun danket alle Gott

Nun danket alle Gott,
mit Herzen, Mund und Händen,
die uns so liebevoll
beschenkt an allen Enden.
Die zärtlich uns umhüllt,
uns birgt in ihrem Schoß,
wenn uns so elend ist,
so weh und heimatlos.

O Gott, mein großes Glück,
dein Lieben hat kein Ende.
Du hältst mich nicht zurück,
wenn ich mich von dir wende.
Doch wenn ich ausgebrannt,
verzweifelt schrei nach dir,
kommst du mir nachgerannt
und heilst die Wunden mir.

Mein Gott, ich freu mich so,
wenn ich dich bei mir spüre.
Und werde nicht mehr froh,
dann, wenn ich dich verliere.
Bleib in mir, wertes Licht,
laß lachen meinen Mund,
erhelle mein Gesicht
und küß mein Herz gesund.

Musik: Johann Crüger 1647
Text: Gerhard Schöne 1990

Gib mir deine Hand

Früher habe ich gefragt: „Wo kommt der Regen her?
Wer knipst die Sterne an, wer streut das Salz ins Meer?
War die Oma schon alt, als sie ein Baby war?
Hatte sie schon immer so graues Haar?"

        Alle haben gelacht, die Antwort war nicht schwer.
        Jetzt gibt es andre Fragen, keine leichte Antwort mehr.

Früher hab ich allen großen Leuten blind vertraut,
bewunderungsvoll zu ihnen hochgeschaut.
Plötzlich tut ein Mann einem Kind was an,
das noch klein ist und sich nicht dagegen wehren kann.

        Mir wird ganz schlecht, wie kann das nur geschehn?
        Das ist so ungerecht, das werd ich niemals verstehn.

Gib mir deine Hand, zeig mir, wie ich leben kann.
Lass mich nicht alleine mit meinen vielen Fragen.
Gib mir deine Hand, dass ich irgendwann
die Welt um mich herum mit deinen Augen sehen kann.

        Früher sah ich vieles nur schwarz und weiß,
        böse und gut oder kalt und heiß.
        Die Guten wurden Sieger wie im Märchenland
        Und die Hexe zur Strafe im Ofen verbrannt.

Die Wirklichkeit, die ist oft umgekehrt.
Die Erde ist kein Märchenland, das hab ich kapiert.

        Gib mir deine Hand, zeig mir, wie ich leben kann.
        Lass mich nicht alleine mit meinen vielen Fragen.
        Gib mir deine Hand, dass ich irgendwann
        die Welt um mich herum mit deinen Augen sehen kann.

Manchmal möchte ich fort an einen anderen Ort,
wo es kein Unrecht mehr gibt.
Doch dann sagst du mir: „Dein Platz ist doch hier,
du kannst die Welt verändern, gerade dich brauchen wir!"

        Gib mir deine Hand …

Gib mir deine Hand …

Ute Rink 2001
© Mit freundlicher Genehmigung MUSIK FÜR DICH Rolf Zuckowski OHG, Hamburg

Glaubst du echt ans Material?

Vor fast dreitausend Jahren irgendwo in Babylon
schreit Jesaja durch die Stadt:
„Reißt die Götter von den Höhen,
hört auf, Bilder anzuflehen,
weil ein Götze weder Herz noch Ohren hat.

> Wollt ihr ernsthaft dem vertrauen,
> darauf eure Zukunft bauen,
> was zwar sichtbar, aber leblos ist?
> Warum führt ihr euer Leben
> nicht mit dem, der's euch gegeben,
> dessen Liebe euch im Leid nicht vergisst?

Götzen sind aus Holz und Stein.
Hören uns nicht, wenn wir schrei'n.
Ziemlich schlichte Konstruktionen
religiöser Projektionen.
Reißt die Götzenbilder ein!"

> „Nach biblischen Geschichten",
> meinst du, „kann ich mich nicht richten.
> Mensch, was geht mich dein Jesaja an?!"
> Doch die aufgeklärten Leute
> ehren neue Götzen heute –
> Oder hast du keinen Talisman?

Reicht das stärkere Motorrad, der exotischere Urlaub
schon als Lebensziel und -inhalt aus?
Sehnst du dich nach Anerkennung,
tiefer Liebe und Verständnis –
lenk dich zwanzig Jahre ab und bau ein Haus!

> Glaubst du echt ans Material?
> Auto, Geld und Lottozahl?
> Macht der Platinschmuck am Finger
> deine Lebensangst geringer?
> Ein Computer übernimmt die Partnerwahl?

Glaubst du echt ans Material?
Börsentipps und Kapital?
Opferst täglich Kraft und Mühe
für moderne heil'ge Kühe,
unser Wirtschaftswachstum braucht's nun mal ...

Andreas Malessa 1980

III. Gottes-Vorstellung und Gottes-Offenbarung

Theologisch-didaktische Aspekte

Die überragende Gottes-Vorstellung der Bibel ist – abgesehen von Jesus Christus – der Gottes-Name. In einer Gottes-Vorstellung, im brennenden Dornbusch, offenbart Gott seinen Namen (Ex 3,14). Diese Vorstellung erweist sich als Gottes-Wort, das zugleich enthüllt und verhüllt. Diese quasi Verweigerung einer Antwort ist eben die Antwort! Die Offenbarung des Gottesnamens geht einher mit der Berufung des Mose und der Entdeckung eines „heiligen Ortes". Zu theologisch-exegetischen Fragen siehe die Ausführungen von Frauke Büchner unter **M2c**.

Moses Gottesbegegnung am brennenden Dornbusch ist eine der zentralen biblischen Geschichten, für deren elementare Texterfassung auf unterschiedlichen Ebenen ausreichend Zeit vorhanden sein sollte, um eine angemessene Intensität der Wahrnehmung zu ermöglichen. Dies korrespondiert auch damit, dass – einer Zeitlupe gleich – sich in Ex 3 das Erzähltempo verlangsamt und ein kurzer Moment ausführlich dargestellt wird.

Es geht erst im zweiten Teil um eine distanzierende und analysierende Beschäftigung. Zuvor soll es um ein Aneignen der Erzählung gehen. Das setzt einen hohen persönlichen Einsatz der/des L voraus, nämlich eine eigene Erzählung.

 Was sagt Gott über sich selbst?

Gott stellt sich im Qur'an als der Schöpfer allen Seins dar und Er definiert die Beziehung zu Seiner Schöpfung, besonders zur Schöpfung Mensch: „Er hat sich selbst Barmherzigkeit vorgeschrieben. ... [6:12] Von dem Er auch sagt: „Und wahrlich, Wir erschufen den Menschen, und Wir wissen, was er in seinem Innern hegt; und Wir sind ihm näher als (seine) Halsschlagader. [50:16]"

Die 99 Namen Allahs drücken weitere Eigenschaften des Schöpfers aus. Trotzdem sind sich die Geschöpfe bewusst, dass sie Ihn nie völlig erfassen können, denn könnte der Mensch selbst das Wesen Gottes vollständig erfassen, bedürfte es keiner Offenbarung.

Intentionen

Eine wahrnehmend-aneignende Beschäftigung mit einem biblischen Text zielt in erster Linie auf Selbstkompetenz. Dahinter treten Sachkompetenz (Kenntnis eines zentralen biblischen Textes) und Methodenkompetenz (unterschiedliche Methoden der biblischen Exegese) in den Hintergrund.

In diesem Baustein gibt es Angebote, in Kleingruppen zu arbeiten und auch ohne lange Vorbereitungszeit (zu benotende) Kurzreferate zu halten. Positiv bewertet wird vor allem eine gelungene Präsentation, die sich darin zeigt, dass die Hauptaussage allen Sch deutlich wird (Sachkompetenz), dass passende und originelle Präsentationsmethoden gewählt werden (Methodenkompetenz), dass die Referierenden sich selbstkritisch und dialogfähig zeigen (Sozial- und Selbstkompetenz). Schließlich müssen die Sch unter Beweis stellen, dass sie den Gruppenprozess reflektieren können (Methoden- und Sozialkompetenz). Wichtig ist ein kommentierendes Protokoll der einzelnen Schritte. Jeweils zwei Sch protokollieren eine (Doppel-)Stunde und fassen das Ergebnis in wenigen Thesen zusammen. Aus **M2a–e** lassen sich hervorragend Texte bzw. Aufgaben für Leistungskontrollen entnehmen.

Literatur und Medien

Büchner, Frauke: Wahrnehmungen in der Wüste und auf dem Berg, in: AUFBrüche (PTI Drübeck) 8./2001 (Heft 2), S. 28-33

Childs, Brevard S.: Die Theologie der einen Bibel. Bd. 2, Darmstadt: WBG 2003

Frisch, Max: Tagebuch 1946-1949, Frankfurt a.M.: Suhrkamp 1950

Die Bibel: Moses (Video/DVD) – BRD/Italien/USA 1995

Der Prinz für Ägypten (Zeichentrick-Video) Jünger Verlag Offenbach 1998

Egelkraut, Helmuth (Hg.): Das Alte Testament. Entstehung – Geschichte – Botschaft, Gießen 2000 (4. Aufl.), S. 154-176

Goldmann, Christoph: Kinder entdecken die Bibel mit Marc Chagall, Göttingen: Vandenhoeck & Ruprecht 1978

Haacker, Klaus: Ehrfurcht vor dem Namen, in: Albertz, Heinrich (Hg.): Die Zehn Gebote. Eine Reihe mit Gedanken und Texten, Bd. 3, Stuttgart 1986, S. 17-24

Kittel, Gisela: Exodus, in: Lachmann, Rainer; Adam, Gottfried; Reents, Christine (Hg.): Elementare Bibeltexte. Exegetisch – systematisch – didaktisch, Göttingen: Vandenhoeck & Ruprecht 2001 (TLL; 2), S. 81-99

Marti, Kurt: O Gott! Essays und Meditationen, Stuttgart: Radius 1986

Noth, Martin: Das zweite Buch Mose (Exodus), Göttingen: Vandenhoeck & Ruprecht 1973 (5.Aufl.) (Alte Testament Deutsch; 5)

Schmidt, Werner Heinrich: Exodus (1,1-6,30), Neukirchen-Vluyn: Neukirchener 1988 (Biblischer Kommentar Altes Testament II/1)

Schulte, Andrea; Wiedenroth-Gabler, Ingrid: Religionspädagogik, Stuttgart 2003, S. 126-136

Weiß, Ingrid: Gott offenbart sich Mose. Befreiung und Begleitung – Erfahrungen für Kinder, in: forum religion 2/2001, S. 25-36

Zimmer, Michael: Der brennende Dornbusch. Gott offenbart seinen Namen, in: Niehl, Franz Wendel (Hg.): Leben lernen mit der Bibel. Der Textkommentar zu ‚Meine Schulbibel', München 2003, S. 83-87

Unterrichtsimpulse, Verlaufsvorschläge und Projektideen

In der ersten Phase dieser Unterrichtseinheit soll den Sch eine Begegnung mit einem biblischen Text ermöglicht werden, die affektiv geprägt ist. Dies gelingt durch eine Erzählung, in der das Denken, Fühlen und Glauben der/des L eingeflossen ist.

Sachinformationen über die Vorgeschichte (Gen 12ff. und Ex 1–3) und die Umwelt fließen, soweit nötig, in die Geschichte ein, ebenso die Ergebnisse der exegetischen Vor-Arbeit, vor allem aber die Entscheidung des/der Erzählenden, wo für ihn/sie der Schwerpunkt liegt.

In der im Materialteil abgedruckten Erzählung (**M1**) wird die Auseinandersetzung um verschiedene Gottesvorstellungen fokussiert: Der „Gott der Väter" kann Mose keine Antwort auf seine Fragen (mehr) geben. Das neu offenbarte Gottesbild ist zunächst fremd und wenig hilfreich, weil es eher unkonkret ist und sich jedem Bemächtigungsversuch entzieht. Es wird erst tragfähig, wenn der einzig mögliche Gottes-„Name" als Zusage Gottes erkannt wird: „Ich werde immer und in wechselnden Situationen bei euch sein."

Die Erzählung (**M1**) kann natürlich nur ein Anhaltspunkt sein; die Erzählung der/des L wird eigene Akzente setzen und dementsprechend anders klingen!

Die Eindrücke durch eine Erzählung sind in aller Regel sehr viel tiefer als durch Erklärungen. Darum ist es wichtig, der Phase des Eindrucks eine Phase des Ausdrucks folgen zu lassen. Die Sch werden aufgefordert, die Denkbewegungen des Mose nachzuvollziehen und ihre eigenen Fragen und Suchbewegungen einzubringen in ein Rollenspiel: Mose berichtet am Abend seiner Frau von seinem Erlebnis am Dornbusch. Der Ausgang dieses fiktiven Gesprächs ist offen, er darf auch nicht durch den – vielleicht bekannten – Fortgang der biblischen Geschichte bestimmt werden.

Aufgabe:

- Stellen Sie sich vor: Mose kommt nach der Gottes-Begegnung am Horeb nach Hause. Seine Frau Zippora merkt, dass Mose etwas Außergewöhnliches erlebt hat. Sie fragt ihn. Schließlich beginnt Mose zu erzählen, er sagt auch, was er nicht versteht. Gemeinsam denken die beiden darüber nach, was eigentlich geschehen ist und was dieser merkwürdige Nicht-Name Gottes „Ich bin da" bedeutet und welche Konsequenzen dies für ihre Zukunft und die des Volkes Israel hat.
- Spielen Sie zu zweit dieses Gespräch und nehmen Sie es auf Ton-Kassette auf. Oder:
- Entwickeln Sie eine Video-Szene, die Sie später der Klasse vorspielen: Mose und Zippora am Abend im Zelt (Finden Sie heraus, wie Zelt und Kleidung und „Requisiten" ausgesehen haben können).

Bei der *Präsentation der Gruppenergebnisse* ist darauf zu achten, dass erstens genügend Zeit für Nachgespräche eingeplant ist und dass niemand beschämt wird, der/die Eigenes preisgibt. Auch wer sich dieser Aufgabe der Selbst-Offenbarung entzieht und nur einen small talk spielt, sollte dafür nicht offensichtlich oder verdeckt getadelt werden.

Es folgt eine *diskursive Beschäftigung mit dem biblischen Text und der vorgestellten Erzählung.*

Die Sch vergleichen den biblischen Text mit dem Text der Erzählung. Dies setzt voraus, dass die Erzählung wenigstens in ihren Grundentscheidungen schriftlich vorliegt (oder auf Tonband aufgenommen wurde). Wo werden Unterschiede deutlich? Was ist das Ziel der Erzählung – verglichen mit dem Ziel des biblischen Textes? Gibt es auch andere Ideen, wie dieser Text zu verstehen ist?

Die im Folgenden aufgezählten Möglichkeiten der Beschäftigung mit dem Text können Kleingruppen wahlweise für Kurzreferate angeboten werden. In dieser Phase geht es um kritische Analyse von Texten oder Bildern. Die Absichten und die Perspektiven der Autorinnen und Autoren sollen deutlich werden und zu den Erkenntnissen der eigenen Beschäftigung mit dem Bibeltext in Beziehung gesetzt werden.

1. Vergleich verschiedener Bibel-Übersetzungen

Der Vergleich verschiedener Übersetzungen und Übertragungen des Verses Ex 3,14 provoziert die intensive und differenzierte Wahrnehmung dieses kurzen Textabschnittes. Die Sch sollen möglichst selbst verschiedene Bibeln finden und lesen. Nur für den Fall, dass dies nicht gelingt, kann man ihnen einige Übersetzungen/Übertragungen von Ex 3,14 anbieten (**M2a**).

Aufgaben:

- Vergleichen Sie verschiedene Übersetzungen/Übertragungen von Ex 3,14 (Was wissen Sie übrigens über verschiedene Bibelübersetzungen der letzten 2000 Jahre?).
- Tragen Sie die Texte in eine Tabelle ein (Leertabelle auf Folie oder an der Tafel, wird ins Heft übernommen).
- Gott verweigert die Preisgabe seines Namens. Ex 3,14 kann letzten Endes als eine Aussage, die die Auskunft verweigert, angesehen werden. Ziehen Sie eine Verbindung zu Rumpelstilzchens Ausruf „Ach wie gut, dass niemand weiß, dass ich Rumpelstilzchen heiß …"!
- Arbeiten Sie die Aussageabsicht der verschiedenen Übersetzungen heraus. Was bedeuten sie für die Wechselbeziehung von Gott und Mensch?
- Finden Sie in der Gruppe eine Formulierung oder Umschreibung, die Ihrem Verständnis des Textes am ehesten entspricht.

2. Erich Fromm: Die Herausforderung Gottes und der Menschen

Es geht Erich Fromm in diesem Text (**M2b**) um die sprachliche Herleitung des Eigennamens Gottes und um seine Bedeutung für die jüdische Frömmigkeit. In liturgischen Texten des Judentums erhält das Tetragramm JHWH die Vokalisierung von *Adonai,* um zu verhindern, dass der Name Gottes ausgesprochen wird. Wenn man diesen Hintergrund nicht mehr versteht, liest man „Jehovah".

Aufgaben:

- Definieren Sie, was ein Idol ist.
- Setzen Sie die Überschrift des Textes in Beziehung zu seinem Inhalt.
- Beziehen Sie Stellung zum Umgang der jüdischen Tradition mit dem Gottesnamen.
- Wo kommt in Ihrer Alltagssprache „Gott" vor?
- Beziehen Sie die Erkenntnisse aus dieser Textarbeit auf das, was Sie über die Dornbusch-Geschichte erarbeitet und erfahren haben.
- Formulieren Sie Thesen für die Präsentation.

3. Max Frisch: Tagebuch 1946–1949: Du sollst dir kein Bildnis machen (M2c)

Aufgaben:

- Geben Sie den Inhalt des Textes in drei Sätzen wieder.
- Setzen Sie die Überschrift des Textes in Beziehung zu seinem Inhalt.
- Woher stammt die Überschrift des Textes, was zitiert Max Frisch hier?
- Erklären Sie, was dieser Text von Max Frisch mit der Frage nach dem Gottes-Namen zu tun hat.
- Stellen Sie eine Beziehung her zwischen dem Zitat in der Überschrift und der Dornbusch-Geschichte (Ex 3).
- Formulieren Sie Thesen für die Präsentation.

4. Frauke Büchner: Wahrnehmungen in der Wüste und auf dem Berg (**M2d**)

Sch können den ganzen Text bearbeiten oder jeweils einen der vier Abschnitte. Mögliche Aufgabenstellungen sind im Text integriert.

5. Marc Chagall: Gottes Anruf an Mose

© VG Bild-Kunst, Bonn 2005

Zu diesem Bild ist ein schwarz-weißes Materialblatt wenig ergiebig. Für diese Kleingruppenarbeit müsste L daher im Vorfeld eine Farbabbildung besorgen – am besten als Farbfolie für den OHP oder per Beamer aus Daten.

Trotz dieses Umstands wollten wir aber nicht darauf verzichten, auch dem Element der Bildbetrachtung in dieser Unterrichtseinheit Raum zu geben.

Aufgaben:

- Wandern Sie mit den Augen im Bild umher und beschreiben Sie, was Sie sehen.
- Was verwundert Sie?
- Welche Elemente des Bildes erscheinen Ihnen deutenswert?

(Gedeutet werden sollten: Mose mit den „Hörnern", hier als Lichtstrahlen erkennbar; Mose sieht nicht in das Licht, trotzdem ist sein Gesicht beschienen von dem Gottes-Licht; die Haltung der rechten Hand: ängstlich, abwehrend, erschrocken?; der Lichterglanz um den Gottesnamen; das Unaussprechliche, der Gottesname anstelle eines „menschlichen" Bildes.)

- Suchen Sie, u.U. mit Hilfe einer Lehrkraft für Kunst, nach Chagall-typischen Deutungen.
- Setzen Sie Ergebnisse Ihrer Bildinterpretation in Beziehung zu Ihren Erkenntnissen der Dornbusch-Geschichte.

6. Kurt Marti: Immer bist du es (**M2e**)

Das Gedicht von Kurt Marti nimmt auf, was in Ex 3,14 erzählt wird. Gott ist zu beschreiben und zu be-reden nur in der Beziehung, im Du.

Methoden der Gedichtinterpretation sind aus dem Deutsch-Unterricht bekannt und werden in Erinnerung gerufen.

Aufgaben:

- Interpretieren Sie das Gedicht.
- Setzen Sie das Gedicht in Beziehung zu der Erzählung von Mose am Dornbusch, das „ich bin" zu dem „du".
- Formulieren Sie für die Präsentation in Thesen, was Sie über die Möglichkeit gefunden haben, von Gott zu reden.

Die Gruppen präsentieren ihre Ergebnisse und Thesen. Abschließend wird zusammengefasst und diskutiert, wie sich nach Ex 3 über Gott reden lässt. Dabei sollte die Unmöglichkeit deutlich werden, Gott in Begriffe zu fassen und sich seiner auf diese Weise zu bemächtigen. Was in dieser Erzählung Ex 3 tradiert wird, ist verdichtet in den ersten beiden Geboten bzw. nach reformierter Zählung in den ersten drei Geboten, im Verbot, sich ein Bild von Gott zu machen (**M2f**) und dieses zu verehren. Dieser Erkenntnis steht das menschliche Bedürfnis nach Vergewisserung entgegen.

In einem zweiten Auswertungsgang werden die Methoden dieser Unterrichtseinheit erinnert und eingeschätzt: narrative und spielerische Zugänge, künstlerische und diskursive Versuche. Was ist jeweils wozu angemessen?

7. Die Macht der Bilder

Wo die Sch mit der Analyse und dem kritisch-konstruktiven Umgang mit Videos vertraut sind, können ältere und aktuellere Mose-Filme mit dem besonderen Fokus auf die Inszenierung der Mose-Berufung gezeigt und analysiert werden. Als neuere und eigenwillige Verfilmungen eignen sich der Zeichentrickfilm „Der Prinz für Ägypten" (Jünger Verlag 1998) und „Die Bibel: Moses" (BRD/Italien 1995 – mit Ben Kingsley u.a.). Bei Letzterem können Impulse sein:

– Aus welchen Perspektiven wird die Situation am Dornbusch geschildert?
– Die Stimme des Moses und die aus dem Dornbusch sind dieselben. Welche Erklärung haben Sie dafür?
– Ähnlich wie bei den Kinderbibeln stellen Bibel-Verfilmungen immer eine Bearbeitung der biblischen Vorlage dar. Was halten Sie für gelungen? Wohinter würden Sie eher Fragezeichen setzen?

M1 Mose am Dornbusch – mehr als eine Erzählung

Man wird komisch, sagen die Leute, wenn man den ganzen Tag mit den Schafen allein ist.

Ist es das? Wird er schon komisch, fängt er schon an zu spinnen? Mose schüttelt den Kopf. Nein, er ist ganz sicher: Das war keine Halluzination, keine Fata Morgana, wie sie schon mal vorkommt in der Hitze der Wüste. Das war ganz wirklich, was er da erlebt hat, so real wie die harten Steine und der Durst in der Wüste. Und trotzdem ... Mose schüttelt den Kopf. Er versteht das alles nicht. Er setzt sich auf einen Felsvorsprung, so, dass er seine Schafe gut im Blick behält. Was war das gewesen?

Am Morgen war er losgezogen wie jeden Tag, mit den Schafen seines Schwiegervaters. Immer auf der Suche nach guten Weideplätzen für die Tiere. Mag sein, dass er heute etwas weiter in die Wüste hinein gegangen war als sonst, er war einfach den Tieren gefolgt. Er hatte seine Gedanken schweifen lassen, wie jeden Tag.

In die Vergangenheit, nach Ägypten, zu seinem Volk. Dort lebten sie als Zwangsarbeiter des großen Pharao. Er selbst hatte es erlebt. Er wäre beinahe selbst Opfer des Größenwahns und der Angst des Pharao geworden: „Alle männlichen Neugeborenen der Hebräer sollen getötet werden." Und später hatte er miterlebt, wie die Hebräer gequält wurden, angetrieben und geschlagen von den Aufsehern des Pharao. Und einmal – jedes Mal ergriff Mose von Neuem das Entsetzen, wenn er daran dachte – einmal hatte er einen dieser Folterknechte geschlagen. In blinder Wut geschlagen, so dass der nicht mehr aufstand. Mose war geflohen aus diesem Land, aus diesem Sklavenhaus. Er war nach Osten geflohen, immer weiter, und dann nach Süden, bis er zu Jitro kam. Der hatte ihm seine Herde gegeben, damit er auf sie achtete, und seine Tochter Zippora, damit er sie liebte und sie achtete.

Mose hatte seine Gedanken schweifen lassen, an diesem Tag wie an jedem Tag. Er lebte hier in Sicherheit, es ging ihm gut. Aber sein Volk, in Ägypten? Hatte er es im Stich gelassen? Durfte er das Leben genießen, während die Kinder und Frauen und Männer seines Volkes gequält wurden?

Da sah er vor sich einen Dornbusch, einen, wie es Tausende gibt in der Wüste. Der Dornbusch brannte. In der Hitze des Mittags entzündet sich leicht das trockene Gestrüpp. Aber dieser Dornbusch verbrannte nicht. Mose ging näher heran. Da meinte er eine Stimme zu hören: „Mose, Mose!" Und er antwortete: „Hier bin ich." Was war das? Eine Gottes-Erscheinung? Oder nur eine Halluzination in der Hitze? „Tritt nicht näher heran. Ziehe deine Schuhe aus, denn du stehst auf heiligem Boden."

Mose sah sich um: Eine heilige Stätte? Ein Opferplatz für einen fremden Gott? Und er fragte die Stimme: „Wer bist du?" „Ich bin der Gott deines Vaters, der Gott Abrahams, der Gott Isaaks, der Gott Jakobs." Der Gott der Väter? Wie oft hatte Mose von ihm gehört! Kein Tag seiner Kindheit war vergangen, an dem nicht seine Mutter, später sein Vater und die alten Männer von Ihm erzählt hatten. Von dem Gott, der Abraham und Sarah ein Ziel versprochen hatte. Er hatte sie auf dem Weg behütet, hatte sie begleitet von Weideplatz zu Weideplatz, von Oase zu Oase. Von dem Gott, zu dem Isaak gebetet hatte und Lea und Rebekka und ihre Kinder. „Der Gott unserer Väter wird uns segnen und behüten", hatten sie gesagt. Als Mose älter geworden war, hatte er im Stillen zu fragen begonnen: „Wann kommt er denn endlich, dieser Gott der Väter? Kommt er überhaupt? Interessiert ihn, wie es uns geht? Abraham und Isaak und Jakob waren mit ihren Sippen umhergezogen von Weideplatz zu Weideplatz – und ihr Gott war ein Gott der Umherziehenden, der Freien, der Sippen gewesen. Aber in Ägypten war alles anders. Sie wohnten in festen Häusern. Sie waren Sklaven, sie waren ein großes Volk, so groß, dass der Pharao Angst hatte vor ihnen. Was sollten sie da mit einem Gott wie dem von Abraham und Isaak und Jakob?"

Aber das hatte Mose natürlich nicht laut gesagt. Und jetzt hörte er die Stimme aus dem brennenden Busch, die Stimme, die sagte: „Ich bin der Gott deiner Väter." Mose verhüllte sein Gesicht, so, als wollte er sich verstecken. „Ich habe die Not meines Volkes in Ägypten gesehen, ich habe ihr Schreien gehört. Ich will sie aus dem Land der Gewalt in ein Land führen, wie man es sich schöner und reicher nicht denken kann. Ich will es – und du sollst es für mich tun. Geh zum Pharao, führ mein Volk in die Freiheit." Mose war wie gelähmt, wie erschlagen, unfähig zu denken, unfähig, zu reden. Und so konnte er nur stammeln: „Ich? Nein, wer bin ich denn, dass du mir das auflastest?" Aber die Stimme hatte geantwortet: „Ich werde mit dir sein – das soll dir genügen. Ich werde mit dir sein." Mose war, als müsste er um sein Leben kämpfen: „Aber das geht nicht. Ich kann nicht zu den Israeliten gehen und sagen: Der Gott eurer Väter schickt mich. Sie werden mich nach dir fragen: Wer ist er? Wie heißt er? Er muss doch einen Namen haben. Wie sollen wir sonst wissen, wer er ist? Und was soll ich dann sagen?" Aber die Stimme hatte nur geantwortet: „Ich bin da. Das kannst du deinem Volk sagen: Der Ich-bin-da hat mich geschickt. Der Gott, auf den Abraham und Sarah, Isaak und Rebekka, Jakob und seine Kinder vertraut haben, ist der Ich-bin-da. So sollt ihr mich nennen. Das muss genügen: Ich bin da."

Und dann war es plötzlich wieder ganz still. Das Feuer war erloschen. Und Mose stand da, allein, zu Tode erschrocken, verwirrt. Was war das gewesen? Und vor allem: Was sollte er jetzt tun?

Hanne Leewe 2003

M2a Verschiedene Lesarten von Ex 3,14

Luther-Text (1984) – Stuttgarter Erklärungs-Bibel

Gott sprach zu Mose: *Ich werde sein, der ich sein werde.* Und sprach: „Ich werde sein", der hat mich zu euch gesandt.

Aus dem Erklärungstext: „In einer Welt, in der man mit vielen Göttern rechnet, muß Gott sich mit seinem Namen kundmachen. Aber der Name ist mehr als ein bloßes Unterscheidungszeichen; er sagt etwas aus über das Wesen seines Trägers. Der Name des Gottes Israels (wahrscheinlich Jahwe) kann als „Satzname" verstanden werden, der aussagt: „Er wird sein" im Sinne von „er wird beständig (für euch) dasein." In der Antwort an Mose setzt Gott seinen Namen zunächst in die Ich-Form und macht damit ganz deutlich, daß der Name seine Wesensart offenbart, auf sein Handeln verweist (inhaltlich gleich ist die Aussage in V 12: Ich will – wörtlich ebenfalls: werde – mit dir sein). Erst in Vers 15 wird zur gebräuchlichen Er-Form übergegangen (nach alter Tradition übersetzt Luther den Gottesnamen JHWH = Jahwe mit *Herr*.)"

Zürcher Übersetzung

Gott sprach zu Mose: „Ich bin, der ich bin". Und er fuhr fort: So sollst du zu den Israeliten sagen: Der „Ich bin" hat mich zu euch gesandt.

Einheitsübersetzung

Da antwortete Gott dem Mose: Ich bin der „Ich-bin-da". Und er fuhr fort: So sollst du zu den Israeliten sagen: Der „Ich bin da" hat mich zu euch gesandt.

Gute Nachricht Bibel, 1997

Gott antwortete: „Ich bin da" und er fügte hinzu: Sag zum Volk Israel: Der „Ich bin da" hat mich zu euch geschickt: der Herr.

Hoffnung für alle, 1996

Gott antwortete: „Ich bin euer Gott, der für euch da ist."

Jörg Zink: das Alte Testament, 1968

Da sprach Gott zu Mose: „Ich bin, der ich bin! Und zu den Israeliten sollst du sagen: „Ich-bin-der-ich-bin" hat mich zu euch gesandt.

Martin Buber

Gott sprach zu Mosche: Ich werde dasein, als der ich dasein werde. Und er sprach:
So sollst du zu den Söhnen Jißraels sprechen: ICH BIN DA schickt mich zu euch.

Nur Götzen haben Namen

Wie lautet sein Name? Was soll ich ihnen antworten? (Ex 3,13) In der Tat macht Moses einen sehr triftigen Einwand. Es ist ja gerade das Wesen eines Idols, dass es einen Namen hat; jedes Ding hat einen Namen, weil es in Zeit und Raum vollkommen ist. Für die an den Götzendienst gewohnten Hebräer konnte ein namenloser Gott der Geschichte keinen Sinn haben, denn ein namenloses Idol ist ein Widerspruch in sich selbst. Gott erkennt das an und macht an das Verständnis der Hebräer eine Konzession. Er gibt sich einen Namen und sagt zu Moses: „Ich bin der Ich-bin." Und weiter sagte Gott zu Moses: „So sollst du zu den Israeliten sprechen: ICH-BIN hat mich zu euch gesandt." (Ex 3,14)

Was bedeutet dieser seltsame Name, den Gott sich da gibt? Der hebräische Text lautet EHEJEH ascher EHEJEH oder „Ehejeh hat mich zu euch gesandt."

Ehejeh ist die erste Person Imperfekt des hebräischen Verbums „sein". Wir müssen uns daran erinnern, dass es im Hebräischen keine Gegenwart gibt, sondern nur zwei Grundzeitformen: Perfekt und Imperfekt. Die Gegenwart wird durch das Partizip gebildet, etwa „ich bin schreibend" statt „ich schreibe", wofür es keine entsprechende Zeitform gibt. Alle Zeitrelationen werden durch gewisse sekundäre Veränderungen am Verbum ausgedrückt. Eine Handlung wird grundsätzlich als entweder vollendet oder unvollendet erlebt. Bei Worten, die sich auf Handlungen in der physikalischen Welt beziehen, bedeutet das Perfekt notwendigerweise die Vergangenheit. Wenn ich das Schreiben eines Briefes vollendet habe, ist mein Schreiben beendet, es gehört der Vergangenheit an. Aber bei Tätigkeiten nichtphysikalischer Natur, wie zum Beispiel dem Wissen, ist es anders. Wenn ich mein Wissen vollendet habe, gehört es nicht unbedingt der Vergangenheit an, sondern das Perfekt von Wissen kann im Hebräischen so viel bedeuten wie „ich weiß völlig, ich verstehe gründlich", wie es auch oft verstanden werden muss. Dasselbe gilt von Verben wie „lieben" und dergleichen mehr.

Bei der Beurteilung des göttlichen „Namens" liegt die Bedeutung des *Ehejeh* in der Tatsache, dass es das Imperfekt des Verbums „sein" ist. Es besagt, dass Gott ist, aber sein Sein ist nicht wie das eines Dinges vollendet, sondern ein lebendiger Prozess, ein Werden; nur ein Ding, das vorhanden ist, das seine endgültige Form erreicht hat, kann einen Namen haben. Eine freie Übersetzung der Antwort, die Gott Moses gab, würde lauten: „Mein Name ist Namenlos; sage ihnen, dass ‚Namenlos' dich gesandt hat."

Nur Götzen haben Namen, weil sie Dinge sind. Der „lebendige" Gott kann keinen Namen haben. In dem Namen *Ehejeh* finden wir einen ironischen Kompromiss zwischen Gottes Konzession an die Unwissenheit der Menschen und seiner Beteuerung, dass er ein namenloser Gott sein muss.

Dieser Gott, der sich in der Geschichte manifestiert, kann durch keine Art von Bild, weder durch ein Klangbild – das ist ein Name – noch durch ein Abbild aus Stein oder Holz dargestellt werden. Dieses Verbot jeglicher Darstellung Gottes wird klar in den Zehn Geboten ausgedrückt: „Du sollst dir kein geschnitztes Bild machen, kein Abbild von dem, was im Himmel droben oder unten auf der Erde oder im Wasser unter der Erde ist." (Ex 20,4) (…)

Obgleich Gott durch einen paradoxen Namen (JHWH) bezeichnet wurde, darf selbst dieser „Name" nicht „missbraucht" werden, heißt es in den Zehn Geboten. Nachmanides erklärt in seinem Kommentar „Missbrauch" mit „Vergeblichkeit", die spätere jüdische Tradition hat diese „Vergeblichkeit" erläutert. Und gesetzestreue Juden sprechen bis zum heutigen Tag nie die Bezeichnung JHWH aus, sondern sagen statt dessen *Adonai,* das „mein Herr" bedeutet, ja selbst *Adonai* darf nur im Gebet oder beim Lesen der Bibel gesagt werden, während sie, wenn immer sie über Gott sprechen, den Ausdruck *Adoschem* gebrauchen (die erste Silbe von Adonai plus dem Wort *schem,* das einfach „Name" bedeutet). (...) Mit anderen Worten bedeutet nach der jüdischen Überlieferung das biblische Verbot jeglicher Darstellung Gottes und der zwecklosen Aussprache seines Namens, dass man im Gebet, wenn man sich an Gott wendet, zu Gott sprechen kann, dass man jedoch nicht *über* Gott sprechen darf, damit Gott nicht in ein Idol verwandelt wird.

Erich Fromm 1970

Max Frisch: Du sollst dir kein Bildnis machen

Es ist bemerkenswert, daß wir gerade von dem Menschen, den wir lieben, am mindesten aussagen können, wie er sei. Wir lieben ihn einfach. Eben darin besteht ja die Liebe, das Wunderbare an der Liebe, daß sie uns in der Schwebe des Lebendigen hält, in der Bereitschaft, einem Menschen zu folgen in allen seinen möglichen Entfaltungen. Wir wissen, daß jeder Mensch, wenn man ihn liebt, sich wie verwandelt fühlt, wie entfaltet, und daß auch dem Liebenden sich alles entfaltet, das Nächste, das lange Bekannte. Vieles sieht er wie zum ersten Male. Die Liebe befreit es aus jeglichem Bildnis. Das ist das Erregende, das Abenteuerliche, das eigentlich Spannende, daß wir mit den Menschen, die wir lieben, nicht fertigwerden: weil wir sie lieben, solang wir sie lieben. Man höre bloß die Dichter, wenn sie lieben; sie tappen nach Vergleichen, als wären sie betrunken, sie greifen nach allen Dingen im All, nach Blumen und Tieren, nach Wolken, nach Sternen und Meeren. Warum? So wie das All, wie Gottes unerschöpfliche Geräumigkeit, schrankenlos, alles Möglichen voll, aller Geheimnisse voll, unfaßbar ist der Mensch, den man liebt. Nur die Liebe erträgt ihn so.

Warum reisen wir? Auch dies, damit wir Menschen begegnen, die nicht meinen, daß sie uns kennen ein für allemal; damit wir noch einmal erfahren, was uns in diesem Leben möglich sei. Es ist ohnehin schon wenig genug.

Unsere Meinung, daß wir das andere kennen, ist das Ende der Liebe, jedesmal, aber Ursache und Wirkung liegen vielleicht anders, als wir anzunehmen versucht sind – nicht weil wir das andere kennen, geht unsere Liebe zu Ende, sondern umgekehrt: weil unsere Liebe zu Ende geht, weil ihre Kraft sich erschöpft hat, darum ist der Mensch fertig für uns. Er muß es sein. Wir können nicht mehr! Wir kündigen ihm die Bereitschaft, auf weitere Verwandlungen einzugehen. Wir verweigern ihm den Anspruch alles Lebendigen, das unfaßbar bleibt, und zugleich sind wir verwundert und enttäuscht, daß unser Verhältnis nicht mehr lebendig sei.

„Du bist nicht", sagt der Enttäuschte oder die Enttäuschte: „wofür ich dich gehalten habe." Und wofür hat man sich denn gehalten?

Für ein Geheimnis, das der Mensch ja immerhin ist, ein erregendes Rätsel, das auszuhalten wir müde geworden sind. Man macht sich ein Bildnis. Das ist das Lieblose, der Verrat.

Max Frisch
© Suhrkamp Verlag 1950

M2d Wahrnehmungen in der Wüste und auf dem Berg

1. Der Text im Kontext

Dornbusch- und Namensgeschichte stehen – zu einer Erzählung verwoben – an wichtiger Stelle gleich am Anfang des Buches Exodus. Der Text führt die Leserinnen und Leser in die Zeit um 1250 v.u.Z. und in das Land Midian, das östlich vom damaligen Ägypten auf der Sinaihalbinsel lag. (…)
- *Lesen Sie Ex 1-2, und ermitteln Sie die Gründe für den Aufenthalt des jungen Erwachsenen Mose in Midian!*

2. Der Busch in der Wüste. Informationen und Denkimpulse zu Ex 3,1a.2.3.5.7.8

V.1a: Die Wüste war in der Vorstellung und Erlebniswelt antiker Menschen ein Ort der Götter und Dämonen, eine Region für besondere Offenbarungen und Erkenntnisse. Mose erlebte in dem kargen Land östlich der Sinaihalbinsel eine Gottesoffenbarung. (…) Ganz fern scheint auch den Menschen heutzutage die Wüste als Raum besonderer Erfahrungen nicht zu liegen. Denn immer wieder bieten Touristikunternehmen und Zigarettenfirmen das Erleben von Einsamkeit, Dürre und Hitze als absolute Sensationen, als Ort der Selbstfindung oder der persönlichen Umorientierung an.
- *Ein Spruch zum Nachdenken: „Wenn ich einen Gottlosen bekehren wollte, würde ich ihn in eine Wüste verbannen." (Theodore Jouffray)*

V.2f.: In manchen Bibelübersetzungen wird der Gottesbote „Engel des Herrn" genannt. Solange dabei keine süßlichkitschigen Assoziationen entstehen, ist gegen diese Übersetzung nichts einzuwenden. Das deutsche Wort „Engel" ist ein Lehnwort aus dem griechischen „angelos", und heißt ursprünglich „Bote", „Überbringer wichtiger Nachrichten". Es bleibt unklar, ob „der Bote des Herrn" und Gott hier als zwei verschiedene Personen gedacht sind. Anscheinend ist es demjenigen, der diese Geschichte aufschrieb, unsagbar erschienen, Mose könne Gott direkt angeblickt haben. So umgab der Erzähler Gott, solange dieser von Mose angeschaut wird, mit der „Hülle" des Gottesboten und ließ ihn dann in der aktiven Rolle aber unverhüllt schauen und reden (ab V.3b).

Das Motiv vom brennenden und nicht verbrennenden Dornbusch war in den vielen Jahrhunderten jüdischer und christlicher Bibelauslegung immer wieder Übungsfeld für rationale Erklärungsversuche. Dass verdorrte Dornbüsche unter der heißen Steppensonne von selbst zu brennen beginnen, kommt tatsächlich vor. Aber dass ein Busch dabei nicht verbrennt (3,2), widerspricht den Regeln der Physik. Hinweise auf herbstlich rotgefärbte Brombeersträucher oder gelb blühende Sennabüsche erläutern zwar, durch welche botanischen Vorbilder Mose zu seiner überraschenden Vision angeregt gewesen sein könnte, aber sie erklären nicht, warum er sich davon in dieser speziellen Weise angesprochen fühlte, wie die Erzählung es übermittelt. Eher scheint dieses Bild vom brennenden und nicht verbrennenden Busch in die Nähe der Träume zu gehören, in denen solche Motive durchaus vorkommen, wo sie aber ihre eigene Logik und dann auch im Wachen Bedeutung haben, sofern sie aufmerksam gedeutet werden. Was Mose in der Wüste sah, scheint ihn gleichermaßen neugierig und ängstlich gemacht zu haben; es muss eine wärmende, aber auch dornig bleibende Erscheinung gewesen sein, verzehrend, aber auch beständig, anziehend, aber auch Abstand gebietend, leuchtend hell und dennoch nicht ganz verständlich. Nähe und Unsichtbarkeit Gottes sind in diesem Bild zusammen gesehen.
- *Schauen Sie in Ihrer Bibelübersetzung nach, wie in Ex 3,5 der Ort, den Mose nicht mit Schuhen betreten soll, benannt ist.*

V.5: Der jüdische Schriftgelehrte Roland Gradwohl wählt *„Boden der Heiligkeit"* als Übersetzung und versucht damit möglichst genau den hebräischen Urtext nachzuahmen. Den Begriff „heiligen Boden", der in christlichen Bibelausgaben häufig zu finden ist, hält er für falsch, weil es – seiner Ansicht nach – in der hebräisch-jüdischen Tradition, aus der dieser Text stammt, keine „heiligen Stätten" gibt. „Heilig ist nur Gott". Durch die Übersetzung von Roland Gradwohl bleibt die „Heiligkeit" ganz an Gott gebunden: Der Boden ist nur so lange heilig, wie die Begegnung zwischen Gott und Mensch darauf stattfindet.
– *Ermitteln Sie, welche Bedeutung das Wort „heilig" in Ihrem Sprachempfinden hat. Sie können dies tun, indem Sie den Satz „Heilig ist mir …" in mehreren Versionen vervollständigen.*

Die Schuhe auszuziehen vor dem Betreten eines Platzes, an dem mit der Anwesenheit Gottes zu rechnen ist, war für die Menschen der Antike im Grunde selbstverständlich. Die heiligen Männer und Frauen der hellenistischen Orakelstätten trugen keine Schuhe, solange sie sich bemühten, göttliche Weisungen zu erhalten. Im Jerusalemer Tempel verrichteten die Priester ihren Dienst barfuß. Es werden verschiedene Gründe für diese religiöse Unbeschuhtheit genannt, einmal dass dadurch der unmittelbare Kontakt zum „Boden der Heiligkeit" gewährt sei, aber auch, dass nicht das Töten eines Tieres zwischen Gott und Mensch stehen soll, wenn diese sich an besonderer Stelle begegnen, denn Schuhe sind ja meist aus Tierhaut gemacht. Ein Rest dieser religiösen Sitte hat sich noch erhalten in der islamischen Vorschrift, eine Moschee nur mit Strümpfen oder nackten Füßen zu betreten.
– *Überlegen Sie, in welchen Situationen Sie sich – abgesehen von Wärme und Kälte – ohne Schuhe wohl fühlen und was die nackten Füße Ihnen für ein Lebensgefühl vermitteln.*

V.7: Durch den göttlichen Befehl, die Schuhe auszuziehen und erst dann den Boden der Heiligkeit zu betreten, erhält die Dornbuschgeschichte einen gewichtigen Perspektivwechsel. Vorher lässt der Erzähler seine Leserinnen und Leser dem Mose über die Schulter schauen, quasi stehend wie dieser, neugierig geradeaus blickend. In Augenhöhe oder darüber gibt es etwas zu sehen. Nun aber werden Mose und seine bibellesenden Beobachter/innen gezwungen, sich dem Schuhwerk, den Füßen und dem Boden zuzuwenden, sich wie in Demut zu beugen. Die Gebetsbewegungen muslimischer Menschen enthalten diese Blick- und Körperwendung noch sehr deutlich. Das Niederknien katholischer Gottesdienstbesucher/innen deutet es noch entfernt an.

Moses gebeugter Rücken vor dem Dornbusch scheint aber nichts gemeinsam zu haben mit der ängstlichen und den Standesunterschied markierenden Verbeugung eines Dienstboten vor seinem Herrn. Eher hat es den Anschein, als befänden sich nun beide, Mose und Gott, mit ihren Augen auf dem Boden der Realität: „Ich habe das Elend meines Volkes gesehen, ihr Schreien wegen ihrer Bedrücker vernommen" (V.7), lässt der Erzähler Gott sagen. Erst nach dem gemeinsamen Blick in den Bodensatz menschlicher Qualen können die Augen wieder in die Ferne schweifen, können Gott und Mensch sich nach Land, Milch und Honig sehnen (V.8).

V.8: Bedeutungsvoll ist auch der letzte Satz der Dornbuschgeschichte: Dieses gelobte Land ist nicht als Neuland oder einsame Insel zu haben, sondern ist bereits bewohnt (…). Das „Paradies" muss mit den anderen geteilt werden. Die Einwanderung und der Aufenthalt dort werden nicht ohne Konflikte sein. – Ein Gedanke an die weitergehende Geschichte des Landes zwischen Mittelmeer und Jordan lässt die historische Klugheit dieses Satzes erkennen. Aber auch im übertragenen Sinne enthält die ganze erzählte Szenerie der Gottesbegegnung am dornigen Busch in der Wüste viel Weisheit und Wissen von den Wünschen und Grenzen der Menschen.

M2d *3. Mose auf dem Gottesberg. Informationen und Impulse zu Ex 3,1b.4.6.9–14*

V.1b: Wo genau der „Gottesberg" gelegen haben könnte, verrät der Bibeltext nicht. Daher gibt es in der Auslegungsgeschichte Spekulationen um diesen Ort. Manche Interpreten halten ihn für denselben Berg wie den, auf dem Mose – nach der Darstellung von Ex 19f. – die zehn Lebensregeln, den Dekalog, empfing, und lokalisieren den „Gottesberg" im Süden der Sinaihalbinsel. Dort aber gibt und gab es nach heutigem Wissen keinen Berg namens ‚Horeb'.
Was mag ein solcher Befund bedeuten für das Verständnis des Textes? Vielleicht entspricht gerade die geographische Unbestimmbarkeit des Berges dem, was die hebräischen Erzähler ausdrücken wollten: Gottesbegegnungen finden an außerordentlichen Stellen der Welt statt (vgl. das Ende der Geschichte von der Fesselung Isaaks Gen 22,14!).

V.4: Die Gottesbegegnung beginnt mit einem kurzen Dialog. Wie Adam in Gen 3 antwortet Mose auf Gottes Anruf: „Hier bin ich." Die Assoziation dieser allerersten Unterhaltung eines Menschen mit Gott ist an dieser Stelle der Moseerzählung sicherlich beabsichtigt. Auch für Mose und die späteren Generationen wird das Gespräch am Dornbusch der Anfang einer ganz neuen Zeit gewesen sein.

V.6: Gott stellt sich als Gott der hebräischen Väter vor, was völlig auszureichen scheint, um seine Zuständigkeit auch für den hebräischen Schafhirten in Midian zu erklären. Mose versteht den Ernst der Situation sofort und verhüllt sein Gesicht, eine Geste, die in den antiken Religionen keineswegs Abwehr bedeutete, sondern eher die ausschließliche Besinnung auf das gerade Wichtigste, ähnlich dem kurzen Schließen der Augen in einem Moment äußerster Konzentration. Das hebräische Verb, das in der deutschen Übersetzung mit „fürchten" wiedergegeben ist; meint „Furcht" im Sinne von Ehrfurcht und Hochachtung. An Angst ist höchstens beiläufig gedacht.
   Die Verse 9–14 schildern die Berufung Moses in einer sprachlichen Form, die sonst bei der Einsetzung von Propheten vorkommt (vgl. Jer 1.4-10: Jes 6,1-13; Ez 2,1-7 u.ö.).
   – *Gliedern Sie den Abschnitt V. 9–14 und finden Sie für die einzelnen kleinen Textabschnitte sinnvolle Überschriften. Vergleichen Sie die Struktur dieses Textes mit den Berufungserzählungen der Propheten Jeremia, Jesaja und Ezechiel!*

4. Der Name Gottes

(…) Man weiß nicht, wie der Gottesname auszusprechen ist. Es stehen im hebräischen Text nur vier Konsonanten: JHWH, das Tetragramm. Die Vokale sind verschollen. (…) In Ex 3,14 wird das unaussprechliche Wort JHWH von der Verbwurzel „haja" (= sein) abgeleitet, von demselben Wort, mit dem Mose am Anfang der Erzählung (Ex 3,4b) seine eigene Anwesenheit bestätigt: „Hier bin ich!". Bei genauem Betrachten des ganzen Zusammenhanges Ex 3,1b.4.6.9–14 fällt auf, dass die Erzählung auch in ihrem Mittelteil mit diesem Verb in verschiedenen grammatischen Formen spielt.
   – *Erarbeiten Sie aus dem Textzusammenhang, was jeweils an Hoffnungen, Ängsten und Versprechen in den Sätzen steckt, die das „Ich bin" in den verschiedenen Zeitformen enthalten.*
   – *Welche Namen oder Anreden für Gott kennen Sie? Welche davon erscheinen Ihnen passend zu heutigen Gottesbildern und -vorstellungen?*
   – *Im christlichen „Vaterunser" gibt es eine Bitte, in der es um den Namen Gottes geht: „Geheiligt werde dein Name". Formulieren Sie Ihr eigenes Verständnis dieser Bitte.*

Frauke Büchner 2001

Immer bist du es | M2e

Immer bist du es

Ehe wir dich suchten,
warst du da.
Bevor wir dich „Vater" riefen,
hast du uns als Mutter umsorgt.
Beugten wir die Knie vor Dir, dem Herrn,
kamst Du als Bruder entgegen.
Beschworen wir deine Brüderlichkeit,
erging die Antwort schwesterlich.

Immer bist Du es,
der vorher war;
allwärts bist du es,
der begegnet.

Kurt Marti 1986

Die ersten Gebote in lutherischer und katholischer Form | M2f

Evangelisch-lutherisch:

1. Ich bin der Herr, dein Gott. Du sollst nicht andere Götter haben neben mir. Was ist das? Wir sollen Gott über alle Dinge fürchten, lieben und vertrauen.
2. Du sollst den Namen deines Gottes nicht unnütz gebrauchen (…) Was ist das? Wir sollen Gott fürchten und lieben, dass wir bei seinem Namen nicht fluchen, schwören, zaubern, lügen oder trügen, sondern ihn in allen Nöten anrufen, beten, loben und danken.

Römisch-katholisch:

Ich bin der Herr, dein Gott.
1. Du sollst keine anderen Götter neben mir haben.
   Das ist für Christen die Forderung, den Glauben an den einen Gott, der Vater, Sohn und Geist ist, zu bekennen. Ihn sollen wir über alles lieben und anbeten, denn er hat uns zuerst geliebt, hat uns erlöst und geheiligt. Auf ihn sollen wir unsere Hoffnung setzen, denn er ist Ursprung und Ziel unseres Lebens.
2. Du sollst den Namen Gottes nicht verunehren.
   Das ist eine Forderung der Ehrfurcht vor dem unergründlichen Geheimnis Gottes. Wir können nicht groß genug von seiner Macht und seiner Herrlichkeit denken. Das muss unser Reden von Gott, unseren Umgang mit ihm und mit allem bestimmen, was zu Gott gehört.

IV. Aspekte biblischen Redens von und mit Gott

1. Gott befreit: Exodus

Theologisch-didaktische Aspekte

Als Basis aller alttestamentlichen Gottes-Vorstellungen ist die Befreiung aus der Knechtschaft in Ägypten anzusehen. Erzählt wird sie doppelt (Ex 1–15; Dtn 6,21), vielfach bekannt (z.B. Dtn 26,5–9) und festlich begangen (Ex 12; Num 9,1–14; Dtn 16,1–8). Entsprechend prominent muss das Exodus-Motiv Sch nahe gebracht werden, die dabei sind, den Gott der Bibel kennen zu lernen.

Die Exodus-Erzählung ist mehr als nur die Notiz einer Befreiungserfahrung. Sie ist im Besonderen die Schilderung eines Gottes, der die Entrechteten und Zukurzgekommenen nicht übersieht, sondern ansieht, anhört und sich ihrer annimmt. Gott, der den Armen seine Stimme gibt, kann nicht (mehr) als Legitimationsfigur von Macht und Gewalt in Anspruch genommen werden. Er ist der Hoffnungsgrund für körperlich und seelisch Arme, für Leidende und Ohnmächtige! 371 Mal wird die Exodus-Thematik im Alten und Neuen Testament wieder aufgenommen und ist damit das am meisten prägende Motiv überhaupt.

So verwundert es nicht, dass die im Exodus zur Sprache kommenden Erfahrungen „in der Geschichte Israels und in der Geschichte der von Großmächten abhängigen Völker bis heute lebendig geblieben (sind). Zentrales Motiv ist der Exodus in der Befreiungstheologie in Lateinamerika, der Min Jung-Theologie in Korea oder auch in südafrikanischen Township-Gemeinden. Exodus meint hier die Befreiung aus Strukturen, die Ungerechtigkeit und Unterdrückung zulassen. (...) Gott tritt so sehr auf die Seite der Leidenden, dass er ihr Leid teilt, es auf sich lädt und zu seinem eigenen macht. Damit wird die von den Hebräern im Exodus aus Ägypten erlebte Befreiung zum *typos* des Christusereignisses."[1] Dies setzt sich fort in der Aufnahme des Exodus-Motivs in Zusammenhang mit dem Osterereignis („neuer Exodus"), insbesondere der Osternacht. Im Hinblick auf die historische und spirituelle Auseinandersetzung sind der Einbezug von Spiritual bzw. Gospel und ein Blick auf die Auseinandersetzungen in den USA der 1950er und 1960er Jahre (Martin Luther King) Gewinn bringend.[2]

Intentionen

Die Sch sollen zunächst die Relevanz der Exodus-Erfahrung für den biblischen Glauben erkennen. Sie sollen erfahren, dass sich in den Exodus-Erzählungen Gotteserfahrungen Betroffener ausdrücken, und sollen diese Deutungen zu eigenen Erfahrungen in Beziehung setzen. Im zweiten Durchgang werden konkrete Befreiungserfahrungen der neueren Geschichte in den Horizont der neu gewonnenen Gotteserfahrungen gehoben.

Gott wird als der befreiende Gott erkannt, der in der Geschichte wirksam wird und sich an sein Volk bindet.

Die Sachkompetenz wird herausgefordert durch Bibelkunde und Information über jüdische Traditionen bzw. Rituale. Die Methodenkompetenz wird durch verschiedene Formen des Umgangs mit biblischen Texten und durch die Reflexion dieser Unterschiede gefördert. Selbstkompetenz wird durch die Herausforderung provoziert, eigene Exodus-Situationen zu bedenken.

---

1 Kegler, Jürgen: Exodus, in: Calwer Bibellexikon Bd. 1, Stuttgart 2003, S. 341.
2 Siehe hierzu die differenzierten Ausführungen in: Lehmann, Theo: Negro Spirituals. Geschichte und Theologie, Stuttgart: Hänssler 1996 und den Abschnitt ‚Freiheit' in ders.: Blues and trouble. Zur Geschichte des Blues, Neukirchen-Vluyn: Aussaat 2001 (4., veränderte Aufl.). Zu Martin Luther King siehe: Schönhoven, Klaus: Martin Luther King. I have a dream (1963), in: Brodersen, Kai (Hg.): Große Reden. Von der Antike bis heute, Darmstadt: WBG 2002, S. 179-188 und CD „Martin Luther King. Ich habe einen Traum" (Musik: Siegfried Fietz; Texte: Christian Andreas Schwarz – Abakus Musik Greifenstein 1982 bzw. 1999) sowie CD „Martin Luther King. Ein Hör-Feature von Andreas Malessa" (ERF Verlag Wetzlar 2004).

Literatur und Medien

Die Bibel: Moses (Video/CD) – BRD/Italien/USA 1995
Depta, Klaus: Exodus. Moses, Marley, Mystik, in: Religion betrifft uns 2001 (Heft Nr. 4)
Hecht, Anneliese: Zugänge zur Bibel. Methoden für Gruppen. Schnupperkurs, Stuttgart: Katholisches Bibelwerk ²2003
Henkys, Jürgen: Besungener Exodus, in: ders.: Das Kirchenlied in seiner Zeit, Berlin: EVA 1980, S. 9-35
Hoffnungsland. Lieder über ein Volk auf dem Weg (CD zum Exodusbuch von Jürgen Werth (Texte) und Johannes Nitsch/Hans-Werner Scharnowski (Musik), Wesel: Felsenfest Musikverlag 1998
Jost, Gesine: Negro Spirituals im evangelischen Religionsunterricht. Versuch einer didaktischen Verschränkung zweier Erfahrungshorizonte, Münster u.a.: LIT Verlag 2003 (Theologie; 48), insbesondere ‚Christlicher Gehalt der Negro Spirituals – ihr biblischer Bezug' (S. 61-71)
Kegler, Jürgen: Exodus, in: Calwer Bibellexikon Bd. 1, Stuttgart: Calwer 2003, S. 338-341
Lehmann, Theo: Freiheit, in: ders.: Blues and trouble. Zur Geschichte des Blues, Neukirchen-Vluyn: Aussaat 2001 (4., veränderte Aufl.), S. 120-132
Lehmann, Theo: Negro Spirituals. Geschichte und Theologie, Stuttgart: Hänssler 1996
Merrill, Eugene H.: Der Auszug: Geburt einer Nation, in: ders.: Die Geschichte Israels, Stuttgart 2001, S. 117-165
Schröer, Henning: Exodus, in: LexRP 1 (2001), Sp. 535-538
Zimmermann, Mirjam; Zimmermann, Ruben: Die Bibel – Vom Textsinn zum Lebenssinn. Religionsunterricht praktisch. Unterrichtsentwürfe und Arbeitshilfen für die Sekundarstufe II, hg.v. Büchner, Frauke; Wermke, Michael und Zweigle, Birgit, Göttingen: Vandenhoeck & Ruprecht 2003

Unterrichtsimpulse, Verlaufsvorschläge, Projektideen

1. Inszenierung eines Befreiungsfestes

Der/die L. stellt das Projekt der nächsten Stunden vor: Das Passahfest dient nach Ex 12,14ff. (u.ö.) der Erinnerung an die Befreiungstaten Gottes. Im Rahmen des Festes werden die Erfahrungen früherer Generationen erzählend und feiernd so aktualisiert, dass deutlich wird: Gott befreit auch heute und wird in Zukunft befreien.[3] Einige Sch erinnern sich evtl. an das, was sie in früherem Unterricht (in der Regel: 5./6. Klasse) über das Passahfest gelernt haben bzw. informieren sich (**M1a**). Sie gestalten den Festrahmen und „moderieren" später während des Befreiungsfestes. Eine kleine Gruppe von Sch übernimmt die Rolle der Chronisten mit der späteren Aufgabe, die Einzelgeschichten zu einem Erzählzyklus zu verbinden, z.B. durch „Erfinden" eines Handlungsfadens und einer Leitperson. Als Chronisten bereiten sie sich sorgfältig vor und besorgen sich an verschiedenen Stellen Informationen.

Gruppen von jeweils zwei oder drei Sch wählen sich einen der folgenden biblischen Texte aus und bereiten eine Präsentation im Rahmen des Befreiungsfestes vor, die aus einer Erzählung und einem symbolträchtigen Gegenstand oder einer Symbolhandlung besteht. Mindestens die kursiv gedruckten Bibelstellen sollten bearbeitet werden:

Ex 1,15-21	*Die Hebammen retten die neugeborenen Kinder*
Ex 2,1-10	Drei Frauen retten Mose
Ex 3	*Mose am Dornbusch (wenn bisher noch nicht behandelt)*
Ex 7-12i.A.	*Gott straft die Ägypter (Plagen, bes. die letzte)*
Ex 13,21f.	Gott ist in einer Wolken- oder Feuersäule bei seinem Volk
Ex 14-15,21	*Rettung am Schilfmeer und Mirjams Siegeslied*
Ex 16f.	Manna und Wasser in der Wüste
Ex 19f.	Dekalog
Ex 32	Das goldene Kalb
Num 6,22-27	Gottes Segen
Num 11	Oase
Num 13f.	Die Kundschafter
Jos 1,1-11	Landnahme

Aufgaben:

- Lesen Sie den Text für sich und gemeinsam und klären Sie anschließend ihre Sachfragen.
- Machen Sie zusammen eine Schreibmeditation: Die – unbedingt schweigenden! – Teilnehmenden sitzen an einem Tisch und haben je ein DIN-A3-Blatt vor sich. Alle lesen für sich den vorgegebenen Bibeltext und schreiben dann auf das eigene Blatt einen Einfall zum Text (z.B. eine Frage, eine Stellungnahme oder etwas, das problematisch erscheint). Wenn alle fertig sind, werden die Blätter an die Nachbarperson weitergegeben und von dieser gelesen und schriftlich kommentiert, ergänzt, kritisiert, beantwortet o.Ä.

---

3 Da nur Juden/Jüdinnen das Passahfest vorbehalten ist (Ex 12,43 und 48), sollte im Unterricht nur ein dem Passah nachempfundenes Fest gefeiert werden.

Die Blätter wandern so lange weiter, bis alle das eigene Blatt in der Hand haben. Es schließt sich ein Gespräch über das an, was einem an diesem Text wichtig war bzw. neu wurde.

- Beschreiben Sie, was Sie in dieser Erzählung über Gott erfahren.
- Tragen Sie in der Gruppe zusammen, was in einer Erzählung Ihres Textes vorkommen soll. Berücksichtigen Sie dabei den ZOPEK-Schlüssel (**M1b**) oder die Was-Fragen (**M1c**).
- Schreiben Sie gemeinsam eine Erzählung in Ich- oder Wir-Form zu Ihrem Text oder beauftragen Sie eine/n aus Ihrer Gruppe.
- Außer der Erzählung sollen Sie einen Gegenstand/ein Symbol zur Geschichte mitbringen („Manna", Wasser, Steine aus der Wüste, etwas Essbares usw.), einen Tanz vorbereiten (wie Mirjams Tanz), ein Lied komponieren und texten (als Fremdtexte eignen sich hervorragend die textlich und musikalisch unkonventionell gestalteten Songs, Dialoge und Raps auf der CD „Hoffnungsland. Lieder über ein Volk auf dem Weg"; Texte: Jürgen Werth; Musik: Johannes Nitsch und Hans-Werner Scharnowski, 1998) sowie das bewährte Spiritual „When Israel was in Egypt's land (Go down, Moses)" oder das Lied „Wenn das rote Meer grüne Welle hat" (Text: Wilhelm Willms; Musik: Peter Janssens, Telgte: Peter Janssens Musik Verlag, 1974) oder …

Es ist wichtig, dass die Sch Zeit haben, mit ihren Assoziationen und Ideen zu spielen, und nicht durch Sekundärliteratur oder Korrekturen des/der L gelenkt werden. Die erste und zweite Doppelstunde ist für die Gruppenarbeit reserviert, gegen Ende der zweiten Doppelstunde wird den „Moderator/innen" mitgeteilt, was aus den einzelnen Gruppen zu erwarten ist. In der dritten Doppelstunde wird das Befreiungsfest gefeiert. Die Moderator/innen bestimmen die Reihenfolge der Gruppenbeiträge, wobei diese nicht der biblischen Reihenfolge entsprechen muss, sondern nach anderen dramaturgischen Erwägungen geordnet werden kann. Entweder gleich nach dem Fest oder in der nächsten Stunde werden Erfahrungen bei der Beschäftigung mit dem biblischen Text und der eigenen Erzählung reflektiert: Gab es Blockaden? Warum haben die Moderatoren/-innen das Fest in dieser Weise gestaltet? Was haben die Chronisten/-innen aufgeschrieben? Welche Eingriffe waren nötig, um einen annähernd geschlossenen Erzählzusammenhang herzustellen? Könnte etwas Ähnliches in der Redaktion des Exodus-Buches geschehen sein? In der Gesamtgruppe wird auch über die Bewertung der Kleingruppenergebnisse gesprochen. „Insgesamt wird es darauf ankommen, den Erziehungsgedanken im Sinne der *educatio* (Herausführung) so zu entwickeln, dass die Herausführung des Gottesvolks aus Ägypten sich auch pädagogisch als präsent und wirksam erweist."[4]

2. Reflexion

Nach dem erfahrungsorientierten Umgang mit biblischen Texten folgt jetzt der kritisch-distanzierende Zugang. Gruppen von Sch oder Einzelne bereiten Kurzreferate zu einem der folgenden Texte vor und setzen jeweils das Gelesene in Beziehung zu den in der ersten Phase gemachten Erfahrungen. Das Erkenntnisinteresse der Referate ist das Gottesbild, das in den Texten und durch die Texte deutlich wird:

1. Magnoet, Jonathan: Die subversive Kraft von Exodus und Befreiung, in: ders.: Die subversive Kraft der Bibel, Gütersloh: Gütersloher Verlagshaus 1998, S. 60–78 i.A.
2. Schulte, Hannelies: Theologie der Befreiung, in: Neue Stimme (Köln, Herbst 1981)
3. Zilleßen, Dietrich: Gott, in: Gerber, Uwe u.a.: Grundlinien Religion. Bd. 2, Frankfurt: Diesterweg 1992, S. 3–5

3. Befreiungstheologie

Ein/e Sch oder eine Kleingruppe erarbeitet ein Referat zu Gottesvorstellungen in der Befreiungstheologie (Literaturgrundlage beispielsweise: Zilleßen, Dietrich: Verbündung Gottes mit den Armen. Befreiungstheologie in Lateinamerika, in: Gerber, Uwe u.a.: Grundlinien Religion. Bd. 2, Frankfurt: Diesterweg 1992, S. 23-28). Leitfragen könnten dabei sein: Worauf zielt die Befreiungserfahrung im Exodus und in der Befreiungstheologie? Welche Rolle spielt die Dimension Gottes bei den Wegen, Mitteln und Motiven befreiungstheologischen Engagements?

4. Das Mehr der Musik und Martin Luther King

Während eine Gruppe von Sch – evtl. in Kooperation mit einer Musik-Lerngruppe bzw. -Lehrkraft – die Bedeutung des Exodus-Motivs in den Gospeln bzw. Spirituals zu Gehör bringt, kann eine andere Gruppe von Sch der Bedeutung des Exodus-Motivs für die Befreiungsbewegung rund um Martin Luther King nachgehen.

---

4 Schröer, Henning: Exodus, in: LexRP 1 (2001), Sp. 537.

Das Pessach-Fest – der Auszug aus Ägypten

Nissan wurde der erste Monat im jüdischen Kalender. Er ist der Monat des Auszugs aus Ägypten. Dieser Auszug war das wichtigste Ereignis der jüdischen Geschichte, und zwar bis zum heutigen Tag auch des jüdischen Lebens, insofern es sich durch Symbole, Riten und Zeremonien ausdrückt. Fast alles hängt irgendwie mit dem Auszug aus Ägypten zusammen. Denn damit nahm ja die wunderbare Geschichte des Volkes Israel ihren Anfang.

Vor diesem hervorragenden Datum ist es die Geschichte der Stammväter, ihres Lebens als Vorbild, ihrer Bestrebungen als Ideal. Die Geschichte der ihnen angekündigten Verheißung: Erwartung für sie und Hoffnung für ihre Nachkommen. (…) Solange es noch in Ägypten lebte, kaum mehr als eine Masse von Millionen Menschen. Millionen Sklaven. Aber nach Ägypten: ein millionenstarkes Volk freier Menschen. Ein neuer Tag, eine neue Epoche brach an. Deshalb wurde dieser Monat des Auszugs der erste Monat des Jahres, wie in 2. Mose 12,1 vorgeschrieben.

Im Land unserer Vorfahren war das der Monat, in dem die Felder Farbe bekamen und das Getreide heranreifte. Der Monat, in dem die Natur aus dem Winterschlaf erwacht. (…) Und das Fest des Auszugs wurde in diesen Ährenmonat gelegt. Kein anderes Fest ist so beladen mit Symbolen wie das Pessach-Fest. Zuerst einmal gibt es da das Pessach-Lamm. Pessach bedeutet Vorüberschreiten.

Die letzte der zehn Plagen (…), der Tod alles Erstgeborenen, suchte das Land heim. Damit sollte für die Hebräer die Freiheit beginnen. Mitten in der Nacht, bei Vollmond. Also mitten im Monat. Sie mussten bereit sein. Für die neue Zeit, den neuen Tag. Den so plötzlich, so wunderbar geschenkten neuen Tag. (…)

In aller Eile mussten sie ihr Pessach, so hieß das Mahl, essen. Das Pessach-Lamm wurde nicht etwa langsam zubereitet, sondern schnell am Spieß gebraten. Nicht etwa sorgfältig in Stücke geschnitten, sondern es blieb ganz; keine Knochen durften gebrochen werden. Auch war es keine festliche Mahlzeit. Man saß nicht am Tisch, sondern aß stehend, in ängstlicher Erwartung, bereit für die Reise, die Lenden gegürtet, den Wanderstab in der Hand. Von der Mahlzeit durfte nichts übrig bleiben. Denn am nächsten Morgen würden sie nicht mehr hier sein (2. Mose 12). Das ist Pessach. Auch konnten sie keine Beilagen essen. Sie aßen nur ungesäuertes Brot: Matzen. Brot aus Wasser und Mehl. In aller Eile zu einem Teig geknetet und gebacken. Dieses Brot sollte das Wahrzeichen für die Eile werden, deshalb durfte der Teig nicht gären und aufgehen. Es sollte das Brot des Elends sein, das sie in der Sklaverei aßen, als sie nicht einmal Zeit für eine Mahlzeit in Ruhe hatten. Aber es sollte auch ihr erster Bissen als freie Menschen sein, als so plötzlich die Stunde ihrer Befreiung schlug. Also ungesäuertes Brot und das Pessach-Lamm. Auch bittere Kräuter: Maror. Denn die Ägypter hatten ihnen ihr Leben schrecklich bitter gemacht. Jetzt, auf der Schwelle zur Freiheit, sollten sie es noch einmal kosten, als Symbol. Um den Unterschied zwischen Knechtschaft und Freiheit so richtig zu schätzen zu wissen.

Diese eigenartige, hastig verschlungene Mahlzeit war ihr erstes Mahl, das sie als freie Menschen aßen. (…) Dass auch alle anderen Feste mit ihm in Verbindung stehen, versteht sich fast von selbst. Denn wie hätten alle anderen Feste geboren werden können, hätte es nicht erst diese Geburt des Volkes gegeben?

S. Ph. de Vries 1981

M1b | Der ZOPEK-Schlüssel

Der ZOPEK-Schlüssel ist eine Hilfe zum Erschließen eines Textes, wobei nicht immer alle Fragen passen müssen. Die Buchstaben Z.O.P.E.K. stehen für die Informationen, die jeder Bibellesende in einer Erzählung bekommen sollte:

Z für Zeit – wann hat sich das im Text Berichtete abgespielt? (Tageszeit – Jahreszeit – historische Situation – Zeitpunkt des Schreibens)

O für Ort – wo hat sich das im Text Berichtete abgespielt? (Orte – Wege – Land – Landschaftsbild – Entfernungen)

P für Person(en) – Welche Personen kommen im Text vor? (Was weiß ich von ihnen? Wo wird noch mehr von ihnen berichtet? In welchen Spannungen bzw. Konflikten stehen die Personen? Wie fühlen sie? Wer sind die Hauptpersonen?)

E für Ereignis – Was spielt sich eigentlich ab, worum geht es? (Was wird gesagt und getan? Was bleibt verschwiegen?)

K für „Kern" – Was bedeutet der Text – für mich? (Ermahnungen – Ermutigungen – Verheißungen – Welche Lösungen zeigt der Text?)

M1c | Die Was-Fragen

1. Was ist hier los?

Welchen ersten Eindruck habe ich vom Text? Was gefällt mir? Warum? Warum nicht? Was wird berichtet? (am besten: nacherzählen!) Wie ist die Lage zu Beginn, wie am Schluss? Wie ist der Verlauf und der Aufbau der Geschichte? Was steht vor und was steht nach dem Abschnitt?

2. Was tut Gott zum Heil der Welt?

Wo steckt im Bibelabschnitt die froh machende Nachricht vom Handeln Gottes? Wie hilft Gott den Menschen? Was kann ich daraus über Gott lernen?

3. Was geht mich unbedingt an?

Was ärgert mich? Was verstehe ich nicht? Was ist mir egal? Was kann ich nicht glauben? Wo bin ich betroffen? Was will Gott mir durch den Text sagen? Was ist nötig für mich? Was kann ich über mich lernen? Wo muß ich mich ändern? Was kann ich heute damit anfangen? Wie kann ich anderen Menschen damit helfen?

4. Was finde ich schön?

Worüber freue ich mich in diesem Abschnitt? Wofür kann ich Gott danken? Welche Bilder, Sätze, Wörter im Text finde ich gut?

2. Gott der Schöpfer

Theologisch-didaktische Aspekte

Wo das Wort „Schöpfung" (als religiöser Begriff nicht alltäglich!) religionspädagogisch ins Spiel gebracht wird, verfällt man leicht in eindimensionales Reden bzw. Handeln: Entweder reduziert man alle Schöpfungstheologie auf die Bewahrung der Schöpfung bzw. Natur oder man sieht in allem einen Konflikt zwischen Naturwissenschaft und Theologie.

Hier geht es um ein reflektiertes Reden von Gott als Schöpfer, wie es sich in der Bibel niedergeschlagen hat, gerade im Blick auf anderes religiöses Reden von einer Schöpferperson. Unvorteilhaft ist hierbei die Tatsache, dass immer weniger Sch in ihrem Alltag (wenn, dann bei Naturkatastrophen, Überschwemmungen o.Ä.) von einem möglichen Staunen über die Schöpfung bzw. Natur berührt werden. Durch die Konzentration auf die Sprache können die eigentlichen theologischen Motive der Rede von einem Schöpfer zur Sprache und Überlegungen ins Spiel kommen, wo dies im persönlichen Alltag und in grundsätzlichen anthropologischen Belangen eine Rolle spielen sollte.

 Vgl. Baustein III.

Intentionen

Biblische Vorstellungen vom Schöpfer-Gott sollen in den biblischen Texten und der menschlichen Tradition identifiziert werden. Dies geschieht im Vergleich und in der Abgrenzung zu Schöpfungsmythen anderer Kulturen. Es sollte zur Sprache kommen, warum unter den vielen biblischen Bildern und Metaphern für Gott gerade die Vorstellung vom Schöpfer-Gott in die Glaubensbekenntnisse der Kirche aufgenommen wurde.

In dieser Unterrichtseinheit steht die Förderung der Sachkompetenz im Vordergrund: Die biblische Rede von Schöpfung bzw. vom Schöpfer wird insbesondere sprachlich wahrgenommen und gedeutet – auch in ihrer ästhetischen Qualität. Im religionskundlichen Vergleich verschiedener Schöpfungsmythen wird der Wechsel von Innen- und Außenperspektive geübt und damit die Fähigkeit zum Dialog gefördert.

In der ideologiekritischen Frage nach dem Interesse an der Festlegung von Glaubensbekenntnissen wird besonders die Sozialkompetenz angesprochen.

Mit Noten und Punkten bewertbar ist die Analyse der Texte, die Präsentation und der Gruppenprozess. Der Prozess wird von der Gruppe selbst reflektiert und bewertet. Auch das Bemühen, verschiedene Positionen in Beziehung zu setzen und sie aus ihrem je eigenen Kontext zu verstehen, ist als dialogisch-kommunikative Fähigkeit im Auswertungsgespräch hervorzuheben und zu bewerten.

Literatur und Medien

Albani, Matthias; Rösel, Martin: Altes Testament, Stuttgart: Calwer 2002 (ctb; 92), S. 153-168

Büchner, Frauke: Der Schöpfer der Welt und der Menschen, in: Perspektiven Religion, Göttingen: Vandenhoeck & Ruprecht 2000, S. 58f.

Büchner, Frauke: „Seht die Wohnung Gottes unter den Menschen!", in: Perspektiven Religion. Lehrerhandbuch für die Sekundarstufe II, Göttingen: Vandenhoeck & Ruprecht 2003, 28–48

Halbfas, Hubertus: Das Welthaus – ein religionsgeschichtliches Lesebuch, Stuttgart: Calwer; Düsseldorf: Patmos 1983

Jooß, Erich: Kinder des Himmels und der Erde, Schöpfungsgeschichten aus aller Welt, München: Ellermann Verlag 1998

Leewe, Hanne; Milerski, Renate: Am Anfang… Schöpfungsgeschichten der Völker nacherzählt und mit Egli-Figuren gestellt, Hannover: Amt für Gemeindedienst der Ev.-luth. Landeskirche Hannovers 1999 (KIMMIK – Praxis 23)

van Oorschot, Jürgen: Menschen – geschaffen als Gottes Ebenbild, in: Hille, Rolf; Klement, Herbert H. (Hg.): Ein Mensch – was ist das? Zur theologischen Anthropologie, Wuppertal: R. Brockhaus; Gießen: Brunnen 2004, 40-60

Reents, Christine: Urgeschichte, in: Lachmann, Rainer; Adam, Gottfried; Reents, Christine (Hg.): Elementare Bibeltexte. Exegetisch – systematisch – didaktisch, Göttingen: Vandenhoeck & Ruprecht 2001 (TLL; 2), S. 27-49, hier: S. 27-38

Ritter, Werner H.: Schöpfung/Leben, in: Theologische Schlüsselbegriffe. Biblisch – systematisch – didaktisch, Göttingen: Vandenhoeck & Ruprecht 1999 (TLL; 1), S. 320-336

Rothgangel, Martin: Naturwissenschaft und Theologie. Wissenschaftstheoretische Gesichtspunkte im Horizont religionspädagogischer Überlegungen, Göttingen: Vandenhoeck & Ruprecht 1999

Steinwede, Dietrich (Hg): Wo die Sonne übernachtet. Schöpfungsmärchen der Völker, Gütersloh: GTB Märchen 1980

Unterrichtsimpulse, Verlaufsplanungen, Projektideen

Eine kurze Einführung macht deutlich, dass es jetzt nur um die Vorstellungen vom Schöpfer Gott geht, nicht um eventuell früher schon behandelte Aspekte von Schöpfung wie Schöpfungsverantwortung oder das Verhältnis von Mythos und Geschichte oder die Entstehung und Absicht der biblischen Schöpfungstexte. Im Vergleich biblischer Schöpfungstexte mit Schöpfungsmärchen und -mythen anderer Kulturen sowie mit einem Sachtext sollen die spezifischen Besonderheiten der biblischen Aussagen deutlich werden.

Die Sch erarbeiten:

1. einen Vergleich der Schöpfer-Vorstellung in Gen 1,1–2,4 und Gen 2,4b–2,25

Aufgaben:

- Lesen Sie sorgfältig, evtl. mehrfach die beiden Bibeltexte.
- Erzählen Sie sich gegenseitig, welches Bild sich Ihnen eingeprägt hat.
- Tragen Sie in eine Tabelle ein, wie der Schöpfer-Gott in beiden Texten beschrieben wird. Achten Sie dabei besonders auf die Verben. Suchen Sie nach Worten oder Sätzen, die auf Gefühle und auf Beziehungen des Schöpfers hinweisen.
- Was ist der Höhepunkt der Texte, warum werden sie erzählt?
- Überlegen Sie, wie Sie den Text Gen 2,4bff. dem Kurs präsentieren können. Neben oder anstelle von Worten sollten Sie Farben, Töne, Bewegungen usw. einsetzen.
- Bereiten Sie die Präsentation vor.

2. einen Vergleich von Gen 1,1-2,4 mit dem Inuit-Märchen (Text in: Jooß, Erich: Kinder des Himmels und der Erde. Schöpfungsgeschichten aus aller Welt, München: Verlag Heinrich Ellermann, S. 25–30)

Aufgaben:

- Lesen Sie sorgfältig Gen 1,1–2,4. Sammeln Sie, was Ihnen zu diesem Text einfällt, was Sie dazu wissen. Welche Bilder des Textes prägen sich Ihnen ein?
- Lesen Sie das Inuit-Märchen. Welche Bilder prägen sich ein?
- Beschreiben Sie den Vater Raben. Gibt es „hinter" oder „vor" dem Raben noch etwas oder jemanden? Der Herausgeber hat das Märchen überschrieben „Vater Rabe und der Zufall". Welche Rolle spielt der Zufall?
- Vergleichen Sie, was Sie in den beiden Texten über den Schöpfer erfahren. Achten Sie dabei besonders auf die Verben. Forschen Sie nach Worten oder Sätzen, die auf Gefühle und auf Beziehungen des Schöpfers hinweisen.
- Wo ist der Schöpfer, von dem erzählt wird, in der Gegenwart der Erzählenden?
- Überlegen Sie, wie Sie das Inuit-Märchen dem Kurs präsentieren können. Neben oder anstelle von Worten sollten Sie Farben, Töne, Bewegungen usw. einsetzen.
- Bereiten Sie die Präsentation vor.

3. einen Vergleich von Gen 1,1–2,4 mit dem indianischen Märchen (Text in: Steinwede, Dietrich: Wo die Sonne übernachtet. Schöpfungsgeschichten der Völker, Gütersloh 1980, S. 21f. oder Leewe, Hanne; Milerski, Renate: Am Anfang ... Schöpfungsgeschichten der Völker nacherzählt und mit Egli-Figuren gestellt, Hannover 1999, S. 22–24)

Aufgaben:

- Lesen Sie sorgfältig Gen 1,1-2,4. Sammeln Sie, was Ihnen zu diesem Text einfällt, was Sie dazu wissen. Welche Bilder des Textes prägen sich Ihnen ein?
- Lesen Sie das indianische Märchen. Welche Bilder prägen sich ein? Was freut Sie, was ärgert Sie?
- Wer ist in dem Märchen eigentlich „Schöpfer" oder „Schöpferin"?
- Vergleichen Sie – tabellarisch – was Sie in den beiden Texten über den Schöpfer erfahren. Achten Sie dabei besonders auf die Verben. Forschen Sie nach Worten oder Sätzen, die auf Gefühle und auf Beziehungen des Schöpfers hinweisen.
- Im christlichen Glaubensbekenntnis bezieht sich der erste Teil auf den Schöpfer (Ich glaube an Gott, (...) den Schöpfer des Himmels und der Erden). Formulieren Sie ein entsprechendes Bekenntnis einer fiktiven Religion, die sich auf das indianische Märchen bezieht. Wenn Sie meinen, dass das nicht geht, begründen Sie dies.
- Überlegen Sie, wie Sie das indianische Märchen dem Kurs präsentieren können. Außer Worten sollten Sie Farben, Töne, Bewegungen usw. einsetzen.
- Bereiten Sie die Präsentation vor.

4. einen Vergleich von Gen 1,1–2,4 mit dem finnischen Märchen (Text in: Steinwede, Dietrich: Wo die Sonne übernachtet. Schöpfungsgeschichten der Völker, Gütersloh 1980, S. 17–20 oder Leewe, Hanne; Milerski, Renate: Am Anfang ... Schöpfungsgeschichten der Völker nacherzählt und mit Egli-Figuren gestellt, Hannover 1999, S. 25–29)

Aufgaben:

- Lesen Sie sorgfältig Gen 1,1–2,4. Sammeln Sie, was Ihnen zu diesem Text einfällt, was Sie dazu wissen. Welche Bilder des Textes prägen sich Ihnen ein?
- Lesen Sie das finnische Märchen. Welche Bilder prägen sich ein?
- Vergleichen Sie – tabellarisch –, was Sie in den beiden Texten über den bzw. die Schöpfer erfahren. Achten Sie dabei besonders auf die Verben. Forschen Sie nach Worten/Sätzen, die auf Gefühle und auf Beziehungen des/der Schöpfers hinweisen.
- Überlegen Sie, wie Sie das Märchen dem Kurs präsentieren können. Außer Worten sollten Sie Farben, Töne, Bewegungen usw. einsetzen.
- Bereiten Sie die Präsentation vor.

5. einen Vergleich von Gen 1,1–2,4 mit einem Text von Hoimar von Ditfurth (z.B. „Schöpfung und Evolution", bearbeitet für: Esslinger, Erich; Rupp, Hartmut; Schott, Uwe: Gottes verborgene Gegenwart (Oberstufe Religion; 10), Stuttgart: Calwer Verlag 1988, S. 64) mit folgenden Aufgaben:

- Lesen Sie sorgfältig Gen 1,1–2,4. Sammeln Sie, was Ihnen zu diesem Text einfällt, was Sie dazu wissen. Welche Bilder des Textes prägen sich Ihnen ein?
- Lesen Sie den Text von Hoimar von Ditfurth. Teilen Sie sich Ihre Eindrücke zu diesem Text mit. Welche Bilder prägen sich ein?
- Gibt es Übereinstimmungen zwischen beiden Texten? Formulieren Sie, worin sich beide Texte grundsätzlich unterscheiden.
- Sehen Sie auch den Gegensatz zum biblischen Schöpfungsbericht, den Ditfurth im 2. Teil seines Textes behauptet?
- Auf welche Fragen antwortet der Bibel-Text (nicht)? Auf welche Fragen antwortet der Ditfurth-Text (nicht)? Welche Funktion hat der Bibel-Text, welche der Ditfurth-Text?
- Überlegen Sie, wie Sie den Text dem Kurs präsentieren können.
- Bereiten Sie die Präsentation vor.

6. einen Vergleich von Gen 1,1–2,4 mit einem Text von Ingo Baldermann (**M2**) mit folgenden Aufgaben:

- Lesen Sie sorgfältig Gen 1,1–2,4. Sammeln Sie, was Ihnen zu diesem Text einfällt, was Sie dazu wissen. Welche Bilder des Textes prägen sich Ihnen ein?
- Lesen Sie den Text von Ingo Baldermann. Teilen Sie sich Ihre Eindrücke zu diesem Text mit. Welche Bilder bzw. Worte prägen sich ein?
- Gibt es Übereinstimmungen zwischen beiden Texten? Formulieren Sie, worin sich beide Texte grundsätzlich unterscheiden.
- Worin kann sich nach Ingo Baldermann die Rede von Gott als „Schöpfer Himmels und der Erde" im Alltag als hilfreich bzw. tauglich erweisen?

Die zweite Doppelstunde beginnt mit der Präsentation der Gruppenarbeiten. Dabei werden die Äußerungen über die biblischen Aussagen vom Schöpfer sichtbar festgehalten.

Die biblischen Aussagen über den Schöpfer haben in der Geschichte der Kirche eine große Rolle gespielt. In die Glaubensbekenntnisse der Kirche ist nicht der befreiende Gott des Exodus eingezogen, nicht der Gott der Gerechtigkeit oder ein Gott, der das Gegenüber seiner Menschen sucht und für sie zum „Du" wird, sondern der Schöpfer-Gott. Warum?

In der Diskussion sind auch Vermutungen erlaubt, die sich auf die Frage nach den Interessen, auf die ideologiekritische Grundfrage „cui bono?" beziehen. Allerdings sind Vermutungen auch als solche zu kennzeichnen.

M2 Ohne den Schöpfer bald erschöpft?

> Ich hebe meine Augen auf zu den Bergen.
> Von woher wird mir Hilfe kommen?

So beginnt der 121. Psalm: Die Augen suchen am Horizont nach irgendeinem tröstlichen Anzeichen der so dringend ersehnten Hilfe. Dann aber wenden sie sich nach innen und sehen:

> Meine Hilfe kommt von Ihm,
> der Himmel und Erde gemacht hat.
> Er wird deinen Fuß nicht gleiten lassen,
> und der dich behütet, schläft nicht.

Wieder ist es – wie in vielen anderen Psalmen – zunächst der Name Gottes, der tröstet und Hilfe verbürgt. Er sagt: Ich bin da. Doch dieser Name wird verbunden mit der Erinnerung an den Anfang der Bibel, den Anfang der Welt: *Am Anfang schuf Gott Himmel und Erde.* Der Psalm spricht so, als hinge die Gewissheit – *Der dich behütet, schläft nicht* – an der Erinnerung an den Anfang der Welt, die ganz persönliche Geborgenheit an der großen Ordnung des Kosmos.

Und das begreife ich sehr gut – gerade in den Augenblicken, in denen mir die Geborgenheit abhanden kommt und mich die Frage anfällt, wie ich – ja doch nur ein Staubkorn, verloren in der eisigen Weite des Alls – mich so wichtig nehmen kann. In diesen Jahrmillionen ist mein Leben weniger als ein kleiner Funke, der verglüht; und ich denke, mein Leid und mein Glück sei unermesslich wie eine ganze Welt, so schwer und so tief! Dabei ist unsere Erde nur ein Körnchen Sand im Sonnensystem, unsere Sonne nur ein Nebeltropfen in der Milchstraße, und selbst unsere Milchstraße nur ein Nebel unter vielen.

Was gibt mir die Kühnheit zu denken, dass da mein Schreien gehört wird? Dass ich in dieser grenzenlosen Kälte nicht verloren bin? *Ich glaube an Gott den Vater,* lässt mich das Bekenntnis antworten und erinnert mich damit an die Grunderfahrung: Du tröstest mich in der Angst, deine Hand hält mich fest (Ps. 4,2; 63,9). Doch auch diese Worte können sich in der kalten Endlosigkeit des Alls verlieren, wäre da nicht noch mehr zu sagen. Wer ist es, zu dem ich sage: *Meine Zeit steht in Deinen Händen?* (Ps. 31,16) Es ist der Schöpfer des Himmels und der Erde, der auch mich geschaffen hat und mich nicht verloren gehen lässt. „Wenn ich sehe den Himmel, Deiner Hände Werk, den Mond und die Sterne, die Du gemacht hast – was ist der Mensch, dass Du an ihn denkst, und des Menschen Kind, dass Du Dich seiner annimmst?", fragt der Psalm (Ps. 8,4f.). Das ist eine erstaunliche Identifikation: „der Du Mond und Sterne gemacht hast" und „der Du mich tröstest in der Angst"; aber leichter ist Geborgenheit nicht zu gewinnen. Von dieser Entdeckung überwältigt, spricht der Psalm von der Würde und dem Gewicht, die Gott dem Menschen gegeben hat (Ps. 8,6). „Und eben diese Ineinssetzung ist es", schreibt Franz Rosenzweig, „die mit ihrer aus dem ICH BIN DA-Ruf vom brennenden Dorn hervorschlagenden Glut in den Gottesnamen die ganze Bibel in eins schmiedet, indem sie überall die Gleichung des Gottes der Schöpfung mit dem mir, dir, jedem Gegenwärtigen vollzieht".

Ingo Baldermann 2004

3. Gott und das Leid

Theologisch-didaktische Aspekte

Von einer Begegnung mit dem Leid bleibt kein Mensch verschont. Gerade zum Jugendalter gehört die Erfahrung eigener wie fremder Grenzen und Krisen. Junge Menschen brauchen zur Stärkung ihrer Lebenskompetenz angesichts dieser Leid-Erfahrungen die Ermutigung „zu fragen und auch offene Fragen auszuhalten. Dazu müssen sie frei werden von allzu einfachen Antworten, die ihnen eingeredet werden."[5] Dabei werden auch die in solchen Grenzerfahrungen gepflegten Gottes-Vorstellungen zur Sprache kommen müssen.

Zur grundsätzlichen Problematisierung dieses Sachverhalts eignet sich die – bei einem Großteil der Sch wenig bekannte – Hiob-Geschichte insbesondere, da sie die Problematik eines Umgangs mit Leid in rationalisierender, objektivierender und relativierender Weise eindrücklich vor Augen malt und zugleich zur Sprache bringt: die (An-)Klage Gottes ist Integral einer Gottesbeziehung und spricht nicht gegen, sondern für den Glauben an einen Gott. Im biblischen Hiob-Buch treffen verschiedene Gottesvorstellungen aufeinander: Hiobs Freunde fixieren Gott auf das, was sie für Gerechtigkeit halten (Tun-Ergehen-Zusammenhang). Hiob lernt in einer harten Auseinandersetzung mit Gott, dessen Souveränität und Geheimnis zu akzeptieren. Die Warum-Frage nach Elend, Leid und Krisen bleibt letzten Endes ohne (rundum zufriedenstellende) Antwort.

 Ist im Islam der Zweifel an der Gerechtigkeit Gottes erlaubt?

Im Islam ist jeder Zweifel erlaubt, denn er ist notwendig, um den Prozess der Klärung herbeizuführen. Ohne Zweifel gäbe es keine Fragen und ohne Fragen kein Reflektieren. Allah selbst verkörpert die absolute Gerechtigkeit und hat eine Veranlagung und gleichzeitig auch ein Verlangen zur bzw. nach Gerechtigkeit in die Natur (fitra) des Menschen gelegt.

Die Freiheit des Menschen geht so weit, dass er sich von seinem Schöpfer abwenden, ja Ihn sogar leugnen kann, ohne dass Dieser ihm die Versorgung wie z.B. das Atmen versagt. Kann es eine größere Freiheit geben?

Intentionen

Für die Sch soll Hiobs Wandlung als Wendung zu Gott und eben so als ein *Ringen mit Gott um Gott* erkennbar bleiben bzw. werden. Es geht in dieser Unterrichtseinheit auch um eine *Sensibilisierung für die Sprache* dieses biblischen Buches. Das bedeutet auch, dass wir Sch eine Auseinandersetzung mit biblischer Sprache zumuten und ihnen dafür Zeit einräumen. Auf dieser Grundlage ist das Anbahnen eines sorgfältigen bzw. sensiblen Umgangs mit Sprache angesichts von Leid-Erfahrungen vorgegeben.

Das Buch Hiob kennen zu lernen und die Hiob-Problematik auch auf andere Situationen übertragen zu können, fördert die Sachkompetenz. Eigene Warum- und Leidens-Fragen zu formulieren und zu bearbeiten, berührt in hohem Maße die Selbstkompetenz. Schließlich ist die Methodenkompetenz gefordert bei der Darstellung biblischer und persönlicher Fragestellungen und Erkenntnisse. Besonders geht es um Sprachkompetenz im Umgang mit dem biblischen Text und um Kreativität in der Übertragung. Eine Reflexion der Arbeitsprozesse und -ergebnisse befähigt die Sch, ihr Engagement und ihre Beiträge zu Gruppenarbeiten und Diskussionen sowie die der anderen Sch einzuschätzen. Extra-Punkte gibt es für Sch, die auf einem DIN-A4-Blatt die Einleitungsfragen zum Hiob-Buch zusammenfassen und allen zugänglich machen. Dieses Blatt dient auch als Grundlage für eine spätere Lernerfolgsüberprüfung. Bei einer kreativen Erweiterung werden der kreative Prozess und das Endprodukt bewertet.

Literatur und Medien

Ebach, Jürgen: Streiten mit Gott. Hiob 1-20; 21-42, Neukirchen-Vluyn: Neukirchener Verlag (Kleine Biblische Bibliothek) 1996

Lachmann, Rainer: Hiob, in: Lachmann, Rainer; Adam, Gottfried; Reents, Christine (Hg.): Elementare Bibeltexte. Exegetisch – systematisch – didaktisch, Göttingen: Vandenhoeck & Ruprecht 2001 (TLL; 2), S. 122-134

LaSor; William S.; Hubbard, D.A.; Bush, F.W.: Hiob, in: dies.: Das Alte Testament. Entstehung – Geschichte – Botschaft, hg.v. Helmuth Egelkraut, Gießen 2000 (4., durchgesehene u. erweiterte Aufl.), S. 661-687

---

5 Siemann, Jutta: Sinnfrage und Gottesfrage in der Sekundarstufe, in: dies.: Theorie und Praxis Biblischer Didaktik, Münster u.a.: LIT Verlag 2003 (Bibel – Schule – Leben), S. 98.

Oeming, Manfred: Ihr habt nicht recht geredet von mir wie mein Knecht Hiob – Gottes Schlußwort als Schlüssel zur Interpretation des Hiobbuches und als kritische Anfrage an die moderne Theologie, in: Evangelische Theologie 60./2000, S. 103-116

Ritter, Werner H.: Leiden, in: Lachmann, Rainer; Adam, Gottfried; Ritter, Werner H.: Theologische Schlüsselbegriffe. Biblisch – systematisch – didaktisch, Göttingen: Vandenhoeck & Ruprecht 1999 (TLL; 1), S. 218-225

Rösel, Martin: Ijob/Hiob, in: ders.: Bibelkunde des Alten Testaments. Die kanonischen und apokryphen Schriften. Überblicke – Themakapitel – Glossar, Darmstadt ³2002, S. 50-52

Siemann, Jutta: Sinnfrage und Gottesfrage in der Sekundarstufe, in: dies.: Theorie und Praxis Biblischer Didaktik, Münster u.a.: LIT Verlag 2003 (Bibel-Schule-Leben; 4), S. 87-102

Weth, Irmgard; de Kort, Kees u. Michiel: Neukirchener Erzählbibel, Neukirchen-Vluyn: Kalenderverein 1998

Unterrichtsimpulse, Verlaufsvorschläge und Projektideen

1. Vorstellung: Hiob-Person und -Geschichte (Hi 1,1–3,26).

- Hiob ist „fromm und gottesfürchtig" und führt alles, was er erlebt, auf Gott zurück.
- Der „Prolog im Himmel" (Hi 1,6–12; 2,1–7) wird ausgelassen.
- Die Freunde Hiobs halten sieben Tage und Nächte schweigend bei ihm aus, ein enormer „Freundschaftsdienst".
- In der Klage Hiobs werden die Warum-Fragen betont. Die Erzählung endet mit einem „Warum?"

2. Warum-Fragen

- Formulieren Sie in der Gruppe verschiedene Antworten auf die Frage, warum Hiob leidet!
- Fragen nach dem Sinn von Leiden tauchen nicht nur im biblischen Hiob-Buch auf. Im Themenheft „Was ist der Mensch?" (Oberstufe Religion, Heft 6, S. 11; S. 8) finden Sie das Foto eines Mädchens, das mit 17 Jahren an Lungenkrebs stirbt. Antworten Sie ihr oder ihren Geschwistern auf deren Warum-Fragen!
- Oder im gleichen Heft das Bild eines verendeten Ölverschmierten Vogels unter der Überschrift „Warum nur? Warum?". Suchen Sie nach Antworten!
- Vielleicht haben Sie selbst Erfahrungen mit Leiden gemacht und nach dem Warum gefragt. Suchen Sie in Zeitschriften und Zeitungen Bilder, die solche Leidens-Situationen illustrieren oder finden Sie ein Symbol, das Ihre Erfahrungen ausdrücken kann.
- Die Antworten auf Warum-Fragen werden gesammelt und auf einer Wandzeitung sichtbar gemacht, um sie später mit den biblischen Antworten der Freunde Hiobs und seiner Frau vergleichen zu können.

3. Die Antworten der Frau Hiobs[6] und seiner Freunde werden in Gruppen bearbeitet. Jede Gruppe beschäftigt sich mit einem Textabschnitt:

Hi 2, 9
Hi 4,1–9 und 5,2–7
Hi 1–7.20
Hi 11,1–20
Hi 22,5–30 (V. 21ff.!)
Hi 34,5–12; 35–37

Aufgaben für die Gruppe zu Hi 2,9

- Formulieren Sie den Ratschlag, den Hiobs Frau ihrem Mann gibt, mit Ihren Worten um.
- Gibt es in Ihrer Gruppe mehrere Interpretationen des Satzes?
- Nehmen Sie **M3a** zu Hilfe.
- Geben Sie Hiobs Frau Recht?

Aufgaben für die anderen Gruppen:

- Geben Sie den Text mit Ihren Worten wieder.
- Formulieren Sie die Aussage des Textes in einem Satz.
- Welche Vorstellung von Gott entdecken Sie in diesem Text?
- Für diese Aufgabe benötigen Sie die Abbildung „Hiob und seine Freunde" von Kees de Kort aus der Neukirchener Erzählbibel – dazu oder ersatzweise die Nachzeichnung **M3b**. Interpretieren Sie dieses Bild (mit **M4f**)
- Zeichnen Sie den Freunden Hiobs in der Nachzeichnung Sprechblasen und beschriften Sie sie.

---

6 Das biblische Hiob-Buch ist ein ausgesprochen „männlicher" Text; z.B. wird kein Wort darüber verloren, dass Hiobs Frau das gleiche Elend getroffen hat wie ihren Mann (mit Ausnahme der Krankheit). Hi 2,9 ist der einzige Vers des ganzen Buches, in dem eine Frau redet. In allen anderen Dialogen reden Männer miteinander. Darum soll dieser eine Vers nicht übergangen werden.

Das Bild steht als Folie während des anschließenden Gesprächs und als Kopie für alle Sch zur Verfügung. Im Gespräch wird der ungebrochene Glaube an den Zusammenhang von Tun und Ergehen bei den drei Freunden deutlich: Hiob muss Schuld auf sich geladen haben, wenn er leidet. Nur wenn er diese Schuld eingesteht, kann Gott ihm verzeihen und es ihm wieder gut gehen lassen. Hiob empfindet dies als unbarmherzig. Aus der Empfehlung von Hiobs Frau lässt sich die Frage ableiten, ob es nicht besser sei, den Glauben an einen so „undurchschaubaren" und unbegreiflichen Gott aufzugeben.

4. Hiobs Ringen mit/um Gott

Hiobs Antworten werden in Gruppen bearbeitet. In der Auswertung soll die Entwicklung in Hiobs Gottesbild deutlich werden. Hiob kann und will nicht länger glauben, dass Gott „gerecht" ist in dem Sinn, dass er das Gute belohnt und das Böse bestraft. Hiob ringt mit Gott und fordert ihn zum Rechtsstreit heraus, um ihm seine Unschuld zu beweisen.

Texte für die Gruppen:

Hi 6,1–4.11–13
Hi 7,11.19–21
Hi 9,1–23, besonders 15.32–35
Hi 10,1–7
Hi 16,7–21
Hi 19,6–27, besonders V. 25
Hi 21,7–34
Hi 23,3–16
Hi 27,1–6
Hi 28,12–23
Hi 30,20.21

Aufgaben für die Gruppen:

- Geben Sie Hiobs Antwort mit Ihren Worten wieder.
- Welche Vorstellung von Gott entdecken Sie in diesem Text?
- Tragen Sie Hiobs Antworten in weitere Sprechblasen Ihres Arbeitsblattes (**M3b**) ein.

5. Entdeckungen und Emotionen

Gottes Antwort an Hiob (38–39,31) ist in einen weisheitlichen Schöpfungs-Text gekleidet, der auch in seiner sprachlichen Schönheit erlebt und erkannt werden soll. Darum wird von L oder Sch der Vortrag dieses Textes oder einiger Ausschnitte daraus sorgfältig vorbereitet. Vielleicht lässt sich die Lesung mit Musik untermalen (z.B. mit Hans-Jürgen Hufeisen „Klang der Schöpfung" oder „Im Sonnenlicht" – CD Stuttgart: edition hufeisen 2004 oder CD „Saitenspiel für die Seele. Meditative Gitarrenmusik", München: Kösel 2000). Das Bild von Kees de Kort (in: Weth, Irmgard: Neukirchener Erzählbibel, Neukirchen-Vluyn 1998, S. 238f.) wird gemeinsam interpretiert, die Textaussage im Bild gesucht. Im anschließenden Gespräch wird deutlich, dass Gott zwar Hiobs Anklagen zurückweist, sich aber auf den Rechtsstreit, auf die Auseinandersetzung, auf den Dialog mit Hiob einlässt. Gott gibt Hiob Recht, der sich nicht damit zufrieden geben konnte, Gott auf den Vollstrecker von Belohnung und Strafe zu reduzieren. Gott wendet sich Hiob wieder zu und redet mit ihm.

6. „Ich hatte von dir nur vom Hörensagen vernommen"

In einer kurzen Gruppenarbeit wird Hiob 42,1–6 bearbeitet.

Aufgaben:

- Geben Sie den Inhalt des Textabschnitts wieder.
- Beschreiben oder umschreiben Sie, was Hiob erkannt hat. Wie sieht er Gott?
- Beschreiben Sie die Veränderung in Hiobs Gottes-Vorstellung.

7. Ende gut, alles gut?!?

Die Hiob-Geschichte wird zu Ende erzählt, wobei auch zur Sprache kommen kann, dass der neue Wohlstand kaum kommentiert wird, wohl aber die besondere Schönheit der Töchter.

8. Ein Wort zu den Antworten

Die Warum-Fragen vom Anfang werden noch einmal aufgenommen. Gibt es jetzt neue Antworten? Die Beziehung zu Ex 3,14 wird hergestellt: Hiobs Freunde meinten, Gott „in die Tasche stecken" bzw. fixieren zu können auf die Vorstellung vom gerechten Gott. Hiob durchbricht diese Fixierung. Er erlebt, dass Gott, der größer ist als alles, was Hiob denken kann, ihm zugewandt bleibt. Das ist sehr nah an der Aussage von Ex 3,14: Der einzig sinnvolle Gottesname ist „Ich bin da".

Sinnvolle Erweiterungen/Projekte

- Die Einleitungsfragen zum Hiob-Buch werden von einer Gruppe von Sch so aufbereitet, dass sie als bibelkundliches Grundwissen für den Kurs hinreichend und prägnant sind (eine DIN-A4-Seite).
- Die Erzählung von Zvi Kollitz: Jossel Rackovers Wendung zu Gott (**M3c**) wird gemeinsam gelesen und für einen Vortrag vor anderen Sch oder einem größeren Publikum vorbereitet. Diese Erzählung eignet sich auch hervorragend für eine Ganzschrift-Lektüre!
- Die Texte von Epikur (**M3d**), Lothar Zenetti (**M3e**), Ernst Bloch (**M3g**) ermöglichen, die „Theodizee-Frage" zu diskutieren und verschiedene Gottes-Vorstellungen kritisch zu überprüfen.
- Bei diskussionserfahrenen Sch wird die Frage der „Theologie nach Auschwitz" thematisiert und zum Hiob-Buch in Beziehung gesetzt (**M3f**).
- In einem Projekt (über mehrere Wochen) entsteht ein modernes Hiob-Theater- oder Video-Stück, dessen Drehbuch geschrieben, das inszeniert und aufgeführt bzw. aufgezeichnet wird.
- Der „Prolog im Himmel" (Hi 1,6–12; 2,1–7a), der bislang ausgespart wurde, wird aufgenommen und – fächerübergreifend – mit dem Faust-Prolog (Johann Wolfgang von Goethe) in Beziehung gesetzt.

Ijobs Frau und Töchter

Ijob, der Reiche, hat nach dem Prolog sieben Söhne und drei Töchter. Keines der Kinder, die er mit einem Schlag verliert, wird mit Namen genannt. Ijobs Beziehung zu ihnen kommt nur so weit zur Sprache, als er für seine Söhne vorsorglich Opfer darbringt, um allfällige Vergehen zu sühnen, und dass er um seine Kinder trauert. Auch Ijobs Frau hat im Prolog keinen Namen. Ijob verliert die Frau durch die Schicksalsschläge nicht, im Epilog ist von ihr gar nicht mehr die Rede, da sie nicht zu all den Gaben gehört, die Ijob neu geschenkt werden. Und doch gebiert sie ihm nochmals zehn Kinder. Im Prolog tritt sie erst in Kap. 2 auf, als ihr todkranker Mann schon in der Asche sitzt. Traditionell wurde die Feststellung oder Frage (im Hebräischen offen) der Frau (2,9) als Ausdruck von Verständnislosigkeit und Spott interpretiert. Ihr Vorschlag, Ijob solle Gott segnen/fluchen (brk) und sterben, bezog man auf die Ankündigung Satans in 2,5, Ijob werde Gott noch ins Angesicht segnen/fluchen (brk). Schon Augustinus hat die Frau deshalb als diaboli adiutrix bezeichnet, als Helferin des Satans, die Ijob verführen soll. Dieser Deutung ist aber einiges entgegenzuhalten. Die Frau spricht zunächst immerhin mit Gottes Worten (vgl. 2,3). Sie konstatiert, dass, oder fragt an, ob Ijob an seiner Frömmigkeit festhält. brk wird im Ijobbuch konsequent in seiner ambivalenten Bedeutung von segnen und fluchen gebraucht. Die gängige Interpretation als Euphemismus für „fluchen" wäre an dieser Stelle, wie an allen anderen auch, eine Engführung. Der Text lässt es bewusst in der Schwebe, wie die beschwörende Geste inhaltlich gefüllt ist, als Fluch im Sinne einer Abwehr des Unheilvollen oder als Segen im Sinne des Lobpreises des Verehrungswürdigen. Es ist möglich, dass die Frau Ijob vorschlägt, Gott noch einmal zu segnen, solange er noch festhält oder festhalten kann an seiner Frömmigkeit, und nach diesem Abschied in Frieden mit Gott zu sterben. Es ist möglich, dass sie Ijob auf die Widersinnigkeit seines Festhaltens hinweist und ihm vorschlägt, sich fluchend von diesem Gott abzuwenden, der ihn fallen ließ, und dann zu sterben, weil auf Gotteslästerung ja die Todesstrafe stand (Lev 24,16). In beiden Fällen könnte statt Spott und Sarkasmus auch Mitleid, jedenfalls gesunder Menschenverstand mit im Spiel sein. Ijobs Frau will einen Ausweg aus der Ausweglosigkeit, und sei es durch den Tod. (...). Ijob will sich nicht durch den Tod entziehen, sondern das Leid aushalten. Er will zusammen mit seiner Frau – das legt die pluralische Formulierung nahe – das Böse von Gott genauso annehmen wie das Gute. Dies ist die einzige ersttestamentliche Stelle, wo ein Mann nicht auf seine Frau hört, die ihm einen Rat erteilt, wie es von israelitischen Ehefrauen erwartet wurde. Eine wichtige Beobachtung hat Ellen van Wolde (1995) gemacht: Ijob wird durch seine Frau zu einem Fragenden; erst durch sie kommt er, der in 1,20–22 noch in größter Loyalität zu seinem Gott schlicht um den Verlust trauert, dazu, die Möglichkeit, das Böse von Gott nicht anzunehmen, in Erwägung zu ziehen.

Der kurze Schlagabtausch Ijobs und seiner Frau ist nicht eindeutig und lässt Lesende deshalb unbefriedigt zurück. (...)

Christl Maier, Silvia Schroer 1998
© Chr. Kaiser/Gütersloher Verlagshaus GmbH, Gütersloh

Nach Kees und Michiel de Kort: Hiob

Jossel Rackowers Wendung zu Gott

Ich, Jossel, Sohn des Jossel Rackower von Tarnopol (...) schreibe diese Zeilen, während das Warschauer Getto in Flammen steht; das Haus, in dem ich mich befinde, ist eines der letzten, das noch nicht brennt. (...) Jetzt ist meine Stunde gekommen. Wie Hiob kann ich von mir sagen – und ich bin nicht der Einzige: *Nackt bin ich geboren, nackt kehre ich zur Erde zurück.* Ich bin jetzt 43 Jahre alt und wenn ich auf die vergangenen Jahre zurückblicke, so kann ich behaupten, soweit ein Mensch überhaupt etwas mit Sicherheit behaupten kann: Ich hatte ein herrliches Leben. Mein Leben war einmal vom Glück gesegnet, aber ich wurde nie übermütig. Ich hatte ein offenes Haus für jeden Bedürftigen und ich war glücklich, wenn ich einem Menschen gefällig sein konnte. Ich habe Gott in glühender Hingabe gedient und meine einzige Bitte an ihn war, ich solle ihm dienen dürfen „mit dem ganzen Herzen, mit der ganzen Seele und mit der ganzen Kraft". Nach alldem, was ich erlebt habe, kann ich behaupten, dass diese Einstellung ganz unverändert geblieben ist. Mit Sicherheit aber kann ich behaupten, dass sich mein Glaube an ihn nicht um ein Haar verändert hat. Früher, als es mir gut ging, war meine Beziehung zu ihm wie zu einem, der mir immer Gnade erwiesen hat und in dessen Schuld ich immer war. Jetzt aber ist es die Beziehung wie zu einem, der auch mir etwas schuldet. Darum denke ich, ich habe das Recht ihn zu mahnen: Ich fordere aber nicht wie Hiob, Gott möge mit seinem Finger auf meine Sünden zeigen, damit ich weiß, womit ich die Strafe verdiene. Größere und Bessere als ich sind der Ansicht, dass es sich bei dem, was jetzt geschieht, nicht mehr um Strafe für Sünden handelt: Es geht etwas ganz Besonderes vor in der Welt – es ist jetzt die Zeit, da der Allmächtige sein Gesicht von den Betenden abwendet. Gott hat sein Gesicht vor der Welt verstellt (...) Da das so ist, erwarte ich natürlich kein Wunder und ich bete nicht zu meinem Gott, er möge Mitleid mit mir haben. Er mag gegen mich dieselbe Gleichgültigkeit zeigen, die er gegenüber Millionen anderer seines Volkes gezeigt hat. Ich bin keine Ausnahme von der Regel und ich erwarte nicht, dass er zu mir eine besondere Beziehung hat. (...) Ich glaube an den Gott von Israel, auch wenn er alles dazu getan hat mich an ihn Unglauben zu machen. Ich glaube an seine Gesetze, auch wenn ich seinen Tagen die Berechtigung abspreche. Meine Beziehung zu ihm ist nicht mehr die eines Knechts zu seinem Herrn, sondern die eines Schülers zu seinem Lehrer. Ich neige mich vor seiner Größe, aber ich werde die Rute nicht küssen, mit der er mich züchtigt. Ich habe ihn lieb, aber seine Thora habe ich noch lieber. Und selbst hätte ich mich in ihm getäuscht – seine Thora würde ich weiter hüten. Gott bedeutet Religion, aber seine Thora bedeutet Lebensweise. Und je mehr von uns für diese Lebensweise sterben, um so unsterblicher wird sie.

Du sagst, wir haben gesündigt. Natürlich haben wir gesündigt. Dass wir dafür bestraft werden – auch das kann ich verstehen. Ich will aber, dass du mir sagst, ob es eine Sünde in der Welt gibt, die eine solche Strafe verdient? (...) Du sagst vielleicht, es sei jetzt keine Frage von Strafe und Sühne, dass du nur dein Gesicht abgewendet und sie ihren Trieben überlassen hast. Ich will dich fragen, Gott, und diese Frage versengt mich wie ein verzehrendes Feuer: Was soll denn noch geschehen, damit du uns dein Gesicht wieder zuwendest?

Ich will dir klar und offen sagen, dass wir jetzt mehr als in jeder anderen Epoche unseres unendlichen Leidensweges – wir, die Gepeinigten, die Geschändeten, die Erstickten, die lebendig Begrabenen und lebendig Verbrannten, wir, die Beleidigten und Erniedrigten, o die zu Millionen Ermordeten – das Recht haben zu wissen, wo die Grenzen deiner Geduld liegen! (...)

M3c

Du hast unserem ganzen Leben einen so unendlichen und bitteren Kampf beigegeben, dass die Feigen unter uns diesen Kampf vermeiden mussten und davonliefen, so schnell ihre Füße sie trugen. Schlag sie nicht dafür – Feige schlägt man nicht, gegenüber Feigen hat man Mitleid und mit ihnen habe mehr Mitleid, Gott, als mit uns (…) Ich sage dir das alles, weil ich an dich mehr glaube denn je, weil ich jetzt weiß, dass du mein Gott bist, weil du nicht der Gott derjenigen sein kannst, deren Taten das schreckliche Ergebnis ihrer kämpferischen Gottlosigkeit sind. Falls du nicht mein Gott bist – wessen Gott bist du? Der Gott der Mörder? (…) Spätestens in einer Stunde werde ich mit Frau und Kindern vereint sein und mit Millionen meines Volkes in einer besseren Welt, wo es keinen Zweifel mehr gibt und wo Gott der einzige Herrscher ist. Ich sterbe ruhig, aber nicht befriedigt, ein Geschlagener, aber kein Verzweifelter, ein Gläubiger, aber kein Betender, ein Verliebter in Gott, aber kein blinder Amensager (…) Und das sind meine letzten Worte an dich, mein zorniger Gott: Es wird dir nicht gelingen! Du hast alles getan, damit ich nicht an dich glaube, damit ich an dir verzweifle! Ich aber sterbe, genau wie ich gelebt habe, im felsenfesten Glauben an dich.

Zvi Kolitz
© 2004 Diogenes Verlag AG Zürich

M3d Ein Gedankengang

Entweder will Gott die Übel beseitigen und kann es nicht, oder er kann es und will es nicht, oder er kann es nicht und will es nicht, oder er kann es und will es. Wenn er nun will und nicht kann, so ist er schwach, was auf Gott nicht zutrifft. Wenn er kann und nicht will, dann ist er missgünstig, was ebenfalls Gott fremd ist. Wenn er nicht will und nicht kann, dann ist er sowohl missgünstig wie auch schwach und dann auch nicht Gott. Wenn er aber will und kann, was allein für Gott ziemt, woher kommen dann die Übel und warum nimmt er sie nicht weg?

Epikur (342–270 v.Chr.)

Warum nur?

Wie kann ein Gott, fragt ihr, wenn es ihn gibt, nur zulassen all das Schreckliche, was geschieht, wie kann er zusehen dabei, und verhindert es nicht? Warum lässt er sie einfach gewähren, die Mörder und die Gewalttäter, die über Leichen gehen, und alle, die sich bereichern am Elend der Armen? Wenn er nur wollte, er, der allmächtig ist, könnte doch wehren dem Bösen, der Brutalität, die schon aufwächst unter den Kindern? Aber will er? Liegt ihm daran? Vernimmt er das Weinen derer, die ihre Lieben beklagen, berührt ihn das himmelschreiende Unrecht? Und wenn es ihn rührt, warum schweigt er dazu? Ein Wort von ihm, und keiner, kein einziger müsste mehr leiden, sterben und elend zugrunde gehn. Doch auch den Vogel hindert er nicht, nach den tanzenden Mücken zu jagen, und er lähmt nicht, bevor sie den Vogel erbeutet, die Katze im Sprung. Auch uns, ja auch uns lässt er immer noch leben, er lässt uns gewähren, uns Menschen, uns Mörder, die wir gnadenlos Kriege führen gegeneinander. Er lässt zu, dass es uns gibt, die wir ausrotten grausam, was er geschaffen hat. Er duldet auch mich. Hat er noch Hoffnung? Er muss uns doch kennen! Könnte es sein, dass Du selber, der Unbegreifliche, unter den Leidenden bist und empfindest wie wir und leidest an uns und fühlst mit allen Geschöpfen? Ist es wahr, dass Du sie dennoch liebst, diese Welt, und schonst sie um einer größeren Hoffnung willen? Glaubst Du womöglich noch immer, am Ende bleibe die Liebe?

Lothar Zenetti

Am Galgen

Als wir eines Tages von der Arbeit zurückkamen, sahen wir auf dem Appellplatz drei Galgen. (…) Drei gefesselte Todeskandidaten, darunter der kleine Pipel, der Engel mit den traurigen Augen. Die SS schien besorgter, beunruhigter als gewöhnlich. Ein Kind vor Tausenden von Zuschauern zu hängen, war keine Kleinigkeit. Der Lagerchef verlas das Urteil. Alle Augen waren auf das Kind gerichtet. Es war aschfahl, aber fast ruhig und biss sich auf die Lippen. Der Schatten des Galgens bedeckte es ganz. Diesmal weigerte sich der Lagerkapo, als Henker zu dienen. Drei SS-Männer traten an seine Stelle. Die drei Verurteilten stiegen zusammen auf ihre Stühle. Drei Hälse wurden zu gleicher Zeit in die Schlingen eingeführt. „Es lebe die Freiheit!", riefen die beiden Erwachsenen. Das Kind schwieg. „Wo ist Gott, wo ist er?", fragte jemand hinter mir. Auf ein Zeichen des Lagerchefs kippten die Stühle um. Absolutes Schweigen herrschte im ganzen Lager. Am Horizont ging die Sonne unter. „Mützen ab!", brüllte der Lagerchef. Seine Stimme klang heiser. Wir weinten. „Mützen auf!" Dann begann der Vorbeimarsch. Die beiden Erwachsenen lebten nicht mehr. Ihre geschwollenen Zungen hingen bläulich heraus. Aber der dritte Strick hing nicht reglos: Der leichte Knabe lebte noch … Mehr als eine halbe Stunde hing er so und kämpfte vor unseren Augen zwischen Leben und Sterben seinen Todeskampf. Und wir mussten ihm ins Gesicht sehen. Er lebte noch, als ich an ihm vorüberschritt. (…). Hinter mir hörte ich denselben Mann fragen: „Wo ist Gott?" Und ich hörte eine Stimme in mir antworten: „Wo er ist? Dort – dort hängt er, am Galgen …"

Elie Wiesel 1958

M3g Allmacht und Allgüte

Das Buch Hiob hat die Advokaten der Allmacht und Allgüte in Gang gebracht, es hat zugleich alle ihre Harmonisierungen *a limine* verhindert. Für Menschen, die aus der Vorstellung vom Schöpfergott oder auch Rachegott Jahwe so gründlich ausgetreten sind, dass er überhaupt nicht mehr existiert, ist seine Rechtfertigung überhaupt kein Problem mehr oder, wie es scheint, ein rein religionshistorisches. Die einfachste Lösung der Theodizee, sagte die französische Aufklärung, ist die: *que Dieu n'existe pas.* Wird also zum sittlichen Atheismus, als der die gesamte Theophanie am Schluss des Buchs Hiob verstanden werden kann, der existenzielle gefügt, dann wirklich zugutertletzt das ganze Problem der Theodizee als Wischi-Apologetik ohne causa suae. Ja – und das ist wichtig – auch die Fragen und Anklagen Hiobs, seine gesamte Rebellion scheint bei Wegfall eines thronenden Gottseins gegenstandslos.

Ist das nun wirklich so, nämlich was sein bitteres Fragen selber angeht? Besitzt das Buch Hiob für Atheisten keine andere Wirklichkeit als historische oder psychologische oder, wie selbstverständlich, poetische? Bleibt nicht viel grausame Natur auch ohne Jahwe, um Menschen unbekümmerte, fühllose? Bleibt nicht Krankheit, Unordnung, Fremdheit, kalte Schulter im Dasein, bleibt nicht jenes Etwas im Dasein – auch ohne Verdinglichung oder transzendente Hypostase –, von dem Hiob sagt: „Schuldig oder unschuldig, es bringt beide um" (Hiob 9,22)? Bleibt nicht der Tod (…) Brauchen die Wunschträume, die es so schwer haben, keinen Trost, dass für sie trotzdem etwas vorgesehen sei? Brauchen die Werke, die gegen das Unmenschliche errichtet werden, brauchen die konkretseinwollenden Utopien, die Planungen des Noch-nicht-Gewordenen nicht im Weltkern ein Korrelat? (…) Die einfachste Lösung ist die, dass es in der Welt immer wieder einen Auszug gibt, der aus dem jeweiligen Status herausführt, und eine Hoffnung, die sich mit der Empörung verbindet, ja sie in den konkret gegebenen Möglichkeiten, nicht nur in ihnen fundiert. Der Auszug aus cäsarischer Gottesvorstellung, wie ihn Hiob begann, den Menschen über jede Art von Tyrannei setzend, über die fragwürdige einer Gerechtigkeit von oben, auch über die neu-mythische einer Naturmajestät an sich: dieser Auszug ist nicht auch einer aus dem Auszug selbst. Konträr: Gerade der Rebell besitzt Gottvertrauen, ohne an Gott zu glauben; das heißt, er hat Vertrauen auf den spezifischen Jahwe des Exodus aus Ägypten, auch wenn jede mythologische Verdinglichung durchschaut wurde, Herrenreflex nach oben ursächlich aufhört. Gott, von dem im Hiob die Rede ist: an seinen Früchten erkannt, mit so viel Gewalt und Größe herrschend und erdrückend, tritt als Pharao vom Himmel her entgegen, und Hiob ist gerade fromm, indem er nicht glaubt. Außer an Auszug und dass das letzte Wort noch nicht gesprochen ist.

Ernst Bloch (1885–1977)

4. Mit Gott reden

Theologisch-didaktische Aspekte

Das Gebet spielt in sämtlichen Religionen und Konfessionen eine besondere Rolle. Die Spezifika des christlichen Gebets zeigen sich u.a. in der Auseinandersetzung mit Gebetsformen und -inhalten anderer Religionen bzw. Glaubensüberzeugungen. Ähnlich wie die Vielfalt der Gottes-Vorstellungen sind beim christlichen Gebet auch die unterschiedlichen Dimensionen in Blick zu nehmen: Klage, Bitte, Stoßseufzer, Fürbitte, Dank, Lob und Anbetung. Die Unterrichtseinheit soll Gott als das in jedem Fall ansprechbare Gegenüber, als zuverlässige Adresse, als „Du" vorstellen und somit einerseits Zugänge zum persönlichen Gebet als auch zu Gebeten der Bibel aufzeigen.

Intentionen

Die Psalmen, besonders die Klagepsalmen, stellen ein elementares und personhaftes Reden mit Gott vor, das Jugendliche animieren kann, die Psalm-Metaphern aufzunehmen, für sich zu deuten und eigene Formen des Redens mit Gott zu entdecken (**M4b**), also Sprache zu finden. Dieser Zugang zu biblischen Texten braucht Zeit und kann nur gelingen bei einer Verlangsamung des Unterrichts.

Natürlich geht es auch um Sachkompetenz, um Kenntnisse über die biblischen Psalmen, um Reflexionen über das Gebet. Im Zentrum aber steht das Angebot einer Auseinandersetzung mit eigenen Hoffnungen und Ängsten, mit subjektiven Gedanken über ein ansprechbares göttliches Gegenüber, das heißt, es geht um Selbstkompetenz.

Wo im Unterricht ein persönlicher Zugang zu Psalmen und zum Gebet gesucht wird, ist Zurückhaltung hinsichtlich einer Zensierung des von Sch Gesagten oder Gestalteten zu vereinbaren, wobei die Sch dennoch sich zusätzliche Punkte erarbeiten können durch Referate:

„Aspekte des Betens" (mit **M4a**); „Gestalt und Gehalt des Psalters" (mit eigener Materialrecherche oder von L bereitgestellten Materialien) oder zu selbst gewählten Fragestellungen. Eine Klausur könnte von der Dürer-Zeichnung und der Karikatur ausgehen und sie mit dem Psalmvers 50,15 („Rufe mich an am Tage der Not, so will ich dich erretten und du sollst mich preisen!") zusammenstellen.

Literatur und Medien

Dalferth, Winfried: Und er rührte sie an ... Mit biblischen Erzählfiguren Glauben gestalten, erfahren, feiern, Leinfelden-Echterdingen: Verlag Junge Gemeinde 2001

Leewe, Hanne; Milerski, Renate: Ich will von Gott und der Welt erzählen, Hannover 1998

Petzold, Klaus: Gebet, in: LexRP 1 (2001), Sp. 655-659

Ritter, Werner H.: Gebet, in: Lachmann, Rainer; Adam, Gottfried; Ritter, Werner H.: Theologische Schlüsselbegriffe. Biblisch – systematisch – didaktisch, Göttingen: Vandenhoeck & Ruprecht 1999 (TLL; 1), S. 74-83

Slenczka, Reinhard: Ermutigung zum Gebet. Hören – Glauben – Beten, in: ders.: Neues und Altes. Bd. 2, hg.v. Albrecht Immanuel Herzog, Neuendettelsau: Feimund 2000, S. 135-148

Weber, Daniela: Populärkultur im Religionsunterricht. Ergebnisse einer Umfrage und ein Unterrichtsbeispiel, in: Schulfach Religion 23./2004, Nr. 1-2 („Unterrichtsforschung. Bildungsdiskussion), S. 135-146

Zimmerling, Peter: Evangelische Spiritualität. Wurzeln und Zugänge, Göttingen: Vandenhoeck & Ruprecht 2003

Unterrichtsimpulse, Verlaufsvorschläge, Projektideen

1. Schritt: Meditative und kreative Beschäftigung mit Psalm 22,3

Voraussetzung ist eine ruhige und konzentrierte Atmosphäre. Die Gruppe sitzt im Stuhlkreis. An einer für alle gut sichtbaren Position ist eine biblische Erzählfigur, z.B. eine Egli-Figur aufgestellt (**M4k**). Die Sch äußern Assoziationen zu dieser Figur. Wenn keine Äußerungen mehr kommen, wird der vorher aufgeschriebene Psalm 22,3 aufgedeckt: „Ich schreie, aber meine Hilfe ist fern." Auf spontane Äußerungen folgt der Auftrag: In welcher Situation könnte so ein Satz gesprochen bzw. geschrien werden.

In Einzelarbeit machen sich die Sch Stichworte, die eine solche Situation beschreiben (3 Minuten). Nach einer kurzen Austauschrunde wird der Auftrag erteilt, die fiktive oder reale Situation allein oder mit anderen Sch kreativ darzustellen: Als Farb-Komposition, als Klangteppich, als Statuentheater usw. Nach einer ausreichend langen Kreativ-Phase werden die Produkte vorgestellt, wobei die Kreativität gelobt werden kann, die Inhalte der Szenen aber unbewertet bleiben. Es wird diskutiert, ob es in den geschilderten Situationen eine Lösung geben könnte. Wer könnte oder müsste sie initiieren? Der Psalm besteht nicht nur aus Vers 3: Die Verse 23 und 25 werden vorgelesen:

> „Ich will deinen Namen kundtun, ich will dich rühmen. Denn du hast nicht verachtet noch verschmäht das Elend der Armen, und dein Antlitz nicht verborgen vor ihnen. Und als ich zu dir schrie, hast du's gehört."

Die betende Person hat offenbar die Erfahrung gemacht, dass Gott ihr in scheinbar aussichtsloser Lage schließlich doch geholfen hat.

In Kleingruppen wird der Text des ganzen Psalms 22 auf Gotteserfahrungen und -metaphern untersucht. Das Gespräch sollte deutlich machen, wie die betende Person um die Zu-Wendung Gottes ringt, um die Möglichkeit, Gott als Gegenüber, als Du anzusprechen. Dieses „Du" schließlich wird als Kennzeichen der Psalmen, als Adresse aller Gebete, als Kennzeichen aller Gebete festgehalten.

2. Schritt: Analyse und Kreation von Gebeten

In Arbeitsgruppen werden geschriebene oder gemalte Gebete analysiert. Wer mag, schreibt oder gestaltet ein eigenes Gebet.

Arbeitsgruppe 1: Nelly Sachs: Gebet (**M4c**)

Aufgaben:

- Sammeln Sie Informationen über Nelly Sachs.
- Ist der vorgelegte Text eigentlich ein Gebet? Was kennzeichnet ein Gebet?
- Unterscheidet sich dieser Text von Gebeten, die Sie kennen?
- Schreiben oder gestalten Sie selbst ein Gebet. Inhalt ist das, was Sie heute erlebt haben oder möglicherweise noch erleben werden.

Arbeitsgruppe 2: Alltagsgebet (**M4d**)

Aufgaben:

- Unterscheidet sich dieser Text von Gebeten, die Sie kennen?
- Schreiben oder gestalten Sie selbst ein Gebet. Inhalt ist das, was Sie heute erlebt haben oder möglicherweise noch erleben werden.

Arbeitsgruppe 3: Edvard Munch: Der Schrei (**M4e**)

Aufgaben:

- Sammeln Sie Informationen über Edvard Munch.
- Interpretieren Sie das Bild von Edvard Munch (mit **M4f**).
- Ist das Bild ein Gebet?

Arbeitsgruppe 4: Betende Hände (**M4g, M4h** und **M4i**)

Aufgaben:

- Interpretieren Sie die Bilder von Albrecht Dürer und Klaus Staeck.
- Können Sie sich vorstellen, warum Klaus Staeck gerade dieses Dürer-Bild als Grundlage für seine Karikatur gewählt hat? Wogegen könnte sich seine Kritik/sein Spott richten?
- Gliedern Sie den Text von Manfred Siebald in sinnvolle Strophen. Finden Sie Überschriften für die Strophen. Arbeiten Sie heraus, welche Möglichkeiten, aber auch welche Gefahren Siebald im Umgang mit Dürers betenden Händen sieht. Haben Sie dabei besonders die beiden Formulierungen „Mitte zwischen Mensch und Gott" und „Mittler zwischen Mensch und Gott" vor Augen.

Arbeitsgruppe 5: Vater unser
               (Religion in der Popmusik)

Anhand der „Vater unser"-Version der Gruppe „E nomine" gehen die Sch auf Spurensuche eines zentrales Gebets in einer interessanten Mischung von Techno-Rhythmus, Rezitation und lateinischen Chorälen im gregorianischen Stil. Nach einem auditiven Zugang (z.B. mit Erstellung eines persönlichen Stimmungsbarometers) setzen sich die Sch mit dem Text selbst und seinen (biblischen) Vorlagen auseinander. Erst danach sollten sich die Sch den Videoclip dazu ansehen (Welche Sequenz machte auf Sie den stärksten Eindruck und warum?).

- Betrachten Sie die Fotos aus dem Booklet der CD. Welche Emotionen entstehen bei Ihnen durch diese Fotos? Welches würden Sie nahe an den Vaterunser-Text plazieren, welchen eher entfernt positionieren?
- Versuchen Sie das Vater unser als Pantomime zur Geltung zu bringen.
- Malen Sie während des Abspielens des Liedes spontan ein Bild dazu.
- Erfinden Sie einen eigenen Tanz zum Lied und drehen einen eigenen Videoclip.

3. Schritt: Reflexion

Die zurückgelegten Schritte werden reflektiert, Erlebnisse und Erkenntnisse zusammen getragen. Der kurze Text von Dorothee Sölle (**M4j**) wird in Gruppen gelesen und diskutiert. Evtl. ist es möglich, die 6-minütige „Original-Sequenz" von Dorothee Sölle zu hören („Dass da irgendwo ein Chef im Himmel sitzt und die ganze Sache hier lenkt, (…) das war mir unerträglich." Kritik an der Allmacht Gottes. Nr. 4 auf der Doppel-CD „Dorothee Sölle: Gerechtigkeit ist ein Name für Gott", Hamburg 2004 – ISBN 3-8337-1668-X).

Aufgaben:

- Charakterisieren Sie die Sprache, die Sölle als religiöse Sprache bezeichnet. Wie kommt „Gott" in dieser Sprache vor?
- In welcher Form haben Sie bisher im Religionsunterricht über Gott gesprochen?
- Vergleichen Sie die unterschiedlichen Sprachformen und suchen Sie nach Gründen für Unterschiede.
- Können Sie sich vorstellen, dass auch im schulischen Religionsunterricht religiöse Sprache ihren Platz hat?

Die abschließende Diskussion klärt die Frage, was die Beschäftigung mit dem Gebet mit dem Thema Gottesvorstellungen zu tun hat. Dabei kann der kurze Text aus den Erzählungen der Chassidim (**M4m**) oder Martin Bubers „Ich und Du" eine Rolle spielen (**M4l**). Das Gespräch über diesen zweiten, nicht ganz einfachen Text kann von Sch vorbereitet werden, die Lust haben, sich mit einem philosophischen Text auseinander zu setzen.

M4a Vom Gebet

Beten wird hier verstanden als Antwort auf das Angebot Gottes zur Gemeinschaft und zum Dialog. Dabei ist das Bitt-Gebet (einschließlich der Fürbitte) in besonderer Weise eine Äußerung des Vertrauens. Wer Gott bittet, behält sein Anliegen, seine Not, seine Sehnsucht nicht für sich, verkrümmt sich nicht in sich selbst und meint nicht, alles selber machen zu müssen, sondern vertraut sich selbst Gott an. Hier liegt der tiefere Sinn des christl. Bitt-Gebets, also in der Stärkung der Beziehung zu Gott von Gott her. (...)

Genau dieser Sinn bleibt einer flüchtigen Beschäftigung mit dem Thema „Gebet" verborgen, denn in der Regel wird zunächst vom Gebet erwartet, dass es die Erfüllung einer Bitte bewirkt. Diese Erwartung ist so bestimmend, dass mit der Erfüllung oder Nichterfüllung die Einstellung zum Beten überhaupt steht und fällt. (...)

(1) Welche Vorerfahrungen und Vorverständnisse bringen die Schüler/innen einer konkreten Klasse/Gruppe im Blick auf Gott bzw. Bilder von Gott mit und welche nicht, welche sind ihnen zutiefst fremd? (...) (2) Welche Art (Kategorie) des Betens wird die konkreten Schüler/-innen unter didaktischen Gesichtspunkten am ehesten ansprechen und interessieren: Lob, Dank, Bitte, Fürbitte, Klage oder Protest? (...) (3) Welche Ausdrucksformen des Betens sind in einer bestimmten Unterrichtssituation eher für einen Lernprozess geeignet, welche weniger: gesungenes Gebet (Lied, Kanon), stille Meditation mit einem Symbol, gesprochenes Gebet, getanztes Gebet, schweigende Meditation ohne Gegenstand, meditatives Gestalten einer Tonfigur o.Ä.? (...) Gleichwohl bleibt eine Fülle didaktisch legitimer Möglichkeiten und Notwendigkeiten, Praxis des Betens kennen und verstehen zu lernen: z.B. Videos von Jugendgottesdiensten, Kirchentagen und Jugendcamps; Schulfernsehsendungen zum Thema *Gebet;* CDs mit Liedern, Gebet-Texten, meditativer Musik, Taizé-Andachten, Fotos/Dias von einzelnen Menschen oder Gruppen bzw. von plastischen Figuren (Keramik, Ton, Holz) in einer Gebet-Haltung bis hin zum kreativen Gestalten eigener Tonfiguren, Texte und Bilder (Biehl 1984, 183; Baldermann 1993, 40f. 94–113). All das sind Angebote und Anstöße, Wege zum Beten zu gehen und sich auf das Thema tiefer einzulassen, ohne pflichtmäßig festzulegen: Jetzt beten wir! Vielmehr bleibt ein Freiraum der persönlichen, nicht didaktisch kontrollierten Entscheidung, mitzubeten, selbst zu beten oder nicht. Dieser Freiraum ist konstitutiv. Und wer weiß, ob und wann jemand beim Hören eines Taizékanons mitsummt? Gelegentlich tun das freilich so viele, dass es gar nicht zu überhören ist.

Aus solchen Situationen oder anderen Impulsen kann der eigene Wunsch nach einem Gebet in der Schule hervorgehen, das auf wirklich freiwilliger Basis stattfindet: z.B. beim Treffen zu einer kurzen Morgenandacht im Musikraum, beim Singen in einer Adventsfeier, beim Aufbau eines Gospelchores, beim Gestalten eines eigenen Gottesdienstes von Schüler/innen. Selbst das Beten in einer Religionsklasse oder -gruppe ist als Ausdruck positiver Bekenntnisfreiheit (Art. 4 GG) didaktisch vertretbar, wenn das Einvernehmen mit den Schüler/innen – ggf. auch mit den Eltern – hergestellt ist und sich niemand dadurch diskriminiert fühlt.

Klaus Petzold 2001

Sich selbst entdecken in den Psalmen

M4b

Ingo Baldermann beschreibt die Arbeit an Psalmen mit Kindern der Grundschule. Seine Erfahrungen lassen sich – verändert – auch auf Schülerinnen und Schüler der Sek II übertragen.

1. Ich sehe keinen anderen Weg, Christen auf die einstweilen noch unvorstellbaren Herausforderungen vorzubereiten, denen ihr Glaube nach dem Jahr 2000 ausgesetzt ist, als sie zu selbstständigem Umgang mit der Bibel zu befähigen. (…)

2. Zu dieser Rechenschaft über die eigenen Intentionen gehört freilich auch die selbstkritische Frage, ob und auf welche Weise ich denn selbst tatsächlich von und mit biblischen Texten lebe und was dies für Texte sind. Ich entdecke dabei, dass es in erster Linie Worte aus Psalmen sind, die mich begleiten, die mir ihre Sprache leihen, wenn mir selbst die Sprache versagt; es sind Worte aus den Psalmen, die nachts die Dämonen vertreiben, die sich mir auf die Brust setzen und mir die Luft abdrücken wollen, und es sind abermals Psalmen, die es mir ermöglichen, den neuen Tag als das große Wunder wie in der Schöpfungsgeschichte zu begrüßen. (…)

3. Zu meinen Voraussetzungen gehört schließlich, dass ich es für notwendig halte, mit den Kindern mehr Klarheit darüber zu gewinnen, warum und in welchem Sinne wir eigentlich von und mit Gott reden. Es scheint mir weder gestattet, selbstverständlich vorauszusetzen, dass mit dem Wort Gott schon etwas halbwegs Richtiges und Wichtiges gemeint sei, noch aber – das ist wohl eher die Gefahr des Religionsunterrichts an unseren Schulen in der Bundesrepublik – das Reden von Gott ganz auszusparen. Aber es hat wenig Sinn, mit theologischen Argumenten den Kindern zu sagen, wie man von Gott nicht denken dürfe und wie man dagegen von ihm reden müsse. Geht es um einen selbstständigen Zugang zur Bibel und zu der von ihr gemeinten Wirklichkeit Gottes, dann muss dieser Zugang auf eine ganz elementare Weise gewonnen werden. Es gibt dabei in der Bibel kein anderes Buch, in dem so elementar von und mit Gott geredet wird wie in den Psalmen. (…)

Wer das einmal erfahren hat, wird schon in der Vorbereitung versuchen, die biblischen Texte mit den Augen der Kinder anzusehen, mit dem Vorbehalt, dass am Ende die Augen der wirklichen Kinder noch mehr und anderes entdecken werden. So gehen wir jetzt auch an die Psalmen heran: Wir suchen nach Sätzen in den Psalmen, über denen wir in ein Gespräch mit den Kindern kommen können. Ein Gespräch kann nur entstehen, wenn die Kinder aus ihrem eigenen Wahrnehmen etwas dazu beitragen können. Wir müssen also Sätze finden, zu denen die Kinder einen direkten Zugang finden können, ohne historisch-kritische Erläuterungen von unserer Seite, Sätze, die sie sich auch emotional unmittelbar aneignen können. (…)

Das Ergebnis nach mehrfacher Durchsicht der Psalmen ist theologisch wenig befriedigend: Ich habe eine Reihe von Stellen entdeckt, zu denen auch Kinder direkt Zugang gewinnen können, ohne den schwierigen Umweg historisch-kritischer Verfremdung; aber es handelt sich dabei durchweg um Texte aus der gleichen Gattung, aus der Gattung „Klagelieder des einzelnen", und innerhalb dieser Gattung um die Form der Klage im engeren Sinne, also um die Bilder der Angst und Bedrohung. Dabei wird mir klar, dass ich diese Bilder auch aus Angstträumen kenne: *Das Wasser steigt mir bis an die Kehle; ich versinke im tiefen Schlamm; der Sog zieht mich hinunter; ich gleite, ich stürze und falle; ich liege da, wie gelähmt, und die anderen stehen um mich herum und schauen auf mich herab; ich stürze in einen dunklen Schacht, und das Loch über mir schließt sich.*

Mein theologisches Gewissen meldet erhebliche Vorbehalte an; ich habe Bonhoeffers Ingrimm im Ohr über jene Theologen, die die Menschen zunächst bei ihrer Angst packen, um ihnen auf diese Weise das Evangelium zu präsentieren. Ich habe selbst einen tiefen Widerwillen gegen den Ansatz bei der Angst, sei es in theologischer, sei es in pädagogischer oder politischer Arbeit. Aber ich sage mir auch, dass es etwas anderes ist, ob ich jemanden zur Bekehrung drängen oder ob ich Kindern einen eigenen Zugang zur Bibel erschließen will; und das Ergebnis meiner Durchsicht war eindeutig. Nehme ich meinen Ansatz ernst, dass biblische Texte uns auf ihre eigenen Wege des Lernens mitnehmen, dann muss ich den Psalmen auch zutrauen, dass sie uns Wege zeigen, über die Angst hinauszukommen.

Ingo Baldermann 1986

Gebet

Herr (wenn es dich gibt), ich kann nicht beten,
denn ich habe zu viele Gebete gehört, die nur Worte waren,
und sie machten mein Herz krank vor Traurigkeit.
Herr (wenn es dich gibt), ich kann nicht danken, denn:
Wenn ich dir danke, weil ich satt bin, muss ich dir zum Vorwurf machen, dass Millionen hungern,
wenn ich dir danke, dass ich gesund bin, muss ich dir zum Vorwurf machen, dass Millionen siechen,
wenn ich dir danke, dass ich glücklich bin, muss ich dir zum Vorwurf machen, dass Millionen verzweifeln, denn du bist allmächtig, heißt es in den Büchern.
Herr (wenn es dich gibt), ich kann nicht beten, ich kann nicht danken, ich kann nicht glauben.

Ich kann nur versuchen jedem menschlichen Geschöpf, das mich braucht,
meine Liebe zu zeigen und nach Wahrheit und Gerechtigkeit zu suchen – das ist mein Gebet.
Ich kann nur versuchen neben meinem Bruder, den die Menschen verachten,
zu stehen, um mit ihm verachtet zu werden – das ist mein Dank.

Ich kann nur unermüdlich weitersuchen nach der verschütteten Seele
unter den Trümmern dessen, was Dein Abbild hätte sein sollen
– das ist mein Glaube.
Herr (wenn es dich gibt), gib mir Kraft, so zu beten, zu danken, zu glauben!

Nelly Sachs

Alltagsgebet

Du bist bei mir
alle Tage
alltags
Du bist mein Gott des Alltags
dann darf ich dir
bitte schön
auch meinen Ärger
über die hohe Reparaturrechnung
die Freude über den Fischreiher
meine Einsamkeit heute Abend
und den zerrissenen Schuhbändel
übergeben
und beschwer dich nicht
so sieht mein Alltag aus

Andrea Schwarz 1985

M4e Edvard Munch: Der Schrei

©The Munch Museum/The Munch Ellingsen Group

Kleine Sehschule

M4f

Mit Bildern kann man sehr unterschiedlich umgehen. Man kann mit ihnen z. B. Räume schmücken, seine soziale Stellung betonen, protestieren, werben, beeinflussen und sich einfach ihrer Wirkung aussetzen; man kann Bilder auch verehren.

Systematische methodische Bilderschließung schärft den Blick, stärkt die Sehgeduld und vertieft das Verständnis für die Aussagekraft von Bildern.

Die folgenden Schritte werden dem Kunstwerk gerecht und geben zugleich dem subjektiven Erleben Raum:

Spontane Wahrnehmung: Was sehe ich?

Spontane Eindrücke zulassen – geduldig und konzentriert hinsehen – sich mit anderen austauschen

Bildbestand und Bildordnung: Wie ist das Bild aufgebaut?

Einteilung in oben und unten, links und rechts, Vordergrund und Hintergrund – Farben und Farbzusammenstellung – Licht und Dunkel – Formen (wie Kreis, Quadrat, Kugel, Würfel) – Elemente der Natur (wie Sonne und Mond, Pflanzen und Tiere, Gestein und Wasser) – Architektur (wie Häuser, Brücken) – Möbel und Gebrauchsgegenstände – Kleidung und Körpersprache (wie Mimik, Gestik, Haltung, Größe, Alter, Geschlecht, soziale Stellung) – Verbindungslinien – Entsprechungen und Gegensätze – Kompositionen (wie kreisförmiger, diagonaler, symmetrischer oder dreieckiger Aufbau)

Innenkonzentration: Was ruft das Bild wach?

Erinnerungen und Einfälle – Gefühle und Stimmungen – Neugier – Ablehnung, Widerspruch, Widerstand – Zustimmung, Begeisterung, Ergriffenheit – Fragen

Analyse des Bildgehalts: Was hat das Bild zu bedeuten?
Bezug zu individuellen Lebenssituationen und geschichtlichen Ereignissen – zu biblischen Texten, kirchlichen Dokumenten, Legenden und anderen Quellen – zu Liturgie und Brauchtum – Verwendung von Symbolen und kunstgeschichtlichen „Zitaten" – Zuordnung zur (religiösen) Mentalität und Vorstellungswelt einer Epoche – künstlerische Verarbeitung überlieferter Motive (z.B. Wiederholung, Zusammenstellung, Veränderung, Verfremdung).

Identifizierung: Wie stehe ich zu diesem Bild?

Hinterlässt es einen nachhaltigen Eindruck? Erkenne ich meine eigene oder eine mir vertraute Situation wieder? Was halte ich von den ins Bild gesetzten Ängsten und Hoffnungen, Konflikten und Träumen? Kann ich sie teilen oder wenigstens nachempfinden? Könnte das Bild meine Wahrnehmung anderer Menschen, früherer Zeiten, ja überhaupt menschlicher Möglichkeiten und Grenzen erweitern? Macht es mich auf meine Vorentscheidungen aufmerksam? Hilft es Einstellungen zu korrigieren? Bestärkt es mich in meiner Sicht? Spricht es mein Mitgefühl an? Halte ich den Grenzsituationen, die das Bild zum Ausdruck bringt, stand?

Ilsetraud Ix und Rüdiger Kaldewey

M4g / M4h

Betende Hände **Zur Konfirmation**

Albrecht Dürer

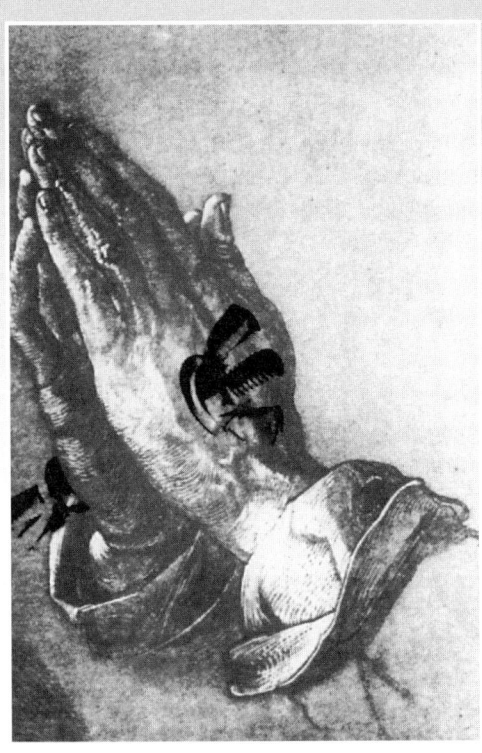

Klaus Staeck 1970
© VG Bild-Kunst, Bonn 2005

M4i

Manfred Siebald: Die betenden Hände

Die ihr seit ein paar hundert Jahren zusammen dort im Raume schwebt:
Ihr zeigt nicht den, mit dem ihr redet, und zeigt auch den nicht, der euch hebt.
Aus weiten Ärmelfalten ragt ihr heraus, so wie aus tiefer Not.
Und bildet hilflos, halb erhoben, die Mitte zwischen Mensch und Gott.
5 Wie kommt es, dass ihr für die einen zum Lachen seid, als Kitsch verpönt,
und für die andern 'was zum Weinen, 'was für's Gemüt den Tag verschönt?
Liegt's daran, dass sie euch verglasen für Sofa-Ecken und Vitrinen,
weil sie vor Rührung ganz vergaßen, wozu zwei solche Hände dienen?!
Es geht euch so wie meinem Herrn, mit dem man es genauso macht.
10 Man sperrt ihn ein in eine Krippe als Requisite der Heil'gen Nacht,
will ihn als Herrn nicht anerkennen und leugnet stolz die eigene Not
und dass er kam, um sie zu enden als Mittler zwischen Mensch und Gott.
Die ihr seit ein paar hundert Jahren zusammen dort im Raume schwebt:
Euch wird nur der verstehen können, der selber betend Hände hebt.
15 Und Christus wird nur der erkennen, der aus dem Weihnachtsstall sich wagt,
der sich dem Mann am Kreuze nähert und der das tun will, was er sagt.

Manfred Siebald 1972

Gott denken

M4j

Die Sprachform, in der wir Gott mitteilen können, kann nur in zweiter Linie der Lehrsatz, das Gewusste, das Dogma sein. Religiöse Sprache zerstört sich selber, wenn sie im Ich-Es-Verhältnis über Gott redet. Die mögliche Gottessprache ist das Gebet oder die Erzählung. In den Erzählungen des Neuen Testaments erscheint Gott, ereignet sich Gott.

Wenn wir Gottesgeschichten erzählen, so erzählen wir, was Gott tut oder wie er sich verbirgt, wie Gott handelt. Und im Gebet bitten wir Gott, all das Erzählwürdige zu tun, zu erscheinen, die gute Macht zu beweisen, uns zu verändern. In diesen beiden Sprachformen sprechen wir von Gott eher als einem Ereignis als einer Substanz. Wir reden aus und zu Gott, statt „über" ihn.

Dorothee Sölle 1990

Ich schreie, aber meine Hilfe ist fern

M4k

Renate Milerski, Hanne Leewe 1998

M4I Ich und Du

Die Bezeichnung Gottes als einer Person ist unentbehrlich für jeden, der wie ich mit „Gott" kein Prinzip meint, wiewohl Mystiker wie Eckhart zuweilen „das Sein" mit ihm gleichsetzen, und der wie ich mit „Gott" keine Idee meint, wiewohl Philosophen wie Plato ihn zeitweilig für eine solche halten konnten; der vielmehr wie ich mit „Gott" den meint, der – was immer er sonst noch sei – in schaffenden, offenbarenden, erlösenden Akten zu uns Menschen in eine unmittelbare Beziehung tritt und uns damit ermöglicht, zu ihm in eine Beziehung zu treten. Dieser Grund und Sinn unseres Daseins konstituiert je und je eine Mutualität (Wechselseitigkeit, Leewe), wie sie nur zwischen Personen bestehen kann. Der Begriff der Personhaftigkeit ist freilich völlig außerstande das Wesen Gottes zu deklarieren, aber es ist erlaubt und nötig zu sagen, Gott sei *auch* eine Person. Wenn ich, was darunter zu verstehen ist, ausnahmsweise in die Sprache eines Philosophen, die Spinozas, übersetzen wollte, müsste ich sagen, von Gottes unendlich vielen Attributen seien uns Menschen nicht zwei, wie Spinoza meint, sondern drei bekannt: zu Geisthaftigkeit – in der das seinen Ursprung hat, was wir Geist nennen – und Naturhaftigkeit – die sich darin darstellt, was uns als Natur bekannt ist – als drittes das Attribut der Personhaftigkeit. Von ihm, von diesem Attribut stamme mein und aller Menschen Personsein, wie von jenem mein und aller Menschen Geistsein und Natursein stammt. Und nur dieses Dritte, das Attribut der Personhaftigkeit, gebe sich uns in seiner Eigenschaft als Attribut unmittelbar zu erkennen.

Nun aber meldet sich, unter Berufung auf den allbekannten Inhalt des Begriffs Person, der Widerspruch an. Zu einer Person, erklärt er, gehöre doch wohl, dass ihre Eigenständigkeit zwar in sich bestehe, aber im Gesamtsein durch die Pluralität anderer Eigenständigkeiten relativiert werde; und das könne selbstverständlich von Gott nicht gelten. Diesem Widerspruch entgegnet die paradoxe Bezeichnung Gottes als der absoluten Person, d.h. der nicht relativierbaren. In die unmittelbare Beziehung zu uns tritt Gott als die absolute Person. Der Widerspruch muss der höheren Einsicht weichen.

Gott nimmt – so dürfen wir nun sagen – seine Absolutheit in die Beziehung mit auf, in die er zum Menschen tritt. Der Mensch, der sich ihm zuwendet, braucht sich daher von keiner andern Ich-Du-Beziehung abzuwenden: rechtmäßig bringt er sie alle ihm zu und lässt sie sich „in Gottes Angesicht" verklären.

Man muss sich aber überhaupt davor hüten, das Gespräch mit Gott, das Gespräch, von dem ich in diesem Buch und in fast allen, die darauf folgten, zu reden hatte, als etwas lediglich neben oder über dem Alltag sich Begebendes zu verstehen. Gottes Sprache an die Menschen durchdringt das Geschehen in eines jeden von uns eigenem Leben und alles Geschehen in der Welt um uns her, alles biographische und alles geschichtliche und macht es für dich und mich zu Weisung, zu Forderung.

Ereignis um Ereignis, Situation um Situation ist durch die Personsprache befähigt und ermächtigt, von der menschlichen Person Standhalten und Entscheidung zu heischen. Wir meinen gar oft, es sei nichts zu vernehmen, und haben uns doch vorlängst selber Wachs in die Ohren gesteckt. Die Existenz der Mutualität zwischen Gott und Mensch ist unbeweisbar, wie die Existenz Gottes unbeweisbar ist. Wer dennoch von ihr zu reden wagt, legt Zeugnis ab und ruft das Zeugnis dessen an, zu dem er redet, gegenwärtiges oder künftiges Zeugnis.

Martin Buber 1923
© Gütersloher Verlagshaus GmbH, Gütersloh

Das Lied „Du"

Der Berditschewer pflegte ein Lied
zu singen, in dem es heißt:

> Wo ich gehe – du!
> Wo ich stehe – du!
> Nur du, wieder du, immer du!
> Du, du, du!

Ergeht's mir gut – du!
Wenn's weh mir tut – du!
Nur du, wieder du, immer du!
Du, du, du!

> Himmel – du, Erde – du,
> Oben – du, unten – du,
> Wohin ich mich wende, an jedem Ende
> Nur du, wieder du, immer du!
> Du, du, du!

Martin Buber. Die Erzählungen der Chassidim
© Manesse Verlag, Zürich 1949, S. 342

5. Gott will Schalom

Theologisch-didaktische Aspekte

Die Aussage „Gott will Schalom" ist zunächst eine Behauptung, die darauf zielt, den Aspekt der Sehnsucht und des Friedens in Zusammenhang mit Gottes-Vorstellungen in Blick zu nehmen. Schalom ist dabei ein schon im biblischen Zeugnis als umfassend und vieldeutig vorzufindender Begriff, der in der heutigen Alltagssprache am ehesten mit „Das rundum Beste" wiedergegeben werden kann: Gott will das unbedingt Beste für seine Schöpfung und für seine Geschöpfe im Einzelnen wie im Sozialen. Friede bezieht sich demnach nicht allein auf ein menschliches Miteinander, sondern auch auf die Selbstzufriedenheit und den Frieden mit Gott! Alle drei Dimensionen (Ich – Du – Gott) sind zwar zu unterscheiden, aber untrennbar. Es geht vor allem um einen reflektierten Umgang mit biblischen Begriffen und die Sensibilisierung für verantwortetes Reden, Denken und Handeln im Horizont von Gottes Schalom.

Intentionen

In mehreren, sich ergänzenden Ansätzen soll der biblische Schalom-Begriff inhaltlich gefüllt werden. Schalom soll als Kennzeichen des Wirkens Gottes sichtbar werden, als wirksame Vision und Verheißung, nicht primär als ethischer Impuls. Einen zentralen biblischen Begriff zu erarbeiten, betrifft die Sachkompetenz sowie die Methodenkompetenz mit Textanalyse und Recherche zur Begriffsklärung. Sozial- und Selbstkompetenz sind betroffen, da die eigene Bereitschaft reflektiert werden soll, Gerechtigkeit, Frieden, Bewahrung der Schöpfung, also Schalom, im Blick zu haben.

Literatur und Medien

Bahr, Matthias; Leimgruber, Stephan: Lernen für die Eine Welt, in: Hilger, Georg; Leimgruber, Stephan; Ziebertz, Hans-Georg: Religionsdidaktik. Ein Leitfaden für Studium, Ausbildung und Beruf, München: Kösel ²2003, S. 443-454

Becker, Ulrich: Gerechtigkeit – Frieden – Bewahrung der Schöpfung, in: NHRPG (2002), S. 107-110

Spiegel, Egon: Friedenserziehung, in: LexRP 1 (2001), Sp. 640-645

Terno, Christoph: Wer ist Gott? Eine E-Learning-Einheit für die Sekundarstufe, in: forum religion 2/2003

Unterrichtsimpulse, Verlaufsvorschläge, Projektideen

Zur Einführung in das Thema wird das Lied „Schalom für Dorf und Stadt" (**M5a**) eingeführt, d.h. gesungen, eventuell vorbereitet von musikalisch fähigen Sch. Der darin enthaltene Begriff des „Zeltes" wird erklärt als Symbol für die Nähe Gottes (Die Wohnung Gottes: Ex 25,8; 26; 27). Ein Zelt wird auf einer Wandzeitung skizziert; aus der folgenden Gruppenphase bringen die Sch Stichworte, Metaphern für den biblischen Schalom-Begriff mit, die in das Zelt „gelegt" d.h. geschrieben werden. Gemeinsam wird der Text des Liedes analysiert, darin enthaltene biblische Texte werden identifiziert (Jes 11,1–10) und zugeordnet. Wichtig ist, bei dem Text darauf zu achten, wer der Handelnde ist: *Gott* schafft Schalom und lädt die Menschen ein in seinen Schalom. Dieser Vorrang der Gabe Gottes vor der Aufgabe für die Menschen ist auch bei den folgenden Texten und Diskussionen zu beachten. Erste Stichworte zum Schalom-Begriff werden in das „Zelt" geschrieben.

Gruppen- oder Partnerarbeit zum Schalom-Begriff

Die Aufgaben sind sehr unterschiedlich. Sch sollen Gelegenheit haben auszuwählen, was ihnen liegt.

1. Gruppe: Konkordanz zu „Friede" u.a.

Aufgaben:

- In einer deutschsprachigen Konkordanz werden Sie den Begriff Schalom nicht finden. Versuchen Sie es zunächst mit dem Stichwort „Friede".
- Welche Begriffe tauchen in den genannten Bibelstellen häufiger im Zusammenhang mit „Friede" auf? Bilden Sie ein Wortfeld.
- Überprüfen Sie in den genannten Bibelstellen, wer jeweils den Frieden schafft.

2. Gruppe: Internet-Recherche zum Schalom-Begriff (**M5f**)

3. Gruppe: Claus Westermann: Der Frieden (Schalom) im Alten Testament (**M5b**)

Aufgaben:

- Fassen Sie den Artikel von Claus Westermann in maximal vier Thesen oder einer strukturierenden Zeichnung zusammen, die Sie dem Kurs vorstellen können.
- Schalom ist … Finden Sie Stichworte aus dem Artikel, die Sie in das „Zelt" einbringen können.

- Konkretisieren Sie aus Ihrem Erfahrungsbereich Begriffe aus dem Artikel wie „heile Gemeinschaft".
- Welche heutigen Grußformeln lassen noch etwas von dem alten Schalom-Wunsch erkennen?

4. Gruppe: Johannes Jourdan (**M5c**)

Aufgaben:

- Suchen Sie aktuelle Zeitungsmeldungen, um die Aussage des Gedichts zu bekräftigen oder ihr zu widersprechen.
- Versuchen Sie, den „wahren Frieden" zu beschreiben. Vergleichen Sie das, was Sie aufgeschrieben haben, mit der Vision des Propheten Mi 4,1–5.
- Welche Vorstellung von Gott steckt in dem Jourdan-Gedicht, welche in Ihrer Friedensvision, welche in der des Propheten Micha? Bewerten Sie Übereinstimmungen und Unterschiede.

5. Gruppe: Mi 4,1–5

Aufgaben:

- Lesen Sie sorgfältig den Text Mi 4,1–5.
- Tauschen Sie in der Gruppe Eindrücke und Einfälle aus. Welche Bilder haben sich Ihnen eingeprägt?
- Arbeiten Sie aus dem Text heraus, was den dort beschriebenen Schalom kennzeichnet. Formulieren Sie Stichworte für das „Zelt".
- Wie entsteht der dort beschriebene Schalom? Wer schafft ihn?
- Lesen Sie den Artikel von Friedrich Schorlemmer (**M5d**).
- Beschreibt der Bibeltext nur eine Vision fern aller Realität oder …? Diskutieren Sie in der Gruppe mögliche oder tatsächliche Wirkungen dieser oder ähnlicher Visionen vom Schalom.
- Verallgemeinern Sie Ihre Diskussion über Visionen und stellen Sie (drei) Thesen auf.

6. Gruppe: Weinberggleichnis, Mt 20,1–15

Aufgaben:

- Lesen Sie sorgfältig den Text Mt 20,1–15.
- Tauschen Sie in der Gruppe Eindrücke und Einfälle aus. Welche Bilder haben sich Ihnen eingeprägt?
- Was hat das Gleichnis vom Weinbergbesitzer mit der Frage nach dem Schalom zu tun? Formulieren Sie Stichworte für das „Zelt".
- Wie entsteht der dort beschriebene Schalom? Wer schafft ihn? Wer gefährdet ihn?
- Beschreiben Sie, welche Gottes-Vorstellung sich aus dem Gleichnis ablesen lässt. Lesen Sie dazu auch **M5e**.
- Beschreibt der Bibeltext nur eine Vision fern aller Realität oder …? Diskutieren Sie in der Gruppe mögliche oder tatsächliche Wirkungen dieser oder ähnlicher Visionen vom Schalom.
- Verallgemeinern Sie Ihre Diskussion über Visionen und stellen Sie (drei) Thesen auf.

Längerfristige Aufgaben können verabredet werden. Ein Schalom-Kunstwerk und die Analyse von Fernsehserien werden dann zu einem späteren Zeitpunkt präsentiert.

Schalom-Kunstwerk

Aufgabe: Schaffen Sie zu dem Text des Liedes, das Sie gesungen haben, ein (Kunst-)Werk. Die Auswahl von Material oder Medien ist Ihnen überlassen. Verhandeln Sie mit L über den Zeitrahmen – 90 Minuten werden nicht ausreichen!

Visionen vom gelingenden Leben

In einer Reihe von Fernsehserien, besonders im Vorabendbereich, werden Visionen vom gelingenden Leben entfaltet. Diese Visionen und das Bedürfnis großer Zuschauer/-innen-Kreise danach werden beschrieben, mit biblischen Visionen verglichen und auf ihre Tragfähigkeit geprüft. Diese Aufgabe übersteigt den normalen 90-Minuten-Unterricht, ist aber z.B. als Seminarfacharbeit in Zusammenarbeit mit Medienkunde und Deutsch geeignet.

Nach der Gruppenphase tragen die Gruppen ihre Ergebnisse vor und schreiben in das „Zelt", was sie zum Begriff Schalom herausgefunden haben. In der folgenden Diskussion sollte thematisiert werden, dass Schalom ein Kennzeichen des Wirkens Gottes ist, aus dem sich erst in zweiter Linie ein Auftrag für Menschen ableitet. Wichtig ist die Diskussion über die Funktion von Visionen, dabei kann das Wort leitend sein: „Volk ohne Vision geht zugrunde" (zitiert von Dorothee Sölle u.a.)

M5a — Schalom für Dorf und Stadt

1. Schalom für Dorf und Stadt, schalom für das, was Atem hat. Die Nachtigall mit ihrem Lied, der Mensch, der bald den Morgen sieht. Gott will die neue Welt, lädt ein in sein Zelt.

2. Schalom für Wolf und Lamm, / schalom macht wilde Tiere zahm, / ein Kind, das Leu und Esel lenkt, / ein Mensch, der nie an Krieg mehr denkt, / Gott will die neue Welt, / lädt ein in sein Zelt.

3. Schalom für Mensch und Tier, / schalom; dann ist die Erde hier / ein Paradies, wo jedermann / den Frieden endlich finden kann. / Gott will die neue Welt, / lädt ein in sein Zelt.

T und M: aus Holland; Ü: Diethard Zils
Rechte: Christophorus-Verlag, Freiburg i. Br., und Verlag Ernst Kaufmann, Lahr

Shalom im Alten Testament

Der Gebrauch des Wortes *shalom* im Alten Testament gliedert sich in drei Anwendungsbereiche (...). Im ersten Anwendungsbereich ist *shalom* als Ganzsein oder Heilsein (Wohl) umfassend gemeint: das Heilsein oder Wohl des Menschen in der Gemeinschaft, das alle Bereiche des Daseins umfasst, das Heilsein der menschlichen Existenz in allen ihren Möglichkeiten. Wesentlich für diesen Gebrauch ist es, dass sich hier besondere Bereiche des Daseins noch nicht abgesondert haben, dass vor allem *shalom* hier weder einen primär theologischen, noch einen primär politischen Klang hat. Es hat hier aber auch noch nicht einen spezifisch geschichtlichen oder heilsgeschichtlichen Bezug; *shalom* kommt weder durch einen Friedensschluss mit Gott, noch durch einen Friedensschluss mit Menschen zustande; er ist da, wo eine heile Gemeinschaft ist. Für diesen ersten Anwendungsbereich ist der Gruß charakteristisch: *Shalom* ist dort, wo in der persönlichen Begegnung im Gruß ein Kommender in den Raum des Friedens aufgenommen wird, wo ein Fortgehender im Frieden geleitet wird, wo in der Erkundigung nach dem *shalom* gefragt wird; *shalom* ist das Heilsein einer Gemeinschaft und des Menschen in der Gemeinschaft, zu dem Vertrauen, Verantwortung, Geborgenheit gehören, wie sie in der Sprache des Grußes zu Wort kommen.

In einem zweiten Anwendungsbereich ist dieses Heilsein der Gemeinschaft insbesondere durch den Krieg gefährdet; die Gefährdung der Gemeinschaft durch den Krieg ist so schwer geworden, dass jetzt *shalom* zum Gegenbegriff von Krieg wird. Erst in diesem Anwendungsbereich entsteht der Gegensatz Krieg – Frieden, wie wir ihn kennen; erst hier erhält *shalom* die Bedeutung unseres Friedens im Sinn des politischen Friedens. Gerade hier wird der Begriff nun auch zukünftig: In dem Maß, als der Krieg die Gemeinschaft als solche zu vernichten droht, wird Friede in diesem politischen Sinn zur Zukunftshoffnung.

Der dritte Anwendungsbereich spricht vom Frieden als zukünftigem; in ihm erst erhält der Begriff eine spezifisch theologische Prägung. (...)

Wenn nun in Heilsworten Jeremias und später Deuterojesajas auch das künftige Wirken Jahwes als Heils(*shalom*)wirken bezeichnet wird, liegt hier eine Wandlung des Begriffes vor.

Hier erst ist *shalom* ein theologischer Begriff im strengen Sinn. Das hier angekündigte neue Heilsein der Gemeinschaft ist nicht mehr einfach identisch mit dem Wohlergehen, sondern es ist ein Wohlergehen aufgrund eines vorausgehenden Gerichtsaktes; es ist ein Wohlergehen durch Begnadung. Das bedeutet u.a., dass es nicht mehr Wohlergehen auf der Grundlage politischer Macht sein muss. Es ist dieser theologisierte, der mit dem Rettungshandeln verknüpfte *shalom,* der in den neutestamentlichen Gebrauch des Wortes hinüberweist.

Für die Frage nach dem Verhältnis des alttestamentlichen *shalom* zu dem neutestamentlichen *eirene* ergibt sich: Bei der Frage, was Frieden im Neuen Testament bedeutet, ist der gesamte Bedeutungsbereich des alttestamentlichen *shalom* und die gesamte Geschichte des Begriffes im Alten Testament die notwendige Voraussetzung. (...)

Für die Frage nach dem Verhältnis des biblischen Wortes Friede zu dem Wort, wie es heute unter uns geläufig ist, wird sich ergeben, dass bis in den gegenwärtigen Gebrauch des Wortes die Bedeutungsschicht bedeutsam ist, in der das entsprechende hebräische Wort *shalom* ein Heilsein des Menschen in der Gemeinschaft in einem alle Daseinsbereiche umfassenden Sinn bedeutete.

Claus Westermann

Schalom

Sie schicken sich an,
um den Frieden zu handeln.
Möge es ihnen gelingen!
Doch wie ihr Friede
auch immer genannt werden mag,
sein Name wird nicht Schalom sein.
Lest in den Augen der Unterhändler,
analysiert ihre Worte.
Ihr findet in ihnen
nur die eigenen Interessen

Vielleicht werden die Waffen
zur Ruhe kommen.
Vielleicht werden sie sich arrangieren.
Der Druck ihrer großen Gönner
und ihre Ratlosigkeit
mag sie bestimmen den Kompromiss
Frieden zu nennen.

Der wahre Friede hat andere Züge.
Er lässt die Interessen der anderen
zu eigenen werden
und lässt sich von dem bestimmen,
der für die starb,
durch die er gerichtet wurde.

Johannes Jourdan 1969

Der Prophet Micha

Der Prophet Micha – sein Name bedeutet „Wer ist Jahwe" – wirkte zur gleichen Zeit wie Jesaja, also um 700 v. Chr. Das Nordreich, also Jakob/Israel, wurde von den Syrern 733 erobert und Jerusalem 701 von den Assyrern belagert. Auch ihm geht es um den engen Zusammenhang zwischen Ritus und Gerechtigkeit. Bei Micha findet sich die Ursprungsfassung der Friedensvisionen, die auch bei Jesaja überliefert wird (Jesaja 2,2–5).

> In den letzten Tagen aber wird der Berg, darauf des HERRN Haus ist, fest stehen,
> höher als alle Berge und über die Hügel erhaben.
> Und die Völker werden herzulaufen,
> und viele Heiden werden hingehen und sagen:
> Kommt, lasst uns hinauf zum Berge des HERRN gehen
> und zum Hause des Gottes Jakobs,
> dass er uns lehre seine Wege
> und wir in seinen Pfaden wandeln!
> Denn von Zion wird Weisung ausgehen und des HERRN Wort von Jerusalem.
> Er wird unter großen Völkern richten
> und viele Heiden zurechtweisen in fernen Landen.
> Sie werden ihre Schwerter zu Pflugscharen
> und ihre Spieße zu Sicheln machen.
> Es wird kein Volk wider das andere das Schwert erheben,
> und sie werden hinfort nicht mehr lernen, Krieg zu führen.
> Ein jeder wird unter seinem Weinstock und Feigenbaum wohnen,
> und niemand wird sie schrecken.
> Denn der Mund des HERRN Zebaoth hat's geredet.
> Ein jedes Volk wandelt im Namen seines Gottes,
> aber wir wandeln im Namen des HERRN, unseres Gottes, immer und ewiglich!
> (Micha 4,1–5)

Dieser Hoffnungstext mit konkreter Handlungsrelevanz gehört zum globalen Vermächtnis der prophetischen Tradition. Im allgemeinen Bewusstsein ist ein Vers übrig geblieben: „Sie werden ihre Schwerter zu Pflugscharen umschmieden." Diese Konzentration ist zugleich eine Verkürzung. Schwerter werden „zu Pflugscharen": Das wertvolle Eisen wird nicht mehr benutzt werden, um zu töten, den Boden mit Blut zu tränken, sondern dient dazu, Brotgetreide aus der Erde hervorzubringen. Die Konversion soll endgültig sein, der ständige Wechsel von Kriegs- und Friedenszeiten soll aufhören. Und genauso sollen die Winzermesser immer Winzermesser bleiben, die den Wein schneiden und nicht zu Spießen geschmiedet werden, um den Feinden in den Leib getrieben zu werden. Brot statt Tod und Wein statt Blut. Brot und Wein werden geheiligt, wo der Friede-Fürst sein SCHALOM-Mahl austeilt, mitten in der Machtwelt des Imperators und Pilatus: „In der Nacht, da er verraten ward, nahm er das Brot […] nahm er den Wein […]" Micha kündet von einer Konversion, die nicht wieder zurückgenommen wird. Dazu gehört unabdingbar, dass die Völker alle zusammenkommen, sie gelehrt werden und sich darüber belehren lassen, was es heißt, „auf seinen Pfaden zu wandeln".

M5d

Es geht um internationale Rechtsprechung, um das Recht aller! Wenn kein Volk mehr gegen das andere das Schwert erhebt, brauchen auch die Völker keine Angst mehr zu haben; die Angst wird nicht wieder zur Rüstung führen. Sie werden nicht mehr lernen, wie man Krieg führt, sondern lernen, wie man Frieden bewahrt: gemeinsame Sicherheit zu beiderseitigem Vorteil. Kriegshandwerk wird kein seriöses Handwerk mehr sein. Dazu gehört unabdingbar die Gerechtigkeit. Wo jeder unter seinem Weinstock und Feigenbaum wohnt und nicht der eine der Knecht des anderen bleibt! Das wird eine Zeit sein, in der die Angst begraben und dieses Friedenslied gesungen wird.

Es geht um die Hardware und um die Software des Friedens, um den Zusammenhang von Gerechtigkeit und Frieden, von Lehre und Leben. Es geht nicht bloß um die Abwesenheit von Krieg, sondern um SCHALOM – das erfüllte, glückende, gesegnete, gerechte, umfassende Leben.

Aus: Friedrich Schorlemmer: Die Bibel für Eilige
© Aufbau Taschenbuch Verlag GmbH, Berlin 2003

Das Weinberg-Gleichnis

Die Eigentümlichkeit biblischer Rede von Gott

Wo in der Bibel von Gott die Rede ist, da wird nicht in erster Linie etwas zur Sprache gebracht, das nun einfach abzuhaken oder abzunicken wäre nach dem Motto „Vogel friss oder stirb!" Vielmehr soll etwas bewegt werden, soll ein Mensch befreit werden zu einer neuen Einsicht oder Energie, um zu seinem Leben, Leiden oder Lieben ein Ja zu finden. So können biblische Texte dazu helfen, einmal eine andere Perspektive einzunehmen, jenseits dessen, was mir gerade vor Augen ist oder auf der Seele brennt.

Hierbei entfalten biblische Worte eine geradezu performative Kraft und stiften eine neue Wirklichkeit. Einzigartig hierfür sind die alttestamentlichen Segensworte oder die Gleichnisse Jesu im Neuen Testament. Ein eindrückliches Exempel ist das Gleichnis von den Arbeitern im Weinberg (Mt. 20,1–15):

1. Von Gott wird hier ganz menschlich gesprochen, indem eine Alltagssituation vor Augen gemalt wird. Ohne die Einleitung („Das Reich Gottes ist gleich …") würde man fast vergessen können, das hier eigentlich Gott zur Sprache gebracht werden soll.

2. Von den Menschen wird hier ganz alltäglich gesprochen und also keine künstliche Situation erfunden. Vielmehr geht es um eine Sache, über die jeder Mensch in seinem Leben schon einmal gestolpert ist: die Frage nach der Gerechtigkeit und die Frage der Macht bzw. Ohnmacht. Hierdurch provoziert das Gleichnis, sich mit den Grundeinstellungen des eigenen Lebens auseinander zu setzen, die sich ja zumeist in der eigenen Gottesvorstellung manifestieren.

3. Das Gleichnis macht es den Zuhörenden nicht gerade einfach. Denn es gibt einige Überraschungen, die Vertrautes in einem neuen Licht erscheinen lassen. Damit wirbt das Gleichnis für eine Wende im Denken und Handeln sowohl im Hinblick auf Gott als auch auf das Miteinander von Menschen.

4. Das Gleichnis will im eigentlichen Sinne des Wortes „Anstoß erregen" und etwas in Bewegung setzen, ohne gleich „die Katze aus dem Sack zu lassen" oder zu überrumpeln. Es geht in erster Linie um ein Stutzigmachen – nicht mehr, aber auch nicht weniger!

5. Das Gleichnis lädt die Zuhörenden zu einer Art Entdeckungsreise ein, indem es auffordert, sich in die jeweiligen Personen hineinzuversetzen: Wie würde ich als Knecht reagieren? Auf welcher Seite stünde ich jetzt gern? Was ist mir an dieser dargestellten Gottesvorstellung sympathisch – wobei habe ich Bauchschmerzen?

6. Das Gleichnis malt vor Augen, wie nötig es ist, sich immer wieder neu von der Bibel selbst in Frage stellen zu lassen. Die eigentliche Kritik sollte also nicht die unsrige an der Bibel sein, sondern vielmehr sollten wir bereit sein, uns von der Bibel kritisieren zu lassen. In dieser Weise kann eine Veränderung der Welt und unserer Einstellungen beginnen und damit die Verheißung des Reiches Gottes erste Spuren hinterlassen.

Reiner Andreas Neuschäfer 2005

M5f Internet–Recherche zum Schalom-Begriff

Begriffe sind mehr als zweckdienliche Bezeichnungen, die der Sender dem Empfänger nennt, damit dann beide dasselbe meinen. Vielmehr symbolisieren Worte Wirklichkeit, das heißt eine Vielzahl von Vorstellungen, Assoziationen und Absichten. Gerade ein Begriff wie Schalom ist „aufgeladen" mit einer reichen Fülle von Mit-Gemeintem und Vorausgesetztem, mit Hoffnungen und Sehnsüchten.

Recherchieren Sie in Partnerarbeit im Internet zum Schalom-Begriff!

Legen Sie dazu evtl. zunächst eine gemeinsame, bewährte und Erfolg versprechende Suchstrategie fest. Suchen Sie anhand einer Ihnen vertrauten Suchmaschine oder unter www.rpi-virtuell.de nach fünf verschiedenen Websites, die einen Schalom-Begriff zum Thema haben.

1. Analysieren Sie die gefundene Website, indem Sie zunächst die Personen bzw. Organisationen herausfinden, die sich dahinter verbergen.
2. Stellen Sie jeweils den wesentlichen Inhalt unter Einbezug der Gesamtgestaltung der jeweiligen Seite dar.
3. Vergleichen Sie die gefundenen Ergebnisse miteinander und bewerten Sie die jeweiligen Resultate.
4. Setzen Sie Ihre Ergebnisse in Beziehung zu dem Resultat, das Sie bei den Thesaurus-Angaben Ihres Computers zum Stichwort Friede entdecken können.

Reiner Andreas Neuschäfer 2005

6. Gott leidet

Theologisch-didaktische Aspekte

Die neutestamentliche Rede von Jesus als „Wort" Gottes, als „Sohn" Gottes problematisiert Gottesbilder, die ungebrochen Allmacht, Potenz, Größe, Erhabenheit und Herrlichkeit zeigen. Sie verweist demgegenüber auf einen Gott, der mit den Leidenden leidet, mit den Traurigen trauert und mit den Armen arm ist, auf einen Gott, der im gekreuzigten Christus zu finden ist. Nicht nur vom Neuen Testament her sind Metaphern eines leidenden Gottes als Korrektur und Ergänzung zu anderen Gottesvorstellungen geboten, sondern auch aus jüdischer oder befreiungstheologischer Perspektive.

Heißt Barmherzigkeit Gottes auch, dass Gott mit dem Menschen leidet?

Leid kann einem von außen widerfahren, d.h. es wird einem von einem anderen zugefügt; das ist nur möglich von einem gleich oder höher gestellten Wesen. Da Gott/Allah jedoch der Schöpfer ist, nichts Ihm gleich und schon gar nichts über Ihm ist, ist die Vorstellung eines leidenden Gottes in der islamischen Theologie im christlichen Sinne nicht vorstellbar.

Das bedeutet aber nicht, dass Gott sich nicht selbst als der Mitleidige, der Milde, der Großzügige, der Erhalter gegenüber Seiner Schöpfung bezeichnet, auf dessen Vergebung und Gunst der Mensch zeitlebens Anspruch erheben kann. Gott übernimmt die Verantwortung.

Intentionen

Neben der Methodenkompetenz im Umgang mit Sachtexten und biblischen Texten ist die Selbstkompetenz gefragt: Die in früheren Arbeitseinheiten erarbeiteten Erkenntnisse und Einsichten müssen kritisch befragt und eventuell relativiert werden. Mit der Fähigkeit zur Selbstkorrektur korrespondiert die kritische Frage nach der Traditionsbildung in der frühen und der gegenwärtigen Kirche.

Literatur und Medien

Frör, Hans: Ich will von Gott erzählen wie von einem Menschen, den ich liebe, Gütersloh 2003

Sölle, Dorothee: Gerechtigkeit ist ein Name für Gott. Doppel-CD/Hörbuch, Hamburg: chrismon buch 2004

Sölle, Dorothee: Gott denken. Einführung in die Theologie, Stuttgart: Kreuz 1990

Unterrichtsimpulse, Verlaufsvorschläge, Projektideen

Die L liest eine Passage aus Hans Frör: Ich will von Gott erzählen wie von einem Menschen, den ich liebe (**M6a**). Der Text sollte nicht „zerredet" werden, die folgenden Arbeitsgruppen und Präsentationen bieten ausreichend Diskussionsmöglichkeiten. In Arbeitsgruppen werden Texte erarbeitet, die auf sehr unterschiedliche Weise und unter unterschiedlichen Motiven mit Metaphern und Vorstellungen von einem leidenden Gott arbeiten. Die Metaphern sollen identifiziert und das jeweilige Interesse der Autoren/-innen benannt werden.

1. Arbeitsgruppe zu **M6b**: Martin Luther

Aufgaben:

- „Übersetzen" Sie den Text Martin Luthers in die Sprache des 21. Jahrhunderts.
- Was erfahren Sie aus dem Text über Luthers Gottesvorstellung(en)?
- Welches Interesse hat Luther an dieser Art von Theo-Logie = Lehre von Gott? Können Sie das aus dem Text herausarbeiten? Haben Sie Vermutungen?
- Setzen Sie diese Theologie in Beziehung zu anderen Vorstellungen von Gott, die Sie bisher im Kurs erarbeitet haben.
- Suchen Sie aus Zeitungen oder Zeitschriften Bilder oder Text-Überschriften, die das von Luther geforderte Gottesbild illustrieren können.
- Stellen Sie Passagen aus Filmen, Nachrichtensendungen, Videos zu einem Video-Clip zusammen, in dem Gottes Leiden dargestellt wird. Gestalten Sie diese Video-Collage z.B. mit Musik und Ihren Kommentaren.

2. Arbeitsgruppe zu **M6c**: Christofer Frey: Predigt über 1 Kor 1,18–25

Aufgaben:

- Arbeiten Sie die verschiedenen konkurrierenden Vorstellungen von Gott heraus, die der Autor nennt.
- Beschreiben Sie die Position des Autors, seine Theo-Logie = Lehre von Gott und sein Interesse daran.
- Setzen Sie diese Theologie in Beziehung zu anderen Vorstellungen von Gott, die Sie bisher im Kurs erarbeitet haben.
- Lesen Sie die angegebenen Stellen aus dem Ersten Korintherbrief. Kommen Sie zu ähnlichen Einschätzungen wie Christofer Frey?
- Stellen Sie Passagen aus Filmen, Nachrichtensendungen, Videos zu einem Video-Clip zusammen, in dem Gottes Leiden dargestellt wird. Gestalten Sie diese Video-Collage z.B. mit Musik und Ihren Kommentaren.

3. Arbeitsgruppe zu **M6d**: Dorothee Sölle: Gott in Beziehung

Aufgaben:

- Fassen Sie die Position Dorothee Sölles in eigene Worte.
- Was erfahren Sie über die Gottesvorstellungen der Autorin? Gehen Sie evtl. den Gottes-Vorstellungen von Dorothee Sölle nach, wie sie im Beitrag Nr. 1 auf der Doppel-CD „Dorothee Sölle: Gerechtigkeit ist ein Name für Gott" (Hamburg 2004) in Erscheinung treten.
- Stellen Sie Passagen aus Filmen, Nachrichtensendungen, Videos zu einem Video-Clip zusammen, in dem Gottes Leiden dargestellt wird. Gestalten Sie diese Video-Collage z.B. mit Musik und Ihren Kommentaren.

4. Arbeitsgruppe zu **M6e**: Israelisches Märchen

Aufgaben:

- Beschreiben Sie, worüber Gott in dem Märchen weint, und recherchieren Sie den historischen Hintergrund.
- Worüber weint Gott heute? Schreiben Sie eine Geschichte, gestalten Sie Zeitungsbilder und -überschriften zu einer Wandzeitung, stellen Sie ein Video-Clip her.
- Protokollieren Sie drei Tage lang/eine Woche lang, worüber Gott in Ihrem unmittelbaren Erfahrungsbereich weinen könnte.

5. Arbeitsgruppe zu **M6f**: Brevard S. Childs: Leidet Gott?

Aufgaben:

- Tragen Sie die Metaphern zusammen, die Brevard S. Childs für „Gott" benutzt.
- Geben Sie Childs' Position wieder und beziehen Sie Stellung zu ihr!
- Welches Interesse hat der Autor an dieser Art von Theo-Logie = Lehre von Gott?
- Setzen Sie diese Theologie in Beziehung zu anderen Vorstellungen von Gott, die Sie bisher im Kurs erarbeitet haben.

6. Arbeitsgruppe zu **M6g**: Wilhelm Willms: Der geerdete Himmel

Aufgaben:

- Geben Sie mit Ihren Worten wieder, wie der Gott dieses Textes sich selbst beschreibt.
- Wie sieht er die Menschen und sein Verhältnis zu ihnen?
- Antworten Sie „Gott" auf seine Anrede an die Menschen. Ist dies der Gott, den Sie sich wünschen? Warum (nicht)?

Weitere Arbeitsgruppen können sich mit Texten von Elie Wiesel (Frauke Büchner u.a.: Perspektiven Religion, Arbeitsbuch für die Sekundarstufe II, Vandenhoeck & Ruprecht, Göttingen 2000, S. 88f.) und Lothar Zenetti (**M3f**) aus der Hiob-Einheit beschäftigen.

Die Sch brauchen die erste Doppelstunde zur Erarbeitung ihrer Positionen, eventuell die Woche bis zur nächsten Stunde für die kreative Bearbeitung. Die zweite Doppelstunde ist gefüllt mit Präsentation, Diskussion und Zusammenfassung der Gruppenergebnisse. In der Auswertung der Arbeitsgruppenergebnisse ist es hilfreich, wenn bisher erarbeitete Metaphern und Vorstellungen von Gott auf einer Wandzeitung/Tafel gesammelt wurden und sichtbar sind. Ein mögliches (wünschenswertes?) Diskussionsergebnis könnte sein, dass Vorstellungen von einem leidenden Gott konkurrieren mit denen eines allmächtigen Gottes. Diese Konkurrenz kann logisch und darf theologisch nicht aufgelöst werden (Hier bietet sich ein Ausflug in die Trinitätslehre an). Wichtig ist, bei den verschiedenen Positionen die jeweilige Interessenlage der Autoren/-innen deutlich zu machen. Die Interessenlage ist ebenso zu diskutieren bei der Frage, warum in der Kirchengeschichte die Vorstellung des allmächtigen Gottes Dominanz gewonnen hat.

Gott beschließt, Mensch zu werden

„Wie soll ich ihnen zeigen, wer ich wirklich bin?", fragte Gott. „Ich habe mit ihnen geredet. Sie haben meine Worte aufgeschrieben und können sie lesen. Sie hören meine Stimme in ihren Gottesdiensten. Ist das nicht deutlich genug? Habe ich ihre Sprache nicht gründlich genug gelernt?"

Gott überdachte noch einmal den bisherigen Weg, den er mit seinem Volk gegangen war, angefangen bei Abraham. Damals hatte er sich vorgenommen, mit den Menschen zu reden wie eine Mutter mit ihrem Kind oder wie ein Mann mit seiner Geliebten. „Mehr als Worte", sagte Gott vor sich hin. „Sie werden meine Sprache verstehen, wenn sie mich selbst sehen, hören, fühlen können. Ja, wie ein Mensch mit einem andern spricht und selber ganz dabei ist mit seinem Körper und mit seiner Seele, so muss ich ihnen begegnen. Als ein Mensch muss ich sie aufsuchen. So werden sie erfahren, wer ich bin und wie sehr ich sie liebe."

Mit einem Mal fühlte Gott eine Angst, wie er sie vorher nicht gekannt hatte. Wie, wenn sie ihn übersehen würden? Wenn sie zu ihm sagen würden: Was willst du, Mensch? Du bist ein Teufel, wenn du so tust, als wärest du Gott! Wie kommst du dazu, unseren Gott, den wir kennen, Lügen zu strafen? – Was, wenn sie ihn ausstoßen würden, wie sie die Irren und die Sünder ausstoßen?

Gott überlegte hin und her, ob es dagegen ein Mittel gäbe. Sollte er sich legitimieren, etwa durch ein Wunder, das kein Mensch sonst zustande brächte? Ein winziges Element seiner Allmacht demonstrieren – sie würden ihm zu Füßen liegen, ihm huldigen – wie sie den Tyrannen die Füße leckten – o nein! Sonst hätten sie wieder einen Gott nach Wunsch, lückenlos eingefügt in ihr krankes System, einen Messias nach ihrem Bild: der der Gewalt der Mächtigen noch mehr Gewalt entgegensetzt, der Schrecken verbreitet, in dessen Schatten keine Liebe und kein Vertrauen wachsen können.

„Ich riskiere es", sagte Gott. „Ich riskiere, dass sie mich übersehen, verteufeln, zertreten. Es gibt keinen Weg, ihr Vertrauen zu gewinnen, an diesem Risiko vorbei. Ich werde mich ihnen ausliefern als ein Mensch unter Menschen. Und nichts als meine leidenschaftliche Liebe zu ihnen soll mich als ihren Gott ausweisen. Ich werde sie den Schwachen erweisen und den Starken, und wenn sie mich anfeinden, werden sie meine Liebe nicht auslöschen können. Daran sollten sie erkennen, dass ich ihr Gott bin, und dass ich anders bin als der Götze, den sie aus mir machen."

Und Gott erinnerte sich an das Gespräch, das er während der Gefangenschaft seines Volkes mit seinem Propheten geführt hatte. Er wiederholte in Gedanken, was er damals gesagt hatte: „Sie brauchen einen, der ihre Schuld trägt. Ich werde es tun."

Hans Frör 1977
© Chr. Kaiser/Gütersloher Verlagshaus GmbH, Gütersloh

M6b | Aus der Heidelberger Disputation

These 20

Sondern der heißt mit Recht ein Theologe, der das, was von Gottes Wesen sichtbar und der Welt zugewandt ist, als in Leiden und im Kreuz dargestellt begreift. Das der Welt Zugewandte, Sichtbare am Wesen Gottes ist dem Unsichtbaren entgegengesetzt, seine Menschheit, Schwachheit, Torheit ... Denn da die Menschen die Erkenntnis Gottes auf Grund seiner Werke missbrauchten, wollte wiederum Gott, dass er aus den Leiden erkannt werde, und wollte darum solche Weisheit des Unsichtbaren durch eine Weisheit des Sichtbaren verwerfen, auf dass so die, die Gott nicht verehrten, wie er in seinen Werken offenbar wird, ihn verehren sollen als den, der in den Leiden verborgen ist (1 Kor 1,21). So ist es für niemand genug und nütze, Gott in seiner Herrlichkeit und Majestät zu erkennen, wenn er ihn nicht zugleich in der Niedrigkeit und Schmach seines Kreuzes erkennt ... also in Christus dem Gekreuzigten ist die wahre Theologie und Gotteserkenntnis.

Martin Luther 1518

M6c | Die Torheit des Kreuzes

Wie stand es denn in Korinth, zu wem eigentlich spricht Paulus die Worte von der Torheit des Kreuzes?

Die Gemeinde in dieser Hafenstadt war völlig zerstritten. Nur das scheint den Parteien gemeinsam gewesen zu sein: Sie stritten sich buchstäblich um Gott und die Welt. Offenbar sahen die intellektuellen Köpfe der korinthischen Gemeinde Gott fern von dieser dunklen Welt, so dass sein Bote nur vom Jenseits her strahlend und über die alltägliche Welt hinweg hereinbrechen konnte. Dass der Bote sich dem Tod als dem dunkelsten Rätsel des Lebens unterwürfe, ging nicht an. Gott am Kreuz war für sie ganz undenkbar. So lässt sich unschwer schließen, dass eine nüchterne Sachlichkeit, die sich fromm auf die Welt einlässt, um sie zu ändern, nichts bei den Korinthern galt. Denn Gott – meinten sie – zeige sich triumphal und nehme aus Ängsten und Anfechtungen die Glaubenden zu sich hinauf in den Himmel (vgl. 1 Kor 1,20.22).

Dagegen streitet Paulus mit Leidenschaft. Dagegen beruft er sich auf das Kreuz Christi: Wenn Gott sich zeigt, dann nicht triumphal, sondern klein und unansehnlich; gerade deshalb ist ihm die Welt nicht gleichgültig. Den Tod – Begleiter des Menschen von früh auf, obwohl oft aus den Gedanken verdrängt – macht Gott zu seiner Sache. Kämpfender Glaube, nicht eine Geheimlehre für Eingeweihte, das ist es, was Paulus der Gemeinde in Korinth zu sagen hat. Wer dem niedrigen Gott glaubt, lässt sich auf die zwiespältige Wirklichkeit des Menschen ein und leidet mit an der Sinnlosigkeit und den Leiden anderer. Dieser Glaube ist sicher kein Höhepunkt, kein Rausch des Gefühls, eher ernste Arbeit und ein Leben voll Niederlagen.

Wenn eines für die Korinther stimmt, dann scheint es die Parole von der Sicherheit zu sein, auf die Menschen wohl zu allen Zeiten ansprechen. Die Korinther leben im Haben, sie bemächtigen sich mit besonderer Weisheit sogar Gottes. Zu billig wäre es, diesen Wunsch nach Sicherheit zu verdammen; Angst, die jeder von uns in sich trägt, lässt auch jeden nach Absicherungen suchen, bis der Glaube die Angst aussprechen und miteinander tragen hilft.

Was die Korinther bewegte – Sehnsucht nach einer heilen Welt, Bändigung der Angst, Suche nach Sicherheit – ist für viele Menschen in das Wort „Sinn" ausgewandert. Sie sagen, alle Menschen brauchen „Sinn", um Krisen und Umbrüche des Lebens zu meistern, um Isolierung zu überwinden oder zu tragen. Sinnlos ist das Kreuz immer dann, wenn Menschen Gott als eine Macht ansehen, die alles sinnvoll macht.

Ja, wie verhält es sich nun wirklich? Doch so, dass sich die Menschen mit Sinnlosigkeit abkämpfen: Da soll ein Mensch, dem Leistung als Wert anerzogen wurde, mit seinen Leistungen leben, aber er lebt höchstens halb; da will einer, der an unerbittlichen Normen der Leistung scheiterte, von Leistungen anderer mitleben und sie doch verurteilen! Da wächst die Einsicht, dass der Dritten Welt Chancen zur Entwicklung eingeräumt werden sollen, aber deren Exporte in unsere Länder gefährden die Arbeitsplätze unserer Schwächsten, jener, die sich am wenigsten umstellen können.

Und wie schwer findet sich ein Sinn im persönlichen Leben! Wer könnte schon ohne Traurigkeit oder Zorn hören, Gott habe vom Ende aller Zeiten her jedem Ereignis seinen Sinn gegeben (das kann niemand wissen, nur wer sich an das Kreuz hält, darf es gegen die Sinnlosigkeit glauben). Eine Theologie, die alles weiß – wie steht sie vor den Alten, die in Pflegeheimen über Jahre hinwegdämmern, ein Schatten ihres eigenen Lebens, und den menschlichen Wracks? Der Hochmut der Theorie stößt sich heute mindestens ebenso am Kreuz wie einst. Am Kreuz heißt: Gott, von dem behauptet wird, er habe allem den Sinn gegeben, hat sich selbst unter die Sinnlosigkeit gebeugt.

Das Wort vom Kreuz macht das kleine Wort „Gott" wieder zur Provokation. Ein triumphaler Gott, der mit der Welt fertig ist und im Haben seiner Seligkeit schwebt, mag in den Drogen auf der Unteren Straße in Heidelberg oder in den Narkotika der „Anständigen", dem Alkohol, oder im trivialen Geschwätz untergehen. Weltanschauungen werden nie verlegen sein, Ersatz anzubieten. Nur der Glaube, der angesichts des Sinnlosen in der Welt Gewissheit lernt, der weiß, dass Bosheit und Verzweiflung nicht das letzte Wort haben, der trotz des Scheiterns immer neu handelt und ändert, der nicht aufhört zu lieben, wenn Hass entgegenschlägt, der heiter ist, wenn Sinnlosigkeit zermürbt – dieser Glaube weiß: „Gott" lässt sich nicht ersetzen. Widerspruchsvoll, doppelbödig ist alle menschliche Wirklichkeit, aber so sehr sie auch durchforscht wird, aus sich heraus setzt sie keinen Sinn, der das alles trägt. Jeder Sinn, den Menschen produzieren, wird von den nachfolgenden Ereignissen überrollt; die stille und heitere Gelassenheit, die sich von woanders getragen weiß und zugreift, wo es nottut, braucht das alles nicht mitzumachen. Nicht das Wort „Gott" in unserer Sprache, sondern Gott selbst durch Jesus am Kreuz, im Sinnlosen, am Abgrund des Lebens, hält die Wirklichkeit offen. Das sagt der Kreuzestheologe, mehr noch und überzeugender sagt es das Leben eines jeden Christen.

Christofer Frey 1988: Predigt über 1 Kor 1,18–25

M6d Gott in Beziehung

Die christliche Annahme, dass wir im Gesicht dieses zu Tode Gefolterten [= Christus] Gott am deutlichsten erkennen, widerspricht vollkommen unserer Fixierung auf Macht und Herrschaft. Christus erscheint in den Evangelien als der Mensch für andere, der außer seiner Liebe nichts besitzt: keine Waffen, keine Zaubertricks, keine Privilegien. Es ist falsche Christologie, wenn man sich Christus wie einen griechischen Gott, als eine Figur mit unbegrenzten Möglichkeiten und mit einem Rückfahrschein zum Himmel vorstellt. Das ist eigentlich eine Verleugnung der Inkarnation. (…)

Er kam mit keinem anderen Kapital in die Welt als mit dem seiner Liebe, und sie war so machtlos und so mächtig, wie Liebe eben ist. Außer seiner Liebe hat er nichts, unser Herz zu gewinnen. Vielleicht ist die Abstraktheit der Suche nach dem Sinn des Lebens dort zu überwinden, wo im Kraftzentrum nicht die Rückversicherung beim Vater erscheint, sondern das Gesicht eines Menschen. Es rettet uns tatsächlich „kein höh'res Wesen, kein Gott, kein Kaiser noch Tribun", wie die Internationale singt. Es kann uns kein höheres Wesen retten, weil die einzige Rettung die ist, Liebe zu werden. Mehr als das ist uns nicht versprochen. Alle andere Rettung beruht auf der bloßen Versetzung aus einem schlechten in einen guten Zustand, an einen anderen Ort, in eine andere Zeit, die uns doch nicht mitverwandelt. Solche Hoffnung auf Macht, auf den Eingriff einer allmächtigen Überlegenheit und Unantastbarkeit hat die Menschen noch immer betrogen. Gott ist nicht die Verlängerung unserer falschen Wünsche, nicht die Projektion unserer Imperialismen.

Und doch ist damit noch nicht alles gesagt. Es ist möglich, das Kreuz Christi in dieser Sprache der machtlosen Liebe zu verstehen, aber es ist nicht möglich, die Auferstehung zu artikulieren, solange wir alle Macht als „böse", als tyrannisch, als abgespalten-männlich ansehen. Ich stelle das fest in kritischer Haltung meiner eigenen Theologie gegenüber, die sich in drei verschiedenen Schritten verstehen lässt.

Aus dem Glauben an einen allmächtigen Vater, „der alles so herrlich regieret", dem Theismus, war ich herausgetreten. Die Metapher vom „Tod Gottes" bedeutete für mich, den Gedanken der Allmacht Gottes bewusst als theologisch und ethisch unmöglich aufzugeben. Angesichts von Auschwitz schien – und scheint! – mir die Annahme der Omnipotenz Gottes eine Häresie, ein Missverständnis dessen, was Gott bedeutet.

Aus dieser Kritik am theistisch patriarchalen Gott entwickelte ich eine Position, in der das Kreuz Christi im Mittelpunkt steht, eine Bejahung der gewaltfreien Ohnmacht der Liebe, in der Gott selber nicht mehr Leidverhänger ist, sondern Mitleidender. Die Schwierigkeit dieser Position hängt mit der Frage nach der Macht dieses gewaltfreien Gottes zusammen. Ist wirklich alle Macht böse, oder können wir irgend etwas über die gute Macht, die Macht Gottes, den Sieg des Lebens über die Todeswünsche aussagen? Die dritte Position versucht die Auferstehung Christi und unser Herauskommen aus dem Tod als Partizipation an Gottes Macht zu denken.

Der Übergang von der zweiten zur dritten Position hängt mit meinem Hineinwachsen in die Theologien der Befreiung zusammen. Langsam verstand ich, dass es außer der Macht zu brüllen und zu schießen, außer der Macht des Imperiums noch andere Formen der Macht gibt, die aus der Verbundenheit mit dem Grund des Lebens kommen. Das Gras, das durch den Asphalt ins Licht wächst, hat auch *power.* Nicht die zu befehlen, zu herrschen, zu manipulieren, aber eine Macht, die aus der Beziehung zum Leben kommt. Wie können wir gute Macht, Lebensmacht von böser Macht, Herrschaftsmacht unterscheiden? (…) Das wichtigste Kriterium ihrer Beantwortung ist, dass gute Macht geteilte Macht ist, solche, die sich austeilt, die andere beteiligt, die durch Verteilung wächst und nicht knapper wird. (…)

M6d

Im Denken einer feministischen Befreiungstheologie innerhalb der Ersten Welt hat der Begriff „Gott" insofern eine neue Bedeutung, als das Verhältnis des allmächtigen Gottes zu den ohnmächtigen Menschen jetzt anders verstanden wird. Wirkliche Beziehung bedeutet, dass ein Austausch stattfindet und dass Menschen Anteil gewinnen an der schöpferischen, der guten, nicht-zwingenden Macht Gottes. (…) Nichts ist christlich falscher, als den Gedanken von Gottes Allmacht und der Menschen Ohnmacht so zu stabilisieren, dass ein Austausch nicht mehr stattfindet.

Dorothee Sölle 1990

Gott weint

M6e

Als der Tempel zerstört wurde, begann Gott zu weinen und sagte: „Was habe ich getan?!"
    Da trat zu ihm Metatron, der oberste aller Engel, fiel auf sein Angesicht und sprach: „Allmächtiger! Ich will weinen, damit nur du nicht weinst!"
    Gott aber entgegnete ihm: „Wenn du mich jetzt nicht weinen lässt, so gehe ich an einen Ort, wohin du nicht gehen darfst, damit ich daselbst weine. Dort werde ich im Geheimen klagen."
    Dreimal täglich sitzt der Heilige, brüllt wie ein Löwe und spricht: „Wehe, dass ich mein Haus zerstört, meinen Tempel verbrannt und meine Kinder unter die Völker verbannt habe. Wehe dem Vater, der seine Kinder vertrieben, und wehe den Kindern, die vom Tische ihres Vaters vertrieben wurden."
    Vor dem Throne Gottes befindet sich ein Becher – der Tränenbecher. Sooft dem jüdischen Volk ein Leid angetan wird, sooft der Feind ihm Böses zufügt, sooft es von grausamer Hand geschlagen, gequält und gepeinigt wird, fällt eine Träne von den Augen Gottes in diesen Kelch. Alle Tränen Gottes werden darin für immer aufbewahrt. Wenn dieser himmlische Becher voll sein wird, wird der Messias erscheinen, nach dem sich alle sehnen.

Märchen des Volkes Israel

Der geerdete Himmel

gott spricht
ich bin ein ohnmächtiger gott
glaubt ihr denn
ich ließe h-bomben und napalm fallen
ich ließe menschen verhungern
glaubt ihr denn
ich machte korruption
überall wohin man sieht
glaubt ihr denn
ich hätte die erde verseucht
ich bin ohnmächtig ohne euch
glaubt ihr denn
ich kippte weizen ins meer
um die wirtschaft anzukurbeln
glaubt ihr ich euer gott
vernichtete butterberge
glaubt ihr denn ich sorgte dafür
daß die wirtschaft ein riesenrad schlägt
ohne rücksicht auf verluste
meint ihr ich teilte die erde ein
in zwei drittel hungernde
und ein drittel wohlstandsverseuchte
ich bin ohnmächtig
ich sterbe wenn ihr sterbt
ich bin machtlos wenn ihr machtlos seid
wenn euer herz herzlos ist
ist auch mein herz herzlos
wenn euer verstand nicht verständig ist
ist auch mein verstand nicht verständig
wenn eure hände nichts hergeben
geben meine hände auch nichts her
ich sterbe wenn ihr sterbt
ihr habt mich allmächtig genannt
ich habe den starken verdacht
ihr menschen wolltet mir für
alles dunkle und nicht vollbrachte
den schwarzen peter zuschieben
den teufel
ohnmächtig bin ich und nicht allmächtig
gegenwärtig bin ich
aber nur in euch und wenn ihr wollt
die güte bin ich aber nicht ohne euch
ich vermehre brot
aber nur durch euch
wenn ihr Weizen züchtet
wenn ihr teilt und nicht alles für euch behaltet

mein erbarmen kann nur
durch euer erbarmen wirksam werden
ich bin nichts wenn ihr nichts seid
mein leben ist euer leben
mein tod kommt unweigerlich
wenn ihr mit eurer sprache
mich totmacht
ihr müßt mich neu erfinden
ihr müßt mich glaubhaft aufweisen
diese stadt ist gottlos
wenn ihr nicht göttlich
nicht heilig seid
diese welt ist ohne vater und beistand
wenn ihr nicht wirkliche söhne und töchter
im höchsten sinne seid
ihr werdet alle miteinander
fein sauber komfortabel krepieren
wenn ihr nicht den auferstehen laßt
den ich in euch gelegt habe
wenn ihr den wahren
göttlichen menschen
jesus christus
nicht in euch auferstehen laßt
wenn der nicht in euch aufersteht
jesus christus
dann wird der teufel
der sohn der bosheit
der sohn der finsternis
in euch aufstehen
der teufel ist schon auferstanden
ihr werdet komfortabel
mit allen finessen krepieren
wenn ihr nur die bosheit
auferstehen laßt
und nicht jesus christus in euch allen
durch die passion
muß er mit euch gehen
ohne passion
ohne leiden
ohne leidenschaft wird jesus
nicht in uns auferstehen
leidenschaft ist der einzige ausweg

Wilhelm Willms
© 1974 Verlag Butzon & Bercker

Ist das Leiden ein Element der Identität Gottes? | M6g

In den letzten Jahren kommt T.E. Fretheim (The Suffering of God) das Verdienst zu, ein altes Problem hinsichtlich des Gottes des Alten Testaments neu aufgegriffen und mit neuer Schärfe formuliert zu haben: Leidet Gott? Fretheim entwickelt von dieser Frage aus das weite Problemfeld der Identität Gottes im Alten Testament.

Er beginnt damit, dass er die entscheidende Bedeutung von Metaphern aufzeigt. Das Alte Testament ist voll von Vorstellungen über Gottes Leiden, und in der Tat wird hier ein weites Feld menschlicher Empfindungen von Angst, Freude, Enttäuschung und Verdruss Gott zugeschrieben. Fretheim konstatiert den markanten Gegensatz zwischen der Freiheit der Bibel, solche Vorstellungen zu verwenden, und dem Widerstand moderner Ausleger, sie als Gott angemessene theologische Rede ernst zu nehmen. Er bringt dann Argumente dafür bei, eine biblische Metapher nicht als bloß gefühlsmäßige Ausdrucksweise zu verstehen, sondern als „Wirklichkeitsschilderung". Die Metapher hat die Funktion, aus der Erfahrung abgeleitete Sprache zu benutzen, um durch ihre „Linse" hindurch andere, weniger bekannte Wirklichkeitsfelder sehen zu können. Die Gefahren theologischer Fehlinterpretation solcher metaphorischer Sprachfiguren liegen zum einen darin, dass jede Verbindung der zwei Teile angezweifelt und so Gott zu einem *totaliter aliter* gemacht wird; zum anderen in der Reduzierung Gottes auf einfache Projektionen menschlicher Vorstellungen. Fretheim schlägt vor, die Balance zwischen den Schilderungen Gottes in Israels Erzählgut einerseits und den Generalisierungen, die die Glaubensgemeinschaft bei der kohärenten Darstellung ihrer Tradition vornahm, andererseits als einen hermeneutischen Leitfaden für die Auslegung anthropomorpher Metaphern zu betrachten. ...

Kann Gott dann leiden? Sehr wahrscheinlich tut er es (Jes 63,9). Fretheim ist völlig im Recht, wenn er alle Passagen auflistet, in denen Gott sich in einer Art Agonic grämt, und zwar über die Sünde und Rebellion Israels. Wie kann man dann diese beiden theologischen Positionen hinsichtlich der Identität Gottes zugleich festhalten? Ist es möglich, sowohl der Falle des Deismus zu entkommen, der Gott von allen Einwirkungen in den Bereich der Geschichte trennt, als auch der Falle der Prozesstheologie, die Gott seiner Souveränität beraubt, indem sie ihn ganz vermenschlicht? ...

Es ist nicht zufällig, dass die Alte Kirche mit dem Alten Testament rang, wenn sie versuchte, Zeugnis von dem absoluten Mysterium des Gottes Israels abzulegen, der in Jesus Christus „sich selbst entäußerte, Knechtsgestalt annahm, und gehorsam war bis zum Tode, ja zum Tode am Kreuz" (Phil 2,7). Jesus brachte keine neue Gottesvorstellung, sondern er demonstrierte das volle Ausmaß von Gottes Erlösungswillen für die Welt, der vom Anfang der Schöpfung an da war. Die biblische Sprache, die Gott in menschlicher Form schildert, ist keine unglückliche Anpassung an menschliche Begrenztheit, sondern ein wahrhaftiger Reflex der freien Entscheidung Gottes, sich mit seiner Schöpfung in menschlicher Form zu identifizieren und doch gleichzeitig Gott zu bleiben.

Brevard S. Childs 2003

7. Gott richtet

Theologisch-didaktische Aspekte

Die Vorstellung von Gott als Richter taucht in religionspädagogisch ausgerichteter Literatur wenn überhaupt, dann lediglich als Problematisierung oder religiöses Relikt mit negativer Klangfarbe auf und wird als eigener Gesichtspunkt nicht in den Blick genommen. Dabei spielt sowohl das richtende als auch das rettende Handeln Gottes (Gericht und Gnade) in der Bibel eine entscheidende Rolle, wodurch sich eine Außerachtlassung dieses Aspektes selbst diskreditiert.

Junge Menschen brauchen gerade im Hinblick auf die Vorstellung von Gott als Richter eine qualifizierte und kompetente Begleitung und Bildung, zumal sie sich selbst immer wieder erstens als beurteilte Personen wahrnehmen und zweitens in ihrer Lebenswirklichkeit viele Ungerechtigkeiten und Grenzen als letzte Instanz erleben, die sie entweder scheuen oder gutheißen.

Wie ist das richtende Handeln Gottes angemessen zur Sprache zu bringen, ohne dass es menschlich instrumentalisiert wird? Wie können Grenzen und Unterscheidungen als etwas Unabdingbares, ja sogar Positives aufgezeigt werden?

Wie kommen Muslime mit einem Gott zurecht, der so viele Gebote und Gebete fordert?

Die Gebote im Qur'an sind quantitativ nicht derart, dass sie den Menschen überfordern würden. Das ist auch nicht die Absicht des Schöpfers. Im Qur'an heißt es vielmehr:
„Allah will es euch leicht, Er will es euch nicht schwer machen - damit ihr die Frist vollendet und Allah rühmt, dass Er euch geleitet hat." [2:185]

Die Problematik innerhalb der muslimischen Gemeinschaften besteht vielmehr darin, dass die Menschen eine fatale Neigung dazu haben das Leben in „Verboten" und „Erlaubt" einzuteilen. Dies aber sind Kategorien des Rechts und dort haben sie auch ihre Sinngebung.
„Sprich: Wer hat die schönen Dinge Allahs verboten, die Er für Seine Diener hervorgebracht hat?" [7:32]

Allah selbst fordert vom Menschen die meisten Dinge zu dessen eigenem Besten:
„Wenn ihr Gutes tut, so tut ihr Gutes für eure eigenen Seelen". [17:7]

Nur das Fasten fordert der Schöpfer für sich ein. Somit kann der Mensch entscheiden, ob er etwas für sich selbst tun will. Das Gebet ist für das Geschöpf eine direkte Verbindung zu diesem Schöpfer, es ist ein sich Bewusstmachen der Nähe Dessen, Der näher ist als die eigene Halsschlagader. Auch das Suchen dieser Nähe geht eigentlich mehr von einem Bedürfnis des Menschen aus, denn niemand kann das Gebet, das Fasten oder Ähnliches kontrollieren. Somit ist das Einhalten von Geboten eine Frage der Perspektive und der Einstellung und ist mehr das Folgen einer Empfehlung.

Intentionen

Die Sch sollen einerseits mit der biblischen Rede von Gott als Richter bekannt gemacht werden und andererseits die darin liegenden Potenziale und/oder problematischen Punkte kritisch-konstruktiv wahrnehmen.

Literatur und Medien

Evangelisches Gesangbuch (Lied „Herr, deine Liebe ist wie Gras und Ufer")
Fotos von alltäglichen Grenzen bzw. Abgrenzungen
Meier, Ralph: Gott als Richter und Retter erfahren. Rechtfertigung des Gottlosen, in: Herrmann, Christian (Hg.): Wahrheit und Erfahrung – Themenbuch zur Systematischen Theologie. Bd. 1: Einführende Fragen der Dogmatik und Gotteslehre, Wuppertal; Gießen: R. Brockhaus/Brunnen 2004, S. 225–238
Slenczka, Reinhard: Kirchliche Entscheidung in theologischer Verantwortung. Grundlagen – Kriterien – Grenzen, Göttingen: Vandenhoeck & Ruprecht 1991

Unterrichtsimpulse, Verlaufsvorschläge und Projektideen

1. Annäherung durch Arbeit mit Fotos

Die Sch nähern sich dem Wortfeld „Richter/richten" zunächst visuell durch die Methode der Arbeit mit Fotos. Dazu werden viele und vielfältigste Fotos (möglichst Darstellungen aus dem Alltag) in die Mitte gelegt mit der Aufgabe, diese Fotos zunächst auf sich wirken zu lassen. Dann leitet die Anweisung von L („Suchen Sie sich ein Foto aus, das Ihrer Meinung nach gleich spontan zu dem Wort am besten passt, das ich Ihnen nennen werde!") über zur Zuordnung von Fotos zum Begriff „richten" durch die Sch. Die Auswahl wird anschließend öffentlich gemacht und erläutert. Dabei können durchaus mehrere Sch sich auf dasselbe Foto verständigen! Alternativ können die Bilder auch als Aufhänger dazu dienen, über Erlebnisse von Grenzen oder Erfahrungen von Beurteilungen bzw. Verurteilungen ins Gespräch zu kommen.

2. Urteile als menschliches Phänomen

In einem zweiten Schritt malen sich die Sch anhand eines sog. „Macht-Shuffle" vor Augen, was es heißt, „nicht dazu zu gehören", anders zu sein bzw. ausgegrenzt zu sein. Hierzu ist evtl. ein Lernortwechsel (Turnhalle, Schulhof o.Ä.) angebracht. Alle Sch stellen sich an einer Linie oder vor einer Wand auf. L fordert sie auf, seinen/ihren Anweisungen ohne Worte zu folgen und dabei auf Gedanken und Gefühle zu achten. Wer sich nicht mit einer der jeweils aufgerufenen Gemeinschaft identifizieren kann oder möchte, bleibt einfach stehen und achtet dabei auf die eigenen Emotionen. Nacheinander werden bestimmte Personengruppen aufgefordert, auf die andere Seite zu gehen, sich erst dann umzudrehen und ihren Blick auf die anderen Sch zu werfen. Die sich nun gegenüberstehenden Gruppen schauen sich kurz an und beobachten sich. Auf eine bestimmte Aufforderung hin gehen alle wieder zurück auf eine Seite und der folgende „shuffle" beginnt. Bei jeder aufgerufenen Kategorie sagt L: „Gehen Sie auf die andere Seite, wenn Sie ... sind!" – Pause – „Achten Sie darauf, wer bei wem steht und wer nicht!" – Pause – „Kommen Sie jetzt wieder zusammen!" Am Ende bewegen sich alle Sch wieder im mittleren Bereich, schauen sich ohne Wortwechsel an und suchen sich einen Partner/eine Partnerin, einen Platz im Raum und sprechen über das Gedachte und Gefühlte, Wahrgenommene und die Reaktion(en). Im Plenum bzw. ursprünglichen Lernort kann ein Austausch erfolgen mit folgenden Leitfragen:

– Was war an der Übung für Sie am interessantesten?
– Was war für Sie am schwierigsten?
– Was hat Sie am meisten überrascht?

Mögliche Kategorien für ein „Macht-Shuffle": „Gehen Sie auf die andere Seite, wenn Sie ...:

... auf dem Dorf aufgewachsen sind;
... in Englisch schon mal eine 5 geschrieben haben;
... im letzten Zeugnis in Mathe mehr als 10 Punkte hatten;
... Sportunterricht immer gehasst haben;
... älter als 18 sind;
... nicht in Deutschland geboren wurden;
... Ihr Vater/Ihre Mutter Abitur hat;
... selbst über eine längere Zeit schon einmal krank waren;
... sich gewünscht haben, ein Junge bzw. ein Mädchen zu sein;
... Angst vor Menschen haben, die illegale Drogen nehmen;
... das Gefühl hatten, zu dick zu sein (egal, wie viel Sie tatsächlich gewogen haben!);
... schon mal den Mundgeruch einer Lehrkraft unangenehm empfunden haben."

3. Das Richten in der Bibel

Der biblischen Redeweise von Gott als Richter nähern sich die Sch in Kleingruppen selbstständig mithilfe von Konkordanzen bzw. Computer-Konkordanzen. Alternativ kann die entsprechende Passage aus einer Konkordanz auch den Sch als Kopie zur Verfügung gestellt werden. Als Ergebnis hat jede Gruppe fünf Bibelstellen herausgeschrieben und kann diese mündlich präsentieren und in einen breiteren Kontext des Textes stellen.

4. Arbeit an Texten

Während sich ein Teil der Sch mit dem Text von Karl May auseinander setzt unter der Fragestellung „Wie wird hier Gott vorgestellt? Wie wird der Mensch dargestellt?", sucht der andere Teil der Sch nach Alltagssituationen, die den Text von Reinhard Slenczka veranschaulichen können. Eine dritte Gruppe analysiert das Gesangbuch-Lied „Herr, deine Liebe ist wie Gras und Ufer" nach seinem Gedankengang, seiner Wortwahl und dem Zusammenhang von Freiheit und Richten.

5. Ausklang

Als Resümee gehen die Sch den Bedingungen einer Rede von Gott als Richter nach (z.B. als Anrede „Herr, du bist Richter ..." in dem Lied „Herr, deine Liebe ist wie Gras und Ufer") und überlegen sich Gründe dafür, warum diese Gottes-Vorstellung in der Regel „unterbelichtet" wird.

M7a Old Surehand

Auf den ersten hundert Seiten seiner Erzählung „Old Surehand" bringt Karl May eine 90jährige Person ins Spiel, die früher einmal „König der Cowboys" genannt worden war: Old Wabble, ein Begleiter Old Surehands.

Nach und nach kommt heraus, wer eigentlich hinter dieser undurchsichtigen, zynischen Gestalt steckt. Dabei kollidieren die Ansichten Old Wabbles immer wieder mit dem christlichen Glauben Old Shatterhands und es kommt in ihren Gesprächen regelmäßig zu Konfrontationen und Klarstellungen.

Hier spielt die Rede vom ‚Jüngsten Gericht' eine entscheidende Rolle. In den Diskussionen kommt es zu keinerlei Veränderung der Standpunkte. Erst angesichts einer tödlichen Verletzung tritt (nicht nur) bei Old Wabble eine Wende ein, die von Karl May sehr differenziert veranschaulicht wird.

1. Lesen Sie die Seiten zu Old Wabble in Karl Mays „Old Surehand" und erörtern Sie (unterstützt durch eine grafische Veranschaulichung), wie Old Wabble darin dargestellt wird. Achten Sie dabei besonders auf verschiedene Phasen und unterschiedliche Konfliktpunkte!

2. Präsentieren Sie eine ausgewählte, Typisches veranschaulichende Begegnung zwischen Old Wabble und Old Shatterhand in einem szenischen Spiel.

3. Referieren Sie anhand der Schilderung von Old Wabbles letzten Lebensmomenten den Unterschied zwischen einer existenziellen und einer rationalen Rede vom Gericht Gottes.

4. Der sterbende Old Wabble erfährt in seinem letzten Gebet Gott zugleich als gerechten Richter und gnädigen Retter. Erläutern Sie, wo diese Erfahrung auch in heutigen Zusammenhängen von Bedeutung sein und zum Zug kommen kann!

Reiner Andreas Neuschäfer 2005

Menschliches Richten und Gottes Gericht

Leicht kann es dazu kommen, die Trennungen in der Gemeinde und die damit verbundenen Begleiterscheinungen unter moralischen Gesichtspunkten zu beurteilen, um sie mit Empörung abzulehnen, soweit sie uns selbst nicht betreffen. (…) Einmütigkeit und Einheit sind offenbar nicht ein äußeres Kennzeichen der christlichen Gemeinde und auch nicht ein Fernziel, das durch eifriges Bemühen zu verwirklichen wäre. (…)

Was in diesem Kapitel („Die Grenzen der Kirche") behandelt wurde, ist eine heikle Thematik, die auf manche Empfindlichkeit, aber auch auf manche Forderungen trifft. Da ist auf der einen Seite die Sorge vor „Verurteilungen" und „Ausgrenzungen", auf der anderen Seite der Ruf, „durchzugreifen" und „durchzusetzen". Doch das eine wie das andere geht auf unsere menschlichen Vorstellungen zurück, nach denen wir geneigt sind, Konflikten auszuweichen und Gemeinschaft aufrechtzuerhalten, selbst wenn wir nur zu gut wissen, wie oft und wie leicht es im alltäglichen Leben zu unheilbaren Differenzen zwischen Menschen kommt.

Gerade angesichts solcher elementaren Erfahrungen und Bedürfnisse ist es wichtig, auf die Grundlagen zurückzuführen, die deshalb für die Gemeinde verbindlich sind, weil sie dadurch geistlich verbunden ist. Ohne die Einsicht in die Unterscheidung von Gottes Wort und Menschenwort jedoch ist eine solche Umkehr überhaupt nicht möglich. Es ist dann aber auch nicht mehr möglich, menschliches Richten von Gottes Gericht zu unterscheiden, weil letztlich eben auch nicht mehr das Evangelium als die frohe Botschaft von der Rettung aus dem Gericht Gottes verstanden wird und weil in dem Gesetz Gottes nicht mehr der unveränderliche Maßstab für dieses Gericht nach den Werken und für die Erkenntnis der Sünde zur Umkehr und zum Empfang der Vergebung gesehen wird. Wenn die christliche Gemeinde lediglich ein Traditionsverein ist und nicht mehr das von Gott aus allen Völkern der Welt erwählte Volk Gottes, dann werden die menschlichen Prinzipien von Konformität und Kompromiss das Feld beherrschen. Dann werden die Entscheidungen auch nur unter dem Gesichtspunkt menschlicher Sympathien und Antipathien gefällt werden und solche Entscheidungen pflegen unerbittlich, weil ohne Umkehr und Vergebung zu sein. Wer auf das Gericht Gottes blickt, der weiß aus dem Evangelium, dass es in dieser Zeit um die Rettung des Sünders aus diesem Gericht geht (…). Wer die Gemeinde in diesem Horizont ihrer endzeitlichen Bestimmung sieht, der wird auch in der Verantwortung unter dem Wort Gottes erkennen, dass es bei dem Dienst am Wort Gottes nicht um menschliches Richten, sondern um die Rettung aus dem Gericht Gottes geht. Solche geistliche Einsicht überwindet das menschliche Taktieren, bei dem es letztlich nur um das Ansehen vor Menschen, nicht aber um das Angesicht Gottes geht.

Reinhard Slenczka 1991

8. Gott ist Liebe

Theologisch-didaktische Aspekte

Unter den verschiedenen Aspekten biblischer Gottesvorstellungen ist der, dass Gott Liebe ist, besonders geeignet, Sehnsüchte, Erfahrungen und Hoffnungen von Sch zur Sprache und ins Spiel zu bringen. 1 Joh 4,16 (Gott ist Liebe) soll darum mit verschiedenen Medien und kreativen Methoden so umspielt und umschrieben werden, dass Emotionen Ausdruck finden und anschließend reflektiert werden können.

Intentionen

Der gelungene verbale und kreative Ausdruck von Sehnsüchten sowie die Reflexion dieser Emotionen ist ein Ausdruck von Selbstkompetenz. Damit die Sch diese Kompetenz entfalten können, brauchen sie einen vor Verletzungen und zensierenden Bewertungen sicheren Raum. In der ersten Phase ist sorgfältig darauf zu achten, dass niemand für emotionale Äußerungen kritisiert und damit verletzt wird. Bewertet werden die Produkte und Prozesse der kreativen Phase. In der zweiten Phase wird die korrekte Textanalyse und überlegte Präsentation bewertet, wobei Produkt und Prozess gleichermaßen berücksichtigt werden. Über den Gruppenprozess können nur die Gruppenmitglieder Auskunft geben. Die Reflexion der Arbeitsweise in der Gruppe gehört daher zur Präsentation dazu und wird bewertet.

Unterrichtsimpulse, Verlaufsvorschläge, Projektideen

Die Gruppe sitzt im Stuhlkreis. In der Mitte liegen mindestens doppelt so viele Fotos/Bilder, wie Sch zur Gruppe gehören.

> Es gibt zu einzelnen Themen zusammengestellte Bild- und Fotosammlungen, z.B. in der Lernwerkstatt des Pädagogisch-Theologischen Instituts Neudietendorf-Drübeck oder beim Deutschen Katecheten-Verein, München. Es lohnt aber auch, eigene Sammlungen anzulegen: Aus Zeitungen, Broschüren, Kalendern usw. werden Bilder ausgeschnitten und gesammelt, die eine Aussage enthalten, die über eine tagespolitische Information hinaus gehen. Bewährt hat sich, als Format Din A5 zu wählen. Die Fotos werden durch Laminieren stabiler und haltbarer.
>
> Bildkarteien sind geeignet, zu fast jedem Thema die Position der Sch ins Gespräch zu bringen. Sie ermöglichen emotionale Aussagen, bieten aber den Schutz, sich hinter einem Bild verstecken zu können. Wichtig ist, dass Äußerungen eines/einer Sch zu einem Bild nie abfällig kommentiert werden.

L liest 1 Joh 4,16: „Gott ist Liebe" und bittet die Sch, sich ein Bild zu wählen und ihre Wahl zu begründen. Die Äußerungen werden nicht kommentiert oder diskutiert.

Ein Arbeitsblatt mit der Plastik von Dorothea Steigerwald wird verteilt (**M8a**). Die Sch wählen, ob sie zu der Plastik eine Geschichte, ein Gedicht schreiben oder das Arbeitsblatt (auf DIN A3 vergrößert) mit Farben gestalten wollen. Für die Phase der kreativen Arbeit muss Zeit sein: Günstig ist, die Arbeit in der Gruppe – bei ruhiger Musik – zu beginnen und zu Hause fortsetzen zu lassen. In der nächsten Stunde werden die Arbeiten präsentiert.

In einer zweiten Runde werden in Kleingruppen Texte daraufhin befragt, wie sie „Liebe" zur Sprache bringen.

Gruppe 1: Beerdigungsansprache nach dem Tod eines Kindes (**M8b**)

Aufgaben:

- Stellen Sie den Gedankengang der Ansprache dar, indem Sie auf das leitende Bibelwort Bezug nehmen.
- Stellen Sie sich vor, wie das Trauergespräch zwischen dem Pfarrer und der Familie gelaufen ist. Wo entdecken Sie in der Ansprache Andeutungen und Anknüpfungen? Es ist auch möglich, dies als Rollenspiel zu gestalten.
- Versetzen Sie sich in eine der anwesenden Personen (Mutter, Vater, Bruder, Arzt, Patentante, „normales" Gemeindeglied, Bestattungsunternehmer, Küster usw.). Diskutieren Sie in Form einer Schreibdiskussion, was Sie bei der Beerdigung erlebt und gehört haben. Lassen Sie Ihre Sätze beginnen: „Mir hat gut getan, dass ..."
- Welche Vorstellung von Gott wird in dem Beerdigungsgottesdienst vor Augen geführt?
- Welche Möglichkeiten sehen Sie durch das Bild (Kind an Gottes Hand gelehnt) genutzt oder vertan?
- Was erwarten Sie von einer Begleitung, wenn Sie trauern?

Gruppe 2: Predigt über 1 Joh 4,15–21 und Lk 15,11–32 (**M8c**)

Aufgaben:

- Lesen Sie beide Bibeltexte sorgfältig und notieren Sie Ihre ersten Einfälle.
- Teilen Sie sich diese Assoziationen mit.
- Stellen Sie zusammen, wie der Autor Liebe qualifiziert.
- Formulieren Sie, was der Satz „Gott ist Liebe" vor dem Hintergrund dieser Qualifikation von Liebe für Sie bedeutet.
- Bereiten Sie die Präsentation Ihrer Erkenntnisse vor.

Gruppe 3: Das Hohelied der Liebe

Aufgaben:

- Teilen Sie die acht Kapitel des Hohenliedes der Liebe aus dem Alten Testament untereinander auf und lesen Sie die Ihnen zugeteilten Texte.
- Machen Sie sich Notizen, was Sie verwundert und was Ihnen gefällt und nicht gefällt.
- Überlegen Sie, wie Sie Ihren Mitschülern/-innen vermitteln können, was Sie gelesen haben.
- Stellen Sie zusammen, was Sie in Ihrem Textabschnitt über die Liebe erfahren.
- Diskutieren Sie in der Gruppe, ob Sie Beziehungen herstellen können zwischen dem Hohelied der Liebe und dem neutestamentlichen Satz „Gott ist Liebe".

Gruppe 4: ... deinen Nächsten wie dich selbst (**M8d**)

Aufgaben:

- Lesen und diskutieren Sie den Text von Pinchas Lapide.
- Wer ist Pinchas Lapide?
- Beziehen Sie Ihre Erkenntnisse auf den Satz: „Furcht ist nicht in der Liebe, sondern die vollkommene Liebe treibt die Furcht aus." (1 Joh 4,18)
- Finden Sie Beispiele, die diesen Satz bestätigen oder ihm widersprechen.

Bleib sein Kind

Dorothea Steigerwald 1963
© Joh. Brendow & Sohn Verlag GmbH, Moers

Ansprache im Trauergottesdienst zum Tod eines vierjährigen Kindes | **M8b**

Denn Er hat seinen Engeln befohlen über dir, dass sie dich behüten auf allen deinen Wegen.
(Psalm 91,11)

Liebe Trauergemeinde, liebe Paten, liebe Familie G.!

In der Stille dieser Stunde und dieser Kirche halten wir noch mal inne. Vielleicht ist dieser Gottesdienst für manche oder manchen unter uns eine Gelegenheit, etwas zur Ruhe zu kommen und die Berührungspunkte mit dem Leben von K.G. in Erinnerung zu rufen. Was ist am wachesten vor Augen? Welche Worte sind noch am ehesten im Ohr? Welche Begegnung hat sich besonders tief eingeprägt? Ich lade Sie ein, einige Augenblicke innezuhalten.

Denn Er hat seinen Engeln befohlen über dir, dass sie dich behüten auf allen deinen Wegen. Dieses Wort aus der Bibel steht über der Todesanzeige und ist gleichzeitig der Taufspruch von K., den wir ihm vor fast einem halben Jahr ausgesucht und den ich ihm hier am Taufbecken zugesprochen habe.

K.s Lebensweg begann 1995. Am 4. August wurde er in E. geboren und verbrachte die erste Zeit in B., wo Sie, Familie G., damals wohnten. K. traf auf seinen Bruder J., der schon einige Jahre Vorsprung hatte und immer wieder versuchte, diesen Vorsprung auch einzuhalten. Sie, Frau G., waren damals mit ihren Kindern sehr oft draußen an der frischen Luft. Und auch hier im Ort habe ich Sie immer wieder mal unterwegs getroffen. Schon sehr bald machten Sie als Eltern die Erfahrung, daß jedes Kind anders ist. Man würde beiden nicht gerecht, wenn man K. und J. miteinander vergliche. Aber immerhin haben beide hier an einem Tag ihre Taufe erlebt und gemeinsam mit ihrer Familie gefeiert. Sie erzählten mir, dass K. eigentlich von Anfang an gekämpft hat. Irgendwie gab es immer kleine oder größere Probleme, die gemeistert werden mussten. Es ging ihm nicht immer gut. Doch trotzdem erlebten die meisten ihn als zufrieden und glücklich. Sein Leben war nicht leicht, aber er hat viel bewältigt. Dabei bestimmte die Fröhlichkeit ihn durch und durch. Gerade auch mit dieser besonderen Art hat er die Menschen im Sturm erobert. Es war einfach seine Gabe, Menschen im guten Sinne an sich zu binden und viel mit ihnen zu erleben und zu entdecken. Sie sagten: So als wenn er geahnt hätte, dass er nicht mehr so lange hier auf Erden bleiben würde.
    Mit 2 1/2 Jahren zeichnete sich ab, dass K. krank war und ziemlich sicher krank bleiben würde. Es war nicht leicht für Sie und alle in der Familie, als aus einer Ahnung diese Vorstellung wurde. Sie haben sich daher quasi bereits seit 1 1/2 Jahren irgendwie von K. verabschiedet. Gleichzeitig haben Sie die Zeit mit ihm ausgekostet und versucht, ihrem Kind das Bestmögliche zu geben. Dies wurde ihnen leichter gemacht durch die Kinderkrebsstation in Kreiskrankenhaus G. Hier wussten Sie, dass K. gut aufgehoben ist. Und Sie freuten sich schon bald daran, dass K. so etwas wie der „Liebling der Station" war. Hier erlebte er viel Liebe und Sie drückten bei unseren Gesprächen immer wieder aus, wie dankbar Sie dafür waren und sind. (…)

Gerade in den letzten Monaten hatte K. viele Sprüche drauf. Er gab Kommentare ab und war sprachgewandt und so schlagfertig, dass viele Erwachsene nur mit den Ohren schlackern konnten. K. war eben durch das, was er durchmachte, weiter als viele andere Kinder in seinem Alter. Er war durch und durch neugierig und ließ sich einfach nichts gefallen. So war ich froh, dass er auch im Taufgottesdienst am 6. Juni 1999 nicht nein sagte, sondern ohne Einspruch einwilligte, getauft zu werden. Seine ganz spezielle Art zeigte sich auch darin, wie empfänglich er für Musik war. Als ich mich zum Taufgespräch der Haustüre näherte, konnte ich schon die CD von dem David-Musical erkennen, die K. rauf und runter hörte. Außerdem malte er gerne und hat mit Ausdauer gebaut. Sie haben das alles zusammengefasst in dem einen Satz: „Es war schön, dass es dich gab." In diese Gedanken hinein, in diese Dankbarkeit über das, was Sie an K. gehabt haben, taucht der Taufspruch von ihm auf: *Denn Er hat seinen Engeln befohlen über dir, dass sie dich behüten auf allen deinen Wegen.*

Da ist von Engeln die Rede, von Wesen zwischen Himmel und Erde, die einen Auftrag haben für K.: Gottes Engel haben die Aufgabe, ihn zu behüten auf allen seinen Wegen. Die Engel sollen Schutz und Hilfe sein, sollen bewahren und begleiten. Haben sie also ihre Aufgabe nicht erfüllt? Haben sie in diesem Fall versagt? War Gott an dieser Stelle ohnmächtig? Solche Fragen dürfen gestellt werden. Und sie sollten nicht zu schnell beantwortet werden. *Denn Er hat seinen Engeln befohlen über dir, dass sie dich behüten auf allen deinen Wegen.* Das meint allerdings nicht nur die Wege hier auf Erden. Es sind auch die Schritte mit bedacht, die aus dem Leben in Richtung Tod gemacht werden, so wie K. sie vor uns getan hat. Auf allen deinen Wegen. Das meint auch den letzten Weg, den wir alle einmal gehen müssen. Auch auf diesem Weg will Gott uns seine Nähe und Hilfe schenken. Manchmal sichtbar, manchmal unsichtbar. Jedenfalls liegt es nicht nur in unserer Hand, welche Wege wir gehen und auch nicht wie lange wir sie noch gehen. Darum sollten wir die Wege, die wir gemeinsam gehen, auch wirklich gemeinsam gehen. Wie viel kostbare Zeit und Kraft verschenken wir und vergessen, wie froh wir sein können, dass wir uns haben.

Darum gilt es die Zeit zu nutzen, und zwar die Zeit vor dem Abschied. Die Stunden, die wir miteinander verbringen, sind viel zu kurz und kostbar, um sie nur mit Kleinkrieg und Kleinigkeiten zu verbringen. Ich will dankbar sein, daß ich nicht alleine durchs Leben gehe. Ich will heute dankbar sein für die Menschen, die mir nahestehen, und heute will ich mit ihnen gemeinsam alles für ein erfülltes Leben tun. Keinen Tag meines Lebens kann ich wiederholen. Und so ist jeder Tag kostbar und einzigartig.

Denn Er hat seinen Engeln befohlen über dir, dass sie dich behüten auf allen deinen Wegen. Das gilt auch für die Wege der Traurigkeit und Trauer. Und diese Wege können ja ganz unterschiedlich aussehen. Jeder Mensch hat seine eigene Form Abschied zu nehmen und zu trauern. Manche Ausdrucksform ist vielleicht befremdlich und schwer zu akzeptieren. Aber bei aller Unterschiedlichkeit ist es wichtig, den eigenen Weg zu finden und dann auch zu gehen. Ich kann mir nicht vorschreiben lassen, was ich zu tun oder zu lassen habe. Ich habe als erwachsener Mensch ja nicht einfach irgendwelche Erwartungen zu erfüllen. Niemand hat das Recht, über eine andere Person endgültig zu urteilen, auch nicht, wie lange oder wie sie sich mit dem Tod auseinander setzt. Es kann ja sowieso niemand in das Herz eines anderen Menschen hinein schauen. Wer sieht schon die ganzen Tränen, die wir nach innen weinen (…)?! Da kann ich nur froh sein, wenn ich jemanden habe, an den ich mich halten kann, in dessen Arme ich mich fallen lassen kann, bei dem ich mich so anlehnen kann, wie auf der Karte das Kind an der Hand Gottes. Dass wir so jemanden haben, wünsche ich Ihnen und mir. Gerade für die Tage, die noch kommen werden. Amen.

Reiner Andreas Neuschäfer 1999

Aus einer Predigt über „Gott ist Liebe"

Die vollkommene Liebe treibt die Furcht aus (1 Joh 4,15–21 und Lk 15,11–32)

Oft führt unsere Sehnsucht nach Frieden und Harmonie dazu, dass wir Einheit mit Einheitlichkeit verwechseln und andere geradezu vergewaltigen. Nicht die wirkliche christliche Liebe wirkt dann in uns, sondern kurzschlüssige Einheitssehnsucht. Wir fordern dann von den anderen, dass sie unsere Sprache sprechen, unsere Lieder singen, unsere Frömmigkeit teilen und die Gemeinschaft so verstehen, wie wir sie verstehen. Wenn Unterschiede auftauchen, versuchen wir das Problem so zu lösen, dass wir auf unsere Regeln verweisen, dass wir uns absondern oder sogar sanften Druck ausüben.

Ja, es ist wahr, eine Gemeinschaft hat auch ihre Grenzen. Wie viel Abweichung können wir ertragen, ohne uns untreu zu werden, ohne in Gleichgültigkeit zu verfallen? Aber diese Gleichgültigkeit ist auch ein Teil unserer Sünde. Sie entspricht nicht unseren spirituellen Grundlagen. Es ist wichtig, dass wir uns klar machen, dass die Regeln, die man einhalten muss, damit eine Kirche Kirche ist und bleibt, wirklich nur Regeln sind. Diese Regeln sind keine gottgegebene Ordnung. Es ist wichtig, dass wir uns klar machen, dass die vollständige Einheit in der Lehre oder in der Liturgie in der Geschichte der Kirche niemals erreicht worden ist, auch nicht in unserer kleinen brüderischen Glaubensgemeine. Vielleicht ist sie nicht mal wünschenswert. (…)

Das ist für mich die wichtigste Einsicht, die uns Jesus im Gleichnis vom verlorenen Sohn gibt. Es ist eine Familiengeschichte, viel gepredigt, und ich will mich nicht damit aufhalten, euch die Einzelheiten der Geschichte und ihre vielen Auslegungen vor Augen zu führen. Heute konzentriere ich mich auf die Themen Unterschiedlichkeit, Furcht und Liebe. Die Geschichte zeigt uns einen Unterschied zwischen zwei Brüdern. Es ist ein Unterschied gemeint, den es auch in unseren Gemeinden gibt – und schließlich in jedem von uns. Diese beiden Brüder sind wirklich unterschiedlich. (…)

Es ist die Liebe des Vaters, die die Furcht überwindet. Der Vater sucht den Horizont ab, er sehnt sich nach der Rückkehr seines Sohnes, den er liebt. Der Vater sieht den jungen Mann, der seinen Pfad hinabgeht, dünn und von der Sonne verbrannt. Er sieht seine wunden Füße und die Furcht in seinen Augen.

Dieses Bild haben wir wohl hundert Mal gesehen. Im Fernsehen oder in der Zeitung. Es ist das Bild des Flüchtlings, des einsamen Kindes, der missbrauchten Frau, des Süchtigen und des Hoffnungslosen. Es ist das Bild dessen, der nicht wert ist unser Bruder zu heißen. Unsere Schwester, unsere Töchter oder Söhne. Wir sehen sie, aber wir fürchten uns. Anders als wir stürzt der liebende Vater voran. Er umarmt den, der an seinen eigenen Fehlern leidet. Die Liebe des Vaters treibt die Furcht aus. Der, der die Zurückweisung fürchtet, wird umarmt. Ihm wird vergeben. Er wird wieder aufgenommen. Er wird in das Kleid seines Vaters gehüllt und ein neuer Ring ersetzt den, den er in der Ferne verkauft hat. Statt Verurteilung und Strafe gibt es Fest und Tanz. Die vollkommene Liebe treibt die Furcht aus.

Aber der zweite Sohn. Der zornige Bruder. Sein Zorn ist auch ein Ausdruck seiner Furcht. Die Furcht hält ihn ab zu frohlocken, als sein Bruder zurückkehrt. Er kann ihn nicht mal „Bruder" nennen. Er sagt: „Dieser, dein Sohn". Dieser Bruder bleibt draußen. Er schließt sich selbst vom Festmahl aus. Wovor fürchtet er sich? Vielleicht hat er Angst, dass Vergebung die Moral und die soziale Ordnung untergräbt. Vielleicht hat er Angst, dass seine Arbeit und sein Wohlverhalten bedeutungslos werden, als sein unwürdiger Bruder zurückkehrt. Ich denke, wovor er sich am meisten fürchtet, das ist der Gedanke, dass die Liebe des Vaters zum unwürdigen Sohn heißt, dass er seinen gehorsamen Sohn nicht lieben kann. Er fürchtet sich, weil er das Gefühl hat, er hat irgendwie die Liebe seines Vaters verloren. Die Gegenwart des anderen erschreckt ihn. Plötzlich weiß er nicht mehr, wer sein Vater ist.

Irgendwie hat er Recht. Er läuft Gefahr, die Liebe seines Vaters zu verlieren, weil er nicht lieben und dem jüngern Bruder vergeben kann. Er läuft Gefahr, sich von der Liebe des Vaters abzuschneiden. Es ist nicht so, dass sein Vater ihn nicht mehr liebt, aber er kann diese Liebe nicht mehr spüren. Die Ablehnung seines Bruders bringt ihn in die Situation, die er am meisten fürchtet. Er ist allein. Er wird fremd in seinem eigenen Vaterhaus. Er verliert sich, ohne dass er in die Fremde gegangen ist.

Aber die Liebe des Vaters gilt auch diesem Sohn. Mit der gleichen Leidenschaft, mit der gleichen Weisheit, mit der gleichen Sehnsucht und Hoffnung. Der Vater sucht nach seinem verlorenen Sohn – und findet ihn. (…) Er spricht die Worte, die wir alle nötig haben: „Du bist immer bei mir!" Nichts musst du fürchten, denn es ist keine Furcht in der Liebe!

Diese Geschichte hat keinen Schluss, denn es ist unsere Geschichte. Dies ist meine Geschichte und eure. Wir müssen in unserem Leben das Ende finden. (…) Liebe ist die Anstrengung, eine gesunde und bedeutungsvolle Beziehung zum anderen aufzunehmen. Wir können unsere Liebe nur zeigen, wenn wir zum anderen Kontakt aufnehmen. Liebe ist gerade das Gegenteil von erzwungener Gemeinschaft und Strafe. Sie ist der aktive Versuch, etwas zu verstehen und Wert zu schätzen, was anders ist. Der Vater kann seinen jüngeren Sohn nicht lieben, indem er ihn zwingt, zu Hause zu bleiben. Er kann den älteren Sohn auch nicht lieben, indem er ihn zwingt, am Festmahl teilzunehmen. Er liebt beide, in ihrer Andersheit und in ihrer Schwachheit. Er ist bereit mit ihnen zu leiden, weil er beide liebt. (…)

Wir müssen uns klar machen, dass es gerade die Unterschiede sind, die uns ermöglichen, Liebe zu zeigen. Solange unsere Beziehung davon abhängig ist, dass wir in allen Fragen übereinstimmen, lieben wir uns nicht. (…) Gemeinschaft entsteht nie, wo sie auf Furcht baut. Wo Furcht ist, ist die Liebe nicht vollkommen. Wo wir auf Argumente bauen und mit der Furcht unserer Nächsten spielen, dort ist die Liebe nicht vollkommen. Wo wir damit rechnen, dass jemand seine Identität verliert oder nicht mit sich in Übereinstimmung sein kann, um in der Gemeinschaft zu bleiben, dort ist die Liebe nicht vollkommen. Wenn wir davor zurückschrecken, das Leiden der Anderen wahrzunehmen, ist die Liebe nicht vollkommen. Wenn wir nicht wahrnehmen wollen, dass der andere anders ist, dann müssen wir zur vollkommenen Liebe zurückkehren.

Weil unsere Liebe unvollkommen ist, fürchten wir uns. (…) Geliebte, liebet einander, weil Gott die Liebe ist.

Amen.

Craig D. Atwood 2003

... und deinen Nächsten wie dich selbst!

„Du sollst den Herrn, deinen Gott, lieben von ganzem Herzen, von ganzer Seele und von ganzem Gemüte. Du sollst deinen Nächsten lieben wie dich selbst!" (Mt 22,37.39)

Die Chassidische Deutung besagt: „Liebe deinen Nächsten wie dich selbst; Ich bin der Herr." Der tiefere Sinn besagt, dass, wo immer zwei auf Erden sich selbstlos lieben, da ist Gott der Dritte in ihrem Bunde. Martin Buber erzählte, dass einst nach einem Vortrag über die Nächstenliebe eine Dame ihn ansprach, um zu fragen: Ich liebe mich selbst überhaupt nicht, Herr Buber, wie kann ich dann den Nächsten lieben? Buber und Rosenzweig, die damals gerade die Heilige Schrift verdeutschten, nahmen diese Frage ernst, hinterfragten ihren Text, um auf die Möglichkeit einer anderen Übertragung zu stoßen, die dem Urlaut und dem Ursinn ebenso gerecht wird.

Schließlich schrieben sie: „Liebe deinen Nächsten, er ist wie du!" Hiermit wird ausgesagt, dass dein Mitmensch, was immer auch der Augenschein sein mag, genauso schwach, gebrechlich, hinfällig und den Ängsten ausgesetzt ist wie du selbst. Dieses Sein-wie-du entwaffnet also jedwede Angst, die du vor deinem Nächsten haben könntest. Wenn der Angst der Boden entzogen wird, wird auch der Hass, der fast immer einer unterschwelligen Angst entspringt, gegenstandslos und hinfällig. Und sobald Angst und Hass verschwinden, öffnen sich die Tore des Herzens für die unbehinderte, freie Nächstenliebe.

Pinchas Lapide 1987
© Chr. Kaiser/Gütersloher Verlagshaus GmbH, Gütersloh

V. Reden von Gott heute

1. Weibliche Bilder von Gott

Theologisch-didaktische Aspekte

Wenn es heißt „Du sollst dir kein Bildnis machen" (Ex 20,4; Dtn 5,8) – ja, warum dann wird Gott in der kirchlichen Tradition so ausschließlich und so unhinterfragt als *Mann* angeredet? So fragen in neuerer Zeit vornehmlich Frauen. Wo mit als fragwürdig empfundenen überkommenen Gottesbildern aufgeräumt wird, ist häufig ihre Männlichkeit der erste und größte Anstoß.

Solche Kritik wird hier aufgenommen und auf drei unterschiedliche Weisen exploriert: Ein Mann nimmt sie als Beispiel dafür, dass alle unsere Vorstellungen von Gott zu kurz greifen; zwei Frauen machen in emotional besetzten Texten deutlich, dass es mit einem Auswechseln des göttlichen Geschlechts allein nicht getan ist; zugleich müsse auch konsequent Abschied genommen werden von zumeist als „männlich" eingestuften Attributen wie Stärke und Herrschermacht.

Intentionen

Unterschiedliche Methoden der Text-Arbeit werden eingesetzt, um die eigene Geschlechtsrolle in Beziehung zu setzen zu einer geschlechtsspezifischen Gottes-Vorstellung. Dies setzt ein hohes Maß an Selbstkompetenz voraus, besonders wenn es darum geht, Erfahrungen und Empfindungen zu verbalisieren. Der Text der Jüdin Margot Moers-Wenig erhöht zudem die Sachkompetenz, denn er macht es notwendig, dass die Sch sich Informationen über jüdisches Leben und Feiern verschaffen.

Literatur und Medien

Klöpper, Diana; Schiffner, Kerstin: Gütersloher Erzählbibel. Mit Bildern von Juliana Heidenreich, Gütersloh: Gütersloher Verlagshaus 2004

Neuschäfer, Reiner Andreas: Nichts für Kinder ...?! – Wie Kinderbibeln Sexualität ins Spiel bringen, in: AUFBrüche 11./2004 (Heft 1), S. 20–26

Schulte, Andrea; Wiedenroth-Gabler, Ingrid: Differenzen wahrnehmen: Mädchen und Jungen im Religionsunterricht, in: dies.: Religionspädagogik, Stuttgart 2003, S. 111–117

Unterrichtsimpulse, Verlaufsvorschläge, Projektideen

Drei Gruppen beschäftigen sich mit drei sehr unterschiedlichen Texten zur „Geschlechtlichkeit" Gottes. In den Gruppen zu den Texten von Prick und Moers-Wenig ist es wichtig, dass sie zunächst vorgelesen werden, dass dann Emotionen gesammelt und notiert werden, bevor alle den Text in die Hand bekommen, um die weiteren Fragen zu bearbeiten.

Aufgaben zum Text von Kurt Marti (**M1**):

- Geben Sie den Gedankengang Kurt Martis wieder.
- Stimmen Sie ihm zu oder möchten Sie ihm widersprechen?
- Beschreiben Sie das Verhältnis von Gottesbild und Menschenbild.
- Umschreiben Sie mit eigenen Worten die Begriffe „Gnade" und „Schalom". Lassen Sie sich kurze Beispiel-Szenen dazu einfallen.

Aufgaben zur Geschichte von Ilka S. Prick (**M2**):

- Gefällt Ihnen dieser Gott mit dem Geschirrtuch in der Hand? Begründen Sie Ihre Position. Würden Sie diesen Text vermutlich anders empfinden, wenn sie nicht weiblich/männlich wären?
- Ist dieses Göttliche nun männlich oder weiblich oder neutral?
- Wogegen richtet sich Pricks Polemik?
- Beschreiben Sie das Verhältnis von Menschenbild und Gottesbild in diesem Text.
- Finden Sie Anhaltspunkte für dieses Gottesbild in biblischen Texten?
- Welches Interesse vermuten Sie hinter dieser Interpretation?
- Die Zeitschrift, in der diese Geschichte erschien, heißt „Schlangenbrut". Lassen Sie Ihre Fantasie schweifen: Was wollen die herausgebenden Frauen mit diesem Namen ausdrücken?

Aufgaben zur Predigt von Margot Moers-Wenig (**M3**):

- Beschreiben Sie Ihre Emotionen beim Hören dieser Predigt. Würden Sie vermutlich anderes empfinden, wenn Sie nicht weiblich/männlich wären?
- Klären Sie mit Hilfe eines Lexikons oder des Internet die Begriffe aus dem jüdischen Leben und Festkalender.
- Finden Sie Anhaltspunkte für dieses Gottesbild in biblischen Texten?
- Welches Interesse vermuten Sie hinter dieser Interpretation? Wer ist die Zielgruppe dieser Predigt?
- Beschreiben Sie das Verhältnis von Theologie und Anthropologie, die in dieser Predigt deutlich wird.
- Stellen Sie die *Szene in der Küche* in Farben oder Tönen oder als Statuentheater (jedenfalls nicht in Worten) dar.

An die Präsentation und die Diskussion im Kurs schließt sich eine kreative Phase, in der Elemente für eine Andacht oder einen Gottesdienst entstehen. Dies kann ein Lied sein, vgl. die Unterrichtseinheit über „Gebrauchsliteratur", ein Gebetstext, eine „Gnadenzusage" im Sinne Kurt Martis, eine Pantomime. Andere Kurse oder Gruppen oder die örtliche Kirchgemeinde werden zu dieser Andacht bzw. diesem Gottesdienst eingeladen.

Alternativ können sich alle drei Gruppen je mit einer aktuellen Lösungsvariante einer weiblichen Rede von Gott auseinander setzen, wie sie in der „Gütersloher Erzählbibel" entfaltet und in deren Vorwort (**M4**) erörtert wird. Hierzu bietet sich als Aufgabe an, dass den beiden Autorinnen der Gütersloher Erzählbibel (Diana Klöpper und Kerstin Schiffner) ein Brief geschrieben wird. Hierzu sollte neben dem Vorwort auch der eine oder andere Text aus der Gütersloher Erzählbibel kritisch-konstruktiv ins Spiel gebracht werden.

M1 Größer von Gott denken

Ich glaube, dass, so wie wir's zu verstehen gewohnt sind, das Gebot „Du sollst dir kein Gottesbild machen" bereits ein solches Bild enthält, nämlich das Bild eines männlichen Gottes.

Nach dem Wortlaut müsste es nicht so sein. Das hebräische Wort für „Gottesbild" meint ein aus Stein gehauenes, aus Ton geformtes oder aus Holz geschnitztes Bild, das sowohl dasjenige eines Gottes wie dasjenige einer Göttin sein konnte.

Doch uns geht's jetzt weder um ein modelliertes noch um ein geschnitztes Gottesbild, sondern um eines, das in unserem Geist und Gemüt vorhanden ist, geformt durch Jahrhunderte lange Überlieferung. Und dieses Gottesbild hat eindeutig, ja einseitig männliche Züge. Damit verstoßen wir aber, wenn natürlich auch ungewollt, bereits gegen das Bildverbot (...). Vermutlich wissen wir zwar, dass Gott weder männlich noch weiblich noch irgendein fades Neutrum ist. Doch leider können unsere Sprachen dem nicht gerecht werden. Bekanntlich muss jedes Hauptwort entweder männlich, weiblich oder sächlich sein – eine andere Möglichkeit gibt es nicht. Die Sprache schreibt vor, dass Gott ein Hauptwort und dass ein Hauptwort eben männlich, weiblich oder sächlich zu sein hat.

Unsere Sprache ist nicht die Sprache Gottes, sondern die Sprache von Menschen, die der Schöpfer von Anfang an entweder als Mann oder als Frau geschaffen hat. Darum wird in dieser Sprache alles, kurioserweise auch der Tisch, die Lampe, und so eben auch Gott, gezwungen, entweder männlich oder weiblich, sonst eben sächlich zu sein.

Das Hebräische ist dieser Schwierigkeit mit einer eleganten Sprachlist zunächst ausgewichen. Gott hieß hier „Elohim". Das ist eigentlich eine Mehrzahl, bedeutet also „Götter" und/oder „Göttinnen", beides zugleich. Keck und kühn wurde dieses Mehrzahlwort, das alles offen lässt, in eine Einzahl verwandelt. Die Israeliten waren ja Pioniere des Ein-Gott-Glaubens, konnten und wollten von Gott deshalb nur in der Einzahl sprechen. Dass sie dabei trotzdem die offene Mehrzahlform beibehielten, verrät ihr Gespür dafür, daß der EINE Gott weder auf Männlichkeit noch auf Weiblichkeit festgelegt werden kann, dass er ebenso weibliche wie männliche Kräfte enthalten muss. Daran erinnert auch der Satz aus der Schöpfungssage, Gott habe den Menschen zu seinem Bild geschaffen – „als Mann und Frau schuf er sie" (1 Mose 1,27). Nicht der Mann allein, nicht die Frau allein, sondern Mann und Frau miteinander sind Gottes Bild. Was besagt: in Gott ist das Männliche und das Weibliche gleichermaßen gegenwärtig.

(...) Es stimmt nicht, dass es egal ist, nach welcher Facon man sich Gott vorstellt. So wie man von Gott denkt, so handelt man auch. Darum hat Jesus ein Umdenken, Neudenken gefordert, die *Metanoia*. Sie mit „Buße tun" zu übersetzen, verrät auch schon wieder jene Unterwerfungs- und Gehorsamsethik, die für das patriarchale Gottesverständnis typisch geworden ist. (...) Notwendig, zu unserem Heil notwendig ist es, größer von Gott zu denken. Zu seiner Größe gehört, dass er weder nur männlich noch nur weiblich ist und dass in ihm weder das Männliche über das Weibliche noch das Weibliche über das Männliche regiert. Hier ist nicht Dominanz des einen über das andere, sondern Konkordanz – vielleicht im Sinne eines „Zusammenfalls der Gegensätze" (Nikolaus von Kues), noch eher wohl im Sinne eines dialogischen Zusammenspiels der Gegensätze.

Kurt Marti 1986

Besuch

Das Göttliche traf mich um fünf an einem sonnigen Nachmittag. Ich glaube, es war ein Donnerstag und das Göttliche war so ziemlich das Letzte, mit dem ich gerechnet hatte. Ich war völlig unvorbereitet und trug meine rosa Plastikhandschuhe, am Ellenbogen noch Seifenlauge. Es sammelt sich einiges an, auch wenn man allein lebt. Und wer rechnet schon damit, an einem ganz normalen Donnerstag, dass es klingelt und das Göttliche vor der Tür steht, lächelnd. Was macht man in solchen Fällen? Ich sagte, ach, komm doch herein. Es ist ein wenig unaufgeräumt, aber fühl dich wie zu Hause. Ich bin gerade beim Abwasch, ich hoffe, es stört dich nicht. So trat es ein an diesem Donnerstag, das Göttliche, und nahm sich das Geschirrtuch. Einfach so.

Von Gott war ich da andere Sachen gewohnt. (...) Ich hatte all die Ratschläge beherzigt, die sie mir gegeben hatten: Gott mag keine unordentlichen Menschen, also räume dein Zimmer auf. Gott raucht nicht, Gott trinkt nicht und er kann es nicht leiden, wenn man zu laut lacht. Nimm dich nicht zu wichtig und sei bescheiden, dann wird schon alles gut gehen. Demütig, nicht eitel sollst du sein. Ach ja, und bitte: wenn schon Musik, dann Bach und auf keinen Fall die Rolling Stones. Ich hielt mich daran. Gott überlegte eine Weile, dann zog er ein.

Wie in den meisten Beziehungen ist die Anfangszeit noch ziemlich rosa, und so war es auch bei uns, das will ich gar nicht schmälern. (...) Und eines Tages, Gott war arbeiten gegangen und ich kam grad vom Einkaufen nach Hause, erwischte ich *sie,* wie sie durch unsere Wohnung schlichen, mit spitzen Fingern eine dreckige Socke hinter dem Sofa hervorzogen und den Staub von meinen Schallplatten pusteten. (...). Als Gott in diesem Abend nach Hause kam, war er sehr schweigsam. Ich hatte schon befürchtet, dass es Probleme geben würde, aber mit dieser Mauer aus Schweigen hatte ich nicht gerechnet. (...) Er stellte mich vor den Spiegel im Bad, nahm ein Taschentuch und wischte mir den Lippenstift vom Mund. Die Geste, mit der er das Tuch auf den Boden schmiss, war verletzender als eine Ohrfeige.

Seitdem (...) kontrollierte (ich) die Gedanken, die mich verrieten, überwachte, was ich tat. Es reichte nie und war nie gut genug. Ich war nie gut genug. Gott und ich, wir fanden keine Worte mehr füreinander, und als er auszog, war ich beinahe erleichtert. (...)

Das Göttliche kam an einem Donnerstag. Als wir den Abwasch erledigt hatten, setzte es sich auf meine Küchenbank. Aus einer riesigen Umhängetasche kramte es mit leuchtenden Augen und nach einiger Suche eine Schachtel mit Schokoladenkeksen hervor. Meine Lieblingsmarke. Das Göttliche streckte die Beine aus und durch die rechte Socke blickte verwegen der große Zeh. Es bemerkte meinen Blick und lachte, laut und herzlich. Ach, es gibt immer Wichtigeres zu tun als Stopfen. Das verstand ich sehr gut. Zum Essen fand es dann mit traumwandlerischer Sicherheit den Korkenzieher, den ich schon länger vermisste, unter einem Zeitungsstapel im Flur. Wir redeten über Gott und die Welt, und ich habe mich selten so wohl gefühlt. Zum Nachtisch fragte es mich, ob ich ein Gästebett hätte, das Göttliche, einfach so. Überlegen musste ich nicht. Und als wir uns beim Zähneputzen im Spiegel anblickten, überraschte es mich nur ein wenig, dass wir uns sogar ähnlich sahen.

Ilke S. Prick 2000

M3 Gott ist eine Frau – und sie wird älter

Wer oder was aber ist Gott? Wo sollen wir Gottes Gegenwart suchen? (…) Wer oder was Gott wirklich ist, ist letztlich nicht zu ergründen. Gott ist der Verborgene, der Sein Antlitz verhüllt, oder der Unendliche, Unmessbare – unerkennbar, unergründbar, unbeschreibbar. (…) All diese Bilder sind Metaphern, nie wörtlich verstandene Deutungsversuche, die nur dazu dienen, uns auf etwas hinzuweisen, das wir uns zwar vorstellen, aber nie wirklich sehen können. Heute Abend lade ich Sie ein, sich Gott gemeinsam mit mir vorzustellen. Heute Abend lade ich Sie ein, sich Gott als Frau vorzustellen, als Frau, die im Begriff ist, älter zu werden.

Gott ist eine Frau, und sie wird älter. Sie bewegt sich jetzt langsam. Sie kann nicht aufrecht stehen. (…) An Rosh Hashanah, der Gedenkfeier des Tages, an dem sie uns geboren hat, setzt sich Gott an ihren Küchentisch, öffnet das Buch der Erinnerungen und beginnt, die Seiten zu wenden. Und Gott erinnert sich.

„Da ist die Welt, als sie neu war, meine Kinder, als sie jung waren…!" Während sie Seite um Seite umblättert, lächelt sie. (…) Auf den Seiten ihres Buches sind all die Karten eingeklebt, die wir ihr jeweils schicken, wenn wir es nicht der Mühe wert fanden, sie zu besuchen. Aufmerksam betrachtet sie unsere Unterschriften, hingekritzelt unter die gedruckten Worte, die jemand anderer verfasst hat.

Dann gibt es Seiten, die sie gerne überschlagen würde. Dinge, die sie zu vergessen wünscht. Aber sie starren ihr ins Gesicht und zwingen sie, sich zu erinnern: ihre Kinder, die das Heim zerstören, das sie ihnen geschaffen hat, Brüder, die einander in Ketten legen. Sie sieht uns gefährliche Straßen hinunterrasen, selbst unfähig, uns aufzuhalten. Sie gedenkt der Träume, die sie für uns hatte, Träume, die wir nie erfüllten. Und sie gedenkt der Namen, so vieler Namen, eingeschrieben in das Buch, Namen all der Kinder, die sie verloren hat: durch Krieg und Hunger, Erdbeben und Unfall, Krankheit und Selbstmord … Und Gott denkt daran, wie oft sie am Rand eines Bettes saß und weinte, weil sie die Entwicklung nicht aufhalten konnte, die sie selber in Gang gesetzt hatte.

Heute Abend, am Abend von Kol Nidrei, zündet Gott Kerzen an, eine für jedes ihrer Kinder. Millionen und Millionen von Kerzen, die die Nacht erleuchten – hell wie am Tag. Heute wird Gott die ganze Nacht wach bleiben und in den Seiten ihres Buches blättern.

Gott ist einsam heute Abend. Sie sehnt sich nach ihren Kindern, ihren verspielten, nach Ephraim, ihrem Liebling. Ihr Körper verlangt nach uns. Alles, was auf Erden wohnt, vergeht. Aber Gott harrt aus und erduldet die Trauer, all das zu verlieren, was ihr lieb ist.

Gott ist zu Hause heute Abend und blättert in den Seiten ihres Buches. „Kommt heim", möchte sie uns sagen, „kommt heim." Aber sie ruft nicht, denn sie hat Angst, dass wir nein sagen könnten. Sie kann unser Gerede erahnen: „Wir sind so beschäftigt", würden wir uns entschuldigen. „Wir möchten dich gerne besuchen, aber heute Abend können wir einfach nicht. Zu viel zu tun. Zu viel Verantwortung."

Auch wenn wir es nicht wahrhaben wollen, Gott weiß, dass unsere Geschäftigkeit nur Ausrede ist. Gott weiß, dass wir vermeiden, zu ihr zurückzukehren, um nicht in ihr vom Alter zermürbtes Gesicht schauen zu müssen. Sie versteht, dass es schwer für uns ist, einer Gottheit zu begegnen, die die Erwartungen unserer Kindheit enttäuscht hat; sie hat uns nicht alles gegeben, was wir wollten: Sie hat uns nicht siegreich im Kampf gemacht, erfolgreich im Geschäft und unverwundbar gegen Schmerz. Wir vermeiden es, heim zu gehen, um uns selbst vor unserer Enttäuschung zu schützen und um sie zu schützen. Wir möchten nicht, dass sie die Enttäuschung in unseren Augen sieht. Aber Gott weiß, dass sie da ist, und möchte trotzdem, dass wir nach Hause kommen. Und was wäre, wenn wir es täten? Was wäre, wenn wir wirklich nach Hause gingen und Gott an diesem Yom Kippur besuchten? Wie würde es sein?

Gott würde uns in ihre Küche führen, uns an ihrem Tisch einen Platz anbieten und Tee einschenken. Sie ist schon so lange allein gewesen, dass sie uns vieles sagen möchte. Aber wir lassen sie kaum zu Wort kommen, denn wir haben Angst vor dem, was sie sagen könnte, aber ebenso vor der Stille. So füllen wir die Stunde mit unserem Geschwätz. Worte, Worte, so viele Worte. Bis sie endlich ihren Finger an die Lippen legt und sagt: „Sch, sch, sei still, sch."

Dann schiebt sie ihren Stuhl zurück und sagt: „Lass dich anschauen." Und sie schaut. Mit einem einzigen Blick sieht uns Gott als beides, als neu geboren und sterbend, wie wir hustend und weinend mit unseren Kopf nach ihrer Brust suchen, voller Angst vor dem unbekannten Reich, das vor uns liegt. Mit einem einzigen Blick sieht sie unsere Geburt und unseren Tod und all die Jahre dazwischen. Nachdem wir nun schon mehrere Stunden sitzen und Tee trinken und es endlich nichts mehr zu sagen oder zu hören gibt, beginnt Gott zu summen: Ai, ai, ai, ai, ai, ai, ai, ai, ai, ai, ai, ai, ai, ai, ai, ai.

Das versetzt uns zurück in eine Zeit, als unser Fieber nicht sinken wollte und wir nicht einschlafen konnten, erschöpft vom Weinen, aber unfähig aufzuhören. Sie hob uns auf, hielt uns an ihre Brust gedrückt, bettete unseren Kopf in ihre Handfläche und ging mit uns auf und ab. Wir konnten ihr Herz schlagen hören und das Summen aus ihrem Hals: Ah, ah, baby, Ah, ah, Baby, ai, ai, ai.

O ja, da war's, wo wir lernten, Tränen abzuwischen. Von ihr lernten wir, ein weinendes Kind zu trösten und jemanden im Schmerz zu halten.

Dann berührt Gott unsern Arm und bringt uns aus der Nostalgie längst vergangener Zeiten zurück in die Gegenwart und Zukunft. „Du wirst immer mein Kind bleiben," sagt sie, „aber du bist kein Kind mehr. Werde älter, zusammen mit mir. Das Beste steht noch aus, die letzte Phase des Lebens, für die die erste gemacht war."

Wir werden älter, so wie Gott älter wird. Wie ähnlich sind wir einander geworden.

(…) Gott nimmt unser Gesicht in ihre beiden Hände und flüstert: „Hab keine Angst, ich will treu zu dem Versprechen stehen, das ich dir gab, als du jung warst. Ich werde bei dir sein. Noch im hohen Alter werde ich bei dir sein und dich halten, wenn du grauhaarig bist. Ich habe dich geboren, ich trug dich, ich halte dich fest. Werde alt mit mir …"

(…) Gott würde es vorziehen, wenn wir nach Hause kämen. Sie sitzt und wartet auf uns wie an jedem Yom Kippur, geduldig wartend, bis wir bereit sind. In der Nacht von Kol Nidrei wird Gott nicht schlafen. Sie lässt die Tür offen, die Kerzen brennen und wartet geduldig auf unsere Heimkehr. Vielleicht können wir an diesem Yom Kippur in Gottes alterndes Gesicht schauen und sagen:

„Avinu Malkeinu, unsere Mutter, unsere Königin, wir sind nach Hause gekommen."

Margot Moers Wenig 1991

M4 | Mal so, mal so

Aus dem Vorwort zur „Gütersloher Erzählbibel", die sich eine frauengerechte Sprache in einer Bibel für junge Menschen auf die Fahnen geschrieben hat:

In der Bibel geht es um Beziehung – von Menschen untereinander, von Menschen zu GOTT und von GOTT zu den Menschen.

Die Bibel erzählt von Gott, das ist ja klar. Aber wie macht sie das? In den Texten kannst du ganz unterschiedliche Beschreibungen finden, mit denen GOTT bezeichnet wird – sie sind so unterschiedlich wie die Frauen und Männer, die die Texte der Bibel weiter erzählt, gesammelt und aufgeschrieben haben. In dieser Erzählbibel findest du deshalb ganz viele Bilder für GOTT. Eines aber ist ganz besonders wichtig:

GOTT lässt sich nie auf *ein* Bild festlegen, das heißt auch: GOTT ist nicht Mann und nicht Frau! Deshalb sprechen wir in unseren Nacherzählungen von GOTT abwechselnd in der weiblichen und in der männlichen Form. Damit du immer weißt, wann von GOTT die Rede ist, haben wir alle Worte, die GOTT meinen, in einer anderen Schriftart gedruckt (z.B. GOTT, SIE, ER, DU, TÖPFERIN). Und dann gibt es noch etwas ganz Besonderes: Wusstest du schon, dass GOTT in der Bibel einen Namen hat? Am brennenden Dornbusch gibt SIE ihn Mose bekannt – (…) Weil wir Christinnen und Christen, wenn wir von GOTT sprechen, IHN eben einfach GOTT nennen, so als sei das ein Name, bleiben wir auch in unserer Nacherzählung dabei. Weil GOTTes Name aber für ganz vielfältige, unterschiedliche Beschreibungen steht, haben wir uns entschieden, ihn auch bunt darzustellen. Wann immer du also beim Lesen ein bunt geschriebenes GOTT findest, weißt du, dass hier im Bibeltext der Gottesname steht.

Aber natürlich erzählt die Bibel auch von Menschen, von Frauen und Männern und manchmal auch von Mädchen und Jungen – und weißt du, was wir daran so toll finden? Das sind Menschen wie du und ich, manche können etwas Besonderes, manche haben eine besonders enge Beziehung zu GOTT, aber trotzdem haben sie alle auch ihre Fehler und ihre Ängste, trotzdem machen auch sie etwas falsch – und gerade deshalb macht es solchen Spaß, von ihnen zu erzählen. Du kannst dich selbst bei jeder Frau und bei jedem Mann fragen, ob du gerne so wärst wie sie oder er; du kannst überlegen, was du an ihnen gut findest und was dir überhaupt nicht gefällt, ob du genauso gehandelt hättest oder ganz anders.

Diana Klöpper und Kerstin Schiffner 2004
© Chr. Kaiser/Gütersloher Verlagshaus GmbH

2. Missbrauch des Gottesnamens

Theologisch-didaktische Aspekte

Menschen laufen Gefahr, Gott so zu sehen und zu vermitteln, wie es ihrer jeweiligen Lage, ihrer Einstellung und ihren Absichten entspricht. Das ist verständlich und auch kaum anders vorstellbar. Wenn sie jedoch so weit gehen, für die einzige Wahrheit zu erklären, was in Wirklichkeit „nur" eine Meinung ist, so liegt die Gefahr nahe, dass sie den Namen Gott missbrauchen. Wir gehen den Folgen solchen Missbrauchs nach und vergleichen zwei unterschiedliche Bewertungen.

In beiden Positionen wird die enge Verknüpfung von Gottesvorstellung und Menschenbild deutlich.

Intentionen

Die Sch sollen sensibilisiert werden für einen möglichen Missbrauch des Gottesnamens zur Legitimation menschlicher Autorität, wie er (wenn vielleicht auch nicht so krass wie bei Tilmann Moser) in kirchlicher und elterlicher Praxis sowie im Alltag kirchlicher Kindertagesstätten immer wieder anzutreffen ist. Im Zentrum dieser Unterrichtseinheit steht mit der Reflexion eigener Prägungen die Selbstkompetenz.

Nach den Präsentationen der Sch werden im Gespräch mit der Lerngruppe Zensuren vorgeschlagen. Dabei wird positiv bewertet:

- Sachwissen, inhaltliche Richtigkeit (Sachkompetenz);
- methodische Vielfalt und Originalität der Präsentation (Methodenkompetenz);
- den Mitschüler/innen ist deutlich geworden, worum es geht (Sachkompetenz);
- geschickte Gesprächsführung (Sozialkompetenz);
- eigene Position wurde deutlich und argumentativ auch gegen Gegenargumente vertreten (Selbstkompetenz);
- eigene Erfahrung wurde reflektiert (nicht der Inhalt des Erzählten wird bewertet, sondern die Fähigkeit, dies zu reflektieren);
- die Arbeitsweise in der Gruppe wurde reflektiert: Gute und schlechte Erfahrungen werden benannt und begründet, Alternativen für das nächste Mal angedacht (Sozialkompetenz).

Zusätzliche Bewertungsmöglichkeit: Zwei Sch protokollieren und kommentieren die Stunde und tragen ihr Protokoll in der nächsten Stunde vor.

Unterrichtsimpulse, Verlaufsvorschläge und Projektideen

Die Sch werden erinnert an die Warnung aus Ex 3,14 (2. Gebot), die eigene Gottes-Vorstellung zu einem fixierten Bild werden zu lassen. Die biographische Anklage Tilmann Mosers beschreibt die verhängnisvollen Folgen der Fixierung einer Gottes-Vorstellung, das zu Recht die Kritik Ludwig Feuerbachs hervorrufen würde, und erinnert an die satirische Darstellung im „Gottesbilderladen". In Gruppen beschäftigen sich die Sch mit Textausschnitten aus Tilmann Mosers „Gottesvergiftung" (**M1**)

Aufgaben für alle Gruppen:

- Recherchieren Sie die Biographie Tilmann Mosers (z.B. im Internet oder in „Perspektiven Religion", S. 56 und 82)
- Beschreiben Sie das Gottesbild, das Tilmann Moser als Kind vermittelt wurde.
- Findet dieses Gottesbild Bestätigung in biblischen Texten? Gibt es dort auch andere Ansätze?
- Beschreiben Sie anhand des Textes/der Textauszüge das Menschenbild, das sich aus dieser Gottes-Vorstellung ableitet.
- Ist Mosers Buch eigentlich eine Kritik an Gott oder …?
- Erzählen Sie in der Gruppe – und dann später im Kurs – mit welchen Vorstellungen von Gott Sie groß geworden sind. Haben Sie Ähnliches erlebt wie Tilmann Moser oder gilt für Sie, was er seinem Buch voran gestellt hat: „Freut euch, wenn euer Gott freundlicher war". Wenn „Gott" in Ihrer Kindheit keine Rolle gespielt hat – gab es andere Autoritäten, die an seine Stelle getreten sind?
- Reflektieren Sie den Arbeitsprozess in Ihrer Gruppe.

Alternative: Ein/zwei Sch lesen das ganze Buch (101 Seiten), stellen es vor und gestalten eine Unterrichtsstunde mit der Präsentation ihrer Ergebnisse.

Nachdem die Gruppen ihre Ergebnisse präsentiert haben, wobei Zeit eingeplant werden muss, die Erzählungen der eigenen religiösen oder nicht religiösen Sozialisation zu hören, bearbeiten Gruppen je eine der folgenden Aufgaben:

- Vergleichen Sie Mosers kindliches Gottes- und Menschenbild mit den Vorstellungen der feministischen Theologin Elisabeth Moltmann-Wendel. Lesen Sie dazu ihren Artikel: Feministische Theologie: Ich bin gut, ich bin ganz, ich bin schön (**M2**). Wie sieht Moltmann-Wendel das Verhältnis von Gottes- und Menschenbild? (Die Gruppe, die den Moltmann-Text bearbeitet, sollte nicht aus einer gemischt-geschlechtlichen Gruppe bestehen!)
- Stellen Sie eine Beziehung her zu der Religionskritik Ludwig Feuerbachs (wenn diese im Unterricht bereits behandelt wurde) und der entsprechenden Szene aus dem „Gottesbilderladen".
- Gestalten Sie ein Kinderbuch oder Bilderbuch oder komponieren und texten Sie ein Kinderlied, dem ein freundlicheres Gottesbild zugrunde liegt als der Abrechnung Tilmann Mosers (oder finden Sie eine andere, Ihnen angemessene kreative Form).
- Zeichnen Sie das Gottesbild, das Moser kritisiert, als Karikatur.

Im Kursgespräch werden Erkenntnisse und Prozesse vorgestellt. Im Gespräch sollte die Frage nach dem Verhältnis von Menschenbild und Gottes-Vorstellung thematisiert werden. Eine mögliche Ausweitung des Themas Missbrauch des Gottesnamens ist die Frage nach dem sog. heiligen, von Gott gewollten Krieg, die nicht nur für den Islam relevant ist, sondern auch für die evangelische Kirche (s. Stellungnahmen von Synode und Bischof zur Frage von Gewalt und Frieden im Frühjahr 2003).

Gottesvergiftung

M1

Tilmann Moser macht das Bild des Gottes, das Bibel, Umwelt, Eltern und Erziehung ihm entwarfen, verantwortlich für Schuldgefühle, für Ängste, für früh empfundenen Größenwahn, für das kindliche Gefühl, ein Aussätziger zu sein und das Ziel des Lebens nie erreichen zu können. Er macht es verantwortlich für Selbsthass, für Selbstzerstörung, für Lebensvergeblichkeit (Klappentext). Tilmann Moser schreibt diese Abrechnung mit dem Gott seiner Kindheit als erwachsener Therapeut, der versucht, die Wunden seiner Kindheit heilen zu lassen.

Textausschnitte

Aber weißt du, was das Schlimmste ist, das sie mir über dich erzählt haben? Es ist die tückisch ausgestreute Überzeugung, dass du alles hörst und alles siehst und auch die geheimen Gedanken erkennen kannst. Hier hakte es sehr früh aus mit der Menschenwürde; doch dies ist ein Begriff der Erwachsenenwelt. In der Kinderwelt sieht das dann so aus, dass man sich elend fühlt, weil *du* einem lauernd und ohne Pausen des Erbarmens zusiehst und zuhörst und mit Gedankenlesen beschäftigt bist. Vorübergehend mag es gelingen, lauter Sachen zu denken oder zu tun, die dich erfreuen oder die dich zumindest milde stimmen. Ganz wahllos fallen mir ein paar Sachen ein, die dich traurig gemacht haben, und das war immer das Schlimmste: dich traurig machen – ja, die ganze Last der Sorge um dein Befinden lag beständig auf mir, du kränkbare, empfindliche Person, die schon depressiv zu werden drohte, wenn ich mir die Zähne nicht geputzt hatte. Also: Hosen zerreißen hat dir nicht gepasst; im Kindergarten mit den anderen Buben in hohem Bogen an die Wand pinkeln, hat dir nicht gepasst, obwohl gerade das ohne dich ein eher festliches Gefühl hätte vermitteln können; die Mädchen an den Haaren ziehen hat dich verstimmt; an den Pimmel fassen hat dich vergrämt; die Mutter anschwindeln, was manchmal lebensnotwendig war, hat dir tagelang Kummer gemacht; den Brüdern ein Bein stellen brachte tiefe Sorgenfalten in dein so genanntes Antlitz. (S. 13f.)

Und Fairness wäre einfach ein unsinniges Angebot im Umgang mit dir, ich habe nicht eine Spur von Fairness bei dir verspürt, du warst von erdrückender, rücksichtslos, grausam und hinterhältig eingesetzter Überlegenheit, und meine kindliche Schwäche und Wehrlosigkeit haben dich gar nicht geniert, im Gegenteil, du gedeihst ja nur, solange man wehrlos ist. Viele von den Jüngeren können sich heute überhaupt nicht vorstellen, was du in mir und anderen angerichtet hast. Manche meiner Studenten schütteln bei den bekanntesten biblischen Geschichten, auf die ich manchmal verweise, ahnungslos den Kopf. Bei denen bist du nicht einmal mehr als Bildungsgut bekannt, was ich auch nicht für richtig halte. Aber ich weiß von Patienten, Freunden und Bekannten, dass du für Millionen noch immer die schlimmste Kinderkrankheit bist, die man sich denken kann, in vielen Fällen unheilbar, ansteckend vor allem für Kinder und Kindeskinder. Viele, soweit sie glücklichere Eltern und Ahnen hatten, haben ein freundlicheres Bild von dir, in das weniger Zerstörung und mehr Versöhnlichkeit mit dem Leben eingegangen ist. Für mich warst du die personifizierte Lebensfeindlichkeit, und nur mein Trotz gegen dich, für den du dich, so gut du konntest, zusätzlich gerächt hast, hat mich gerettet. (S. 21f.)

Ich habe es kaum geschafft, einem Menschen gerecht zu werden. Dein unbewusst in mir gebliebenes Bild hat alle verkleinert, verächtlich gemacht. Weil du ein ewiger Nörgler an mir warst, wurde ich zum Nörgler an den anderen.

Zehn Jahre lang habe ich gelebt mit einem riesigen Toten in meiner inneren Wohnung, und danach habe ich zehn Jahre die Menschen, denen ich begegnete, neben deinem Bild als schäbige Zwerge gesehen, die mich nicht erlösen können.

Es mag sein, dass die Basis für meinen Selbsthass viel früher schon gelegt wurde, ehe du mir als nein sagende Gestalt eingegeben worden bist, du aber hast ihn dann verwaltet und ausgebeutet, so dass ich keinem Menschen glauben konnte, wenn er sagte, er liebe mich. Ich habe das dann für Täuschung gehalten und ließ mich nicht heilen von dir, sondern dachte verächtlich über den Versuch, mich zu lieben. (S. 35f.)

Es ist ungeheuerlich, wenn Eltern zum Zwecke der Erziehung mit dir paktieren, dich zu Hilfe nehmen bei der Einschüchterung wie bei der Vermittlung fiktiver Geborgenheit. Es ist genauso ungeheuerlich, wie wenn dich Herrschende zu Hilfe nehmen bei der Knechtung ihrer Völker. Aber deine Geschichte ist ja nichts anderes als die Geschichte deines Missbrauchs. Du bist ein Geschöpf des Missbrauchs menschlicher Gefühle. (S. 46)

Meine Grundgefühle dir gegenüber scheinen mir Wut und Trauer: Wut über die Jahrzehnte lange Täuschung, die Qualen, die Zweifel, die vergeblichen Hoffnungen; Wut über die Beschämung, die mich überkommt, sobald ich mir vergegenwärtige, dass ich wie ein Bettler hinter dir hergelaufen bin, mich selbst verleugnet habe. (S. 79)

Dabei war doch der Hauptkummer der, den du selbst in mir angerichtet hast, durch die Allgegenwart von Sünde, Schuld und Abhängigkeit von deiner Gnade. Ich traute mich manchmal ja kaum auf die Straße vor Scham über mich, und nicht unter die Leute vor lauter Schuldgefühl. An die Kette des schlechten Gewissens hast du mich gelegt, der ewigen Unzufriedenheit mit mir selbst, des ewigen Ungenügens vor deinen Forderungen. (S. 93)

Du hast es fertiggebracht, dass ich während langer Zeit mein Leben als ein grausames Experiment in deiner Hand erfuhr, bei dem du unentrinnbar der Stärkere warst. Du brauchtest dich nur einzunisten im Zentrum des Schuldgefühls, und schon warst du unerreichbar mächtig an diesem archimedischen Punkt der kindlichen Neurose. Ich versuche, dir dieses Gottesgeschenk der seelischen Erkrankung zurückzugeben. Ich habe darunter gelitten, so gut es mir möglich war, und du hattest dein Wohlgefallen daran. Du musst dir jetzt andere zur Wohnung suchen, weil ich ohne den ungebetenen Gast weiterleben möchte und meinen inneren Raum vielleicht für Menschen brauche, denen ich, neben dir und mir, zu wenig Platz gelassen habe. (S. 98)

Tilmann Moser
© Suhrkamp 1976

Ich bin gut, ich bin ganz, ich bin schön.

Ich möchte bei dem gestörten Zusammenhang von Lebensgefühl und Glaubenserfahrung bei Frauen einsetzen. Drei Sätze sind mir dabei wichtig (…):

Ich bin gut – ich bin ganz – ich bin schön.

Diese Sätze klingen nach Flucht aus der Realität, nach Übertreibung und Utopie. Welche Frau wird sich schon in dieser dreifachen Dimension als gut, als ganz, als schön erlebt haben! (…)

Ich bin gut
Für Frauen assoziiert sich mit diesem Satz die Erwartungshaltung der Umwelt und vielleicht eigene internalisierte Ideale, dass Frauen gut sein müssen und gut, gütig, verstehend sein wollen. Der Zorn vieler Frauen gegen solche Erwartung und das Scheitern versuchter Grund-Gütigkeit macht es schwer, diesen Satz zu akzeptieren.

Aber es ist ein Satz, in dem Befreiung steckt, und es ist ein Satz, der direkt aus dem Evangelium kommt. Sogar Theologen könnten ihm zustimmen. Es ist der Satz, mit dem die Reformation begann, und der so befreiend für den Einzelnen, für die Stände und das mittelalterliche Sozialgefüge wurde.

Er heißt ganz schlicht gesagt: Ich bin das, was ich bin, nicht durch das, was ich leiste. Ich bin gut, weil ich bin, weil Gott mich akzeptiert, mich liebt, mich geschaffen hat, mich frei gemacht hat. Ich bin nicht gut, weil ich Gutes tue. (…) „Nicht dadurch, dass wir das Rechte tun, sind wir gerecht, sondern dadurch, dass wir gerecht sind, tun wir das Rechte" (Luther). „Er hat uns durch sein teures Blut gemacht vor Gott gerecht und gut …" Ich meine, dass wir einmal in unserer patriarchalischen kirchlichen Leistungskultur diesen Satz vergessen haben. (…) Wir haben noch nie praktiziert, was es heißt, das Sein unserm Tun vorzuordnen. Wir haben noch nie aus einem guten und gerechten Sein etwas gewagt. Wir haben noch nie das revolutionäre Potenzial, das darin liegt, ausprobiert, weil wir zutiefst unserem Sein misstrauen: Vielleicht haben Frauen noch nie gehört, dass sie gut sind. Sonst hätten sie sich nicht dauernd durch Taten rechtfertigen und ihre Unentbehrlichkeit demonstrieren müssen. Unser Ich ist zutiefst gekränkt und gestört. Wir ziehen uns zurück oder sind aggressiv.

Unser Sein unserm Tun vorzuordnen hieße zunächst Distanz zu unsern Aktivitäten zu bekommen, ob sie nun diakonische, ökologische oder familiäre sind. Es hieße, den Schmerz aushalten, entbehrlich zu sein.

Das Evangelium von der Befreiung des Menschen, von der kompromisslosen völligen Annahme, von seinem Gutsein, müssen wir wieder existenziell – für Frauen – verstehen lernen. Wir müssen es feministisch interpretieren, d.h. aus der ganzheitlichen Sicht der Frau. (…)

Ich bin ganz
Etwas Neues kommt nun mit dem Satz „Ich bin ganz" hinzu. Ich bin ganz, das kann ich nicht nur gesagt bekommen, das muss ich erleben, erfahren, spüren. Ich bin ganz – das heißt: Ich bin nicht perfekt. Ich bin ganz – aus mir heraus.

(…) Gott ist ganz, darum können wir ganz sein. Aber wir haben Gott eingeengt, erniedrigt, vermännlicht, rationalisiert, moralisiert, halbiert. Indem wir Gott wieder als Vater und Mutter, als Geist und Natur erkennen, können wir uns auch als ganze Menschen mit den für niedrig erachteten emotionalen, ja aggressiven, dunklen und leidenschaftlichen Seiten sehen. Frauen haben sich stattdessen an die Ausgewogenheit und Rationalität unserer Gesellschaft und Kirchen angepasst. Sie haben Originalität und Leidenschaft, vielleicht den besten Teil ihres Selbst aufgegeben. Wenn ich ganz bin, kann ich auch ganz zornig sein. (…) Weil Gott Vater und Mutter ist, ganz ist, kann ich ganz sein.

M2

Ich bin schön

Als die farbige Bevölkerung in den USA ihren Kampf um die Gleichberechtigung führte, kam ein Slogan auf, der hilfreich war, um das angeschlagene Selbstgefühl, das Gefühl ihrer anerlernten Minderwertigkeit zu kaschieren: „Black is beautiful". An diesen Satz wurde ich erinnert, als in einer Frauengruppe darüber gesprochen wurde, was es heißt, sich anzunehmen. Keine von den Frauen konnte sich wirklich annehmen, mit Haut und Haar, mit angeblich Gutem und angeblich Schlechtem. Es blieben die Dinge, die Frauen an sich selbst hassten, draußen, die „Macken", die Leidenschaften, die Verhaltensweisen, die sie kirchlich und gesellschaftlich unliebenswürdig machten. Sie nahmen sich sehr bedingt an. Eine Hintertür blieb offen, um sich zu bekritteln, um sich anzupassen, um sich weiter zu verachten. Annehmen hieß schlucken, dulden, tolerant mit sich werden – aber unter Seufzen.

Mir wurde dabei plötzlich deutlich, was Frauen heute brauchen, um wirklich befreit zu sein: Das faszinierende verwandelnde, schöpferische Selbstgefühl, schön zu sein. Und wie die kirchliche Praxis daran vorbeigegangen ist!

Was hindert Frauen daran, sich in tiefster Weise anzunehmen, sich schön zu finden? Vielleicht Leitbilder aus der Werbung, die unerreichbar sind. Vielleicht Schönheitserwartungen von Männern. Vielleicht eigene Normvorstellungen, Ideale. Vor allem aber wohl unsere Mütter, die uns so und so haben wollten, als Bild ihrer eigenen unerfüllten Wünsche, und deren Normen uns lebenslang im Nacken sitzen. Wir kritisieren uns, kaufen uns neue Kleider, um in ein neues Gehäuse zu steigen, finden uns dann schöner als vorher, aber nicht schön. Mir haben meine Kinder beigebracht, dass sie nur schön werden, wenn ich sie schön finde. Und sie haben mir zugleich beigebracht, dass ich nur schön bin und andere Schönheit entdecken kann, wenn ich mich schön finde und dies gilt wohl für alle menschlichen Beziehungen.

„Schön" – das muss „gut" und „ganz" ergänzen. (...) Bei Luther kommt allerdings auch schon etwas Ähnliches vor: „Die Sünder sind schön, weil sie geliebt werden ..." (...) Ich meine, dass wir aus diesem Selbstverständnis auch ein neues Weltverständnis bekommen können, und ein neues Weltverhalten. Ich möchte die Konsequenzen nur andeuten: Wenn ich schön bin, kann ich auch andere und anderes reizvoll, individuell schön finden. Kann ich Aggressionen verlieren, kann aus Ängsten Staunen werden, kann ich Dunkles, Fremdes, Negatives liebenswert finden, kann ich neu lieben.

Wenn ich ganz bin, kann ich die Natur und die Erde wieder neu entdecken, kann aus Herrschaft über sie, Freundschaft mit ihr werden. Wenn ich ganz bin, leide ich an der Nicht-Ganzheit der Schöpfung und ich habe das Recht zu protestieren, dass diese Schöpfung nicht mehr ganz ist. (...) Entdecken wir uns wieder, unsere Instinkte, unsere Gefühle, unser Gerechtigkeitsgefühl, unsere Weisheit, unsere Liebe. Fangen wir an, uns wieder zu vertrauen, unserem Geist, unserem Körper, unserer Welt – der Schöpfung Gottes, die Jesus befreit hat.

Elisabeth Moltmann-Wendel 1981

3. Gott erleben in der Gemeinde

Theologisch-didaktische Aspekte

„Gott" ist nicht in erster Linie zu definieren, sondern zu erzählen: Erlebnisse, die als Gotteserlebnisse bzw. -erfahrungen gedeutet werden, können ins Spiel und zur Sprache gebracht werden. Lernorte, in denen die religiöse Dimension nicht zu kurz kommt (Kirchengemeinden, aber auch Schulen), könnten ein Ort von Gotteserlebnissen sein, vor allem aber ein Ort des Erzählens von Gott. Die Erfahrung der Sch und der L wird oft anders sein. Um so mehr ist Phantasie gefragt, wie eine Erfahrungs- und Erzählgemeinschaft wieder belebt werden kann.

Intentionen

Die Methodenkompetenz der Sch erweist sich darin, dass sie die Form der Satire erkennen und benutzen. Sie können sich in die vorgegebene Form hineinversetzen und dort in einem fiktiven Gespräch ihre Meinung einbringen. Diese Fähigkeit zum Perspektivenwechsel ist ein wesentlicher Aspekt der kommunikativen bzw. Sozial-Kompetenz.

Unterrichtsimpulse, Verlaufsvorschläge, Projektideen

Die CD mit der „Geschichte mit Gott" wird vorgespielt, nur als Notlösung sollte der Text vorgelesen werden (**M1**). Es bilden sich Kleingruppen, die den Text der Satire bearbeiten und ein fiktives Gespräch mit Gott vorbereiten.

Aufgaben:

- Beschreiben Sie den Gott, den Herman van Veen in dieser Satire auftreten lässt. Gefällt er Ihnen? Haben Sie Anmerkungen oder Ergänzungen zu dieser Gottes-Vorstellung?
- Schiller hat definiert: „In der Satire wird der Widerspruch der Wirklichkeit mit dem Ideal zum Gegenstand gemacht, die Wirklichkeit als Mangel dem Ideal als höchster Realität gegenübergestellt." Was ist hier Realität, was Ideal?
- Vergleichen Sie diese Darstellung mit der biblischen Dornbusch-Geschichte – oder ist das ein ganz unpassender Vergleich, weil ...
- Können Sie sich vorstellen, dass es Menschen gibt, die solch eine Satire ärgert oder verletzt? Warum? Halten Sie die Form, die Herman van Veen gewählt hat, für legitim?
- Stellen Sie sich vor, Sie säßen mit Gott auf der Bank. Erklären Sie ihm, wie es in den letzten 2000 Jahren zu dem gekommen ist, was Sie und Gott in den Kirchgemeinden erleben. Könnte es auch anders sein? Haben Sie andere Erfahrungen gemacht?
- Sollte Gott traurig sein über den Zustand „seines Hauses", versuchen sie ihn zu trösten, indem Sie eine Veränderungs-Strategie entwickeln!

Die Gruppen spielen ihre Gesprächsvariationen vor. Abschlussfrage nach den Präsentationen: Was hat diese Satire mit dem Kursthema Gottes-Vorstellungen zu tun?

Eine Geschichte mit Gott

Als Gott nach langem Zögern wieder mal nach Haus ging, war es schön, sagenhaftes Wetter. Und das Erste, was Gott tat, war, die Fenster sperrangelweit zu öffnen, um sein Häuschen gut zu lüften.

Und Gott dachte: Vor dem Essen werd ich mir noch kurz die Beine vertreten. Und er lief den Hügel hinab zu jenem Dorf, von dem er genau wusste, dass es da lag. Und das Erste, was Gott auffiel, war, dass da mitten im Dorf während seiner Abwesenheit etwas geschehen war, was er nicht erkannte. Mitten auf dem Platz stand eine Masse mit einer Kuppel und einem Pfeil, der pedantisch nach oben wies. Und Gott rannte mit Riesenschritten den Hügel hinab, stürmte die monumentale Treppe hinauf und befand sich in einem unheimlichen, nasskalten, halbdunkelen muffigen Raum. Und dieser Raum hing voll mit allerlei merkwürdigen Bildern. Viele Mütter mit Kind mit Reifen überm Kopf und ein fast sadistisches Standbild von einem Mann an einem Lattengerüst. Und der Raum wurde erleuchtet von einer Anzahl fettiger, chamoistriefender Substanzen, aus denen Licht leckte. Und Gott sah auch eine große Menge höchst unwahrscheinlicher kleiner Kerle herumlaufen in dunkelbraun und schwarzen Kleidern, mit dicken Büchern unter müden Achseln, die selbst aus einiger Entfernung leicht moderig rochen.

„Komm mal her, was ist das hier, was ist das hier?"
„Das ist eine Kirche, mein Freund, das ist das Haus Gottes, mein Freund."
„Ah, wenn das hier das Haus Gottes ist, Junge, warum blühen hier dann keine Blumen, warum strömt dann hier kein Wasser und warum scheint dann hier die Sonne nicht, Bürschchen?"
„Das weiß ich nicht."
„Kommen hier viele Menschen her, Knabe?"
„Hm, es geht in letzter Zeit ein bisschen zurück, mein Freund."
„Und woher kommt das deiner Meinung nach, oder hast du keine?"
„Es ist der Teufel. Der Teufel ist in die Menschen gefahren. Die Menschen denken heutzutage, dass sie selbst Gott sind und sitzen lieber auf ihrem Hintern in der Sonne."
„Hm." Und Gott lief fröhlich pfeifend aus der Kirche auf den Platz. Da sah er auf einer Bank einen kleinen Kerl in der Sonne sitzen. Und Gott schob sich neben das Männlein, schlug die Beine übereinander und sagte: „Kollege".

Herman van Veen 1974

4. Praktischer Atheismus und A-Theismus im Christentum

Theologisch-didaktische Aspekte

Der Lebenswirklichkeit vieler Jugendlicher ist ein praktischer Atheismus oftmals sehr viel näher als eine philosophisch oder tiefenpsychologisch begründete Religionskritik. Gott spielt einfach keine Rolle – weder im Alltag noch grundsätzlich. Um diese reale oder vermeintliche Bedeutungslosigkeit Gottes geht es in dieser Unterrichtseinheit und um die Frage, was für Surrogate an die Stelle Gottes treten können bzw. automatisch treten, wenn er „von uns gegangen ist".

Es gibt gute Gründe, ein Reden von Gott grundsätzlich hinter sich zu lassen, das sich als missbräuchlich für unterschiedliche Interessen erwiesen hat. Verschiedene Gründe, diesen Theismus zu überwinden, werden in dieser Unterrichtseinheit vorgestellt und auf den biblischen Ur-Text Ex 3,14 bezogen. Es stellt sich die Frage, was bleibt, wenn Gott nicht mehr „Gott" ist.

Intentionen

Die Sch sollen in Zusammenhang mit der Analyse eines literarischen Textes ihre eigenen Erfahrungen in punkto Glaube und Handeln reflektieren. Bewertbar sind die kreativen Beiträge und die Präsentation der Gruppenergebnisse. Bei der Präsentation soll die Darstellung der eigenen Position und ihre argumentative Vertretung im Vordergrund stehen (Selbstkompetenz). Weitere Bewertungskriterien:
– Die Erzählung literarisch analysieren (Sach- und Methodenkompetenz)
– Biblische Texte in Beziehung setzen zur Erzählung (Sach- und Methodenkompetenz)
– Gruppenarbeit reflektieren (Sozialkompetenz).
– In der Auseinandersetzung mit fremden Positionen wird vor allem die Fähigkeit geschult, die eigene Position mit anderen zu vergleichen und zu formulieren (Selbstkompetenz). In der Gestaltung einer gemeinsamen Feier fließen kreative und kommunikative Fähigkeiten zusammen.

Literatur und Medien

Bonhoeffer, Dietrich: Widerstand und Ergebung, hg.v. Bethge, Eberhard; Gremmels, Christian und Henkys, Jürgen, Gütersloh: Christian Kaiser Verlag 1986 (DBW; 8)

Bonhoeffer-Oratorium (von Tom Johnson), CD-Sonderedition des Deutschen Symphonie-Orchesters Berlin und der Deutschen Bank Bauspar AG, Berlin 1998

Gollwitzer, Helmut: Von der Stellvertretung Gottes. Christlicher Glaube in der Erfahrung der Verborgenheit Gottes, München: Christian Kaiser 1968

Huxel, Kirsten: Stellvertretung. Ein Kapitel Theologie nach dem „Tode Gottes", Dorothee Sölle; EA Stuttgart 1965, in: Eckert, Michael u.a. (Hg.): Lexikon der theologischen Werke, Darmstadt: Wissenschaftliche Buchgesellschaft 2004, S. 666f.

Marquardt, Friedrich-Wilhelm: Eia, wärn wir da – eine theologische Utopie, Gütersloh: Gütersloher Verlagshaus 1997

Mayer, Rainer: Hat sich Bonhoeffer geirrt? Seine These von der religionslosen Zukunft und das Wiedererwachen der Religion in der Gegenwart, in: ders.; Zimmerling, Peter (Hg.): Dietrich Bonhoeffer – Mensch hinter Mauern. Theologie und Spiritualität in den Gefängnisjahren, Gießen: Brunnen [2]1995, S. 122–144

Sölle, Dorothee: Gerechtigkeit ist ein Name für Gott (Doppel-CD/Hörbuch) Hamburg: chrismon buch 2004

Sölle, Dorothee: Gott denken. Einführung in die Theologie, Stuttgart: Kreuz 1990

Unterrichtsimpulse, Verlaufsvorschläge, Projektideen

1. Praktischer Atheismus

Eine/ein Sch hat sich auf den Vortrag des Schnurre-Textes (**M1**) vorbereitet und trägt ihn vor. In Gruppen wird der Text analysiert und auf die eigene Erfahrung mit „praktischem Atheismus" bezogen.

Aufgaben:
- Ordnen Sie die Schnurre-Erzählung literarisch und zeitgeschichtlich ein. Benennen Sie die Stilmittel (fragen Sie Ihre Deutsch-Lehrkraft!).
- Beschreiben Sie die Stimmung in dieser Geschichte.
- Fassen Sie die Aussage der Geschichte in einem Satz zusammen.
- Stellen Sie die Aussagen des Textes über „Gott" zusammen.
- Setzen Sie diese Aussagen in Beziehung zu biblischen Texten.

- Schreiben Sie eine Traueransprache für Gottes Beerdigung und halten diese vor der Klasse. Ist es ein Verlust, dass Gott „von uns gegangen" ist?
- Alternativ können Sie auch einen Nachruf für die Zeitung schreiben und mit den entsprechenden Symbolen gestalten.
- Ist Gott wirklich tot und beerdigt in großen Teilen der Bevölkerung oder lebt er in neuer Gestalt unter uns? Denken Sie an Luthers Satz: „Woran du dein Herz hängst, das ist dein Gott." Suchen Sie dabei besonders nach Gott-Surrogaten in diktatorischen Ideologien oder in der Werbung.

Wenn Sie mehr als eine Stunde Zeit haben:

- Führen Sie Interviews mit Sch anderer Klassen, mit Eltern und Verwandten, mit zufälligen Passanten/-innen auf der Straße über die Bedeutung „Gottes" im Alltag. Bereiten Sie diese Interviews in der Gruppe sorgfältig vor. Was genau wollen Sie fragen? Welche Antworten erwarten Sie?

2. A-Theismus im Christentum

Die Sch werden, wenn dies im Unterricht bereits Thema war, erinnert an die Erkenntnisse und Arbeitsergebnisse aus der Beschäftigung mit der philosophischen Religionskritik. Eine andere, nicht weniger radikale Kritik an einem theistischen Gottesverständnis kommt aus der christlichen Theologie selbst. Die Erfahrungen, die sich in den darzustellenden Positionen niedergeschlagen haben, differieren – auch die Argumentationen. Beides ist von den Sch in Gruppen nachzuvollziehen. Bei der Bewertung der Positionen von Dietrich Bonhoeffer (**M2**), Dorothee Sölle (**M3**), Helmut Gollwitzer (**M4**) und Friedrich-Wilhelm Marquardt (**M5**) ist auch zu berücksichtigen, was zu Ex 3f. erarbeitet wurde. Die Texte von Sölle und Gollwitzer weisen in das Neue Testament und die Christologie.

Aufgaben zu dem Text von Dietrich Bonhoeffer (**M2**)

- Sammeln Sie Hintergrundinformationen zu Dietrich Bonhoeffer und geben Sie die Argumentation Bonhoeffers wieder.
- Was spricht gegen den Gebrauch des Gottesnamens und der „Arbeitshypothese Gott"?
- Gegen welche Gottesvorstellungen richtet sich Bonhoeffer? Vergleichen Sie dies mit der biblischen Dornbuschgeschichte in Ex 3.
- Der erste zitierte Brief bricht an einer interessanten Stelle ab. Wie könnte er weitergehen? Was könnte Bonhoeffer mit Stufen der Religiosität gemeint haben?
- Im zweiten Brief werden Ansätze eines neuen Gottesbildes sichtbar. Widerspricht Bonhoeffer sich selbst damit?
- Wie lässt sich nach Bonhoeffer heute von Gott reden? Was meinen Sie?

Alternativ lässt sich auch mit Teilen aus der CD „Bonhoeffer-Oratorium" (von Tom Johnson, Berlin 1998) arbeiten, insbesondere mit Abschnitt „IV. Letzte Worte", in dem Auszüge aus Bonhoeffers Gefängnis-Briefen zur Sprache kommen!

Aufgaben zu dem Text von Dorothee Sölle (**M3**)

- Informieren Sie sich zu Dorothee Sölle und zeichnen Sie ihre Argumentation nach. Was versteht sie unter Theismus, was unter Atheismus?
- Welche historischen und persönlichen Erfahrungen stehen hinter dieser Position? Gehen Sie diesen nach in den Original-Stimmen auf der Doppel-CD „Dorothee Sölle: Gerechtigkeit ist ein Name für Gott" (Hamburg, 2004).
- Der Text von Dorothee Sölle endet mit Fragen. Versuchen Sie Antworten auf diese Fragen zu formulieren.

Aufgaben zu dem Text von Helmut Gollwitzer (**M4**)

- Informieren Sie sich zur Person Gollwitzers und zeichnen Sie seine Argumentation nach.
- Welche historischen und persönlichen Erfahren stehen hinter dieser Position?
- Welche Möglichkeiten der Rede von Gott eröffnen sich neu nach Gollwitzer? Was meinen Sie?

Aufgaben zu dem Text von Friedrich-Wilhelm Marquardt (**M5**)

- Informieren Sie sich über die Person Marquardts und überlegen Sie, woher Marquardts Zweifel, dass wir von Gott noch reden können, evtl. herrühren?
- Stellen Sie Vermutungen an, was man nach Marquardt von Gott nicht mehr sagen kann.
- Suchen Sie eine Verbindung zwischen Marquardts Äußerung und Ihren Erkenntnissen aus der Beschäftigung mit der biblischen Dornbusch-Geschichte (Ex 3).
- Wenn Marquardt schließlich doch noch oder wieder von Gott redet, was wird er vermutlich sagen?

Die Gruppen präsentieren ihre Ergebnisse und diskutieren, was aus der Perspektive von Ex 3,14 zu einem Verzicht theistischen und definierenden Redens zu sagen ist.

Wie kann eine neue Sprache des Glaubens aussehen, die auf alle Gottesprädikationen verzichtet? Die Sch probieren sprachliche, bildliche, musikalische, tänzerische Formen aus, wobei der kreative Rahmen sehr weit gespannt werden muss: Es wird nicht reichen, einige Formeln und Begriffe auszutauschen, gesucht wird nach einer neuen Erlebnis- und Ausdrucks-Form. Es kann sein, dass der kreative Prozess noch nicht zu einem befriedigenden Ende kommt, aber vielleicht lässt sich aus dem Ausprobierten eine Andacht, ein Gottesdienst, eine gemeinsame Feier entwerfen. Auf jeden Fall ist die Reflexion eventuell auftretender Schwierigkeiten wichtig – sie könnten mit der Sache zu tun haben ...

M1 Das Begräbnis

Liegt der Brief da; weiß mit schwarzem Rand. Muss einer gestorben sein, denk ich. Seh mich um.
„Riecht nach Weihrauch", sagt meine Nase.
„Hast Recht", sag ich; „war doch vorher nich. Komisch."
Reiß den Brief auf, setz mich, putz mir die Brille. So. Richtig, ne Traueranzeige. Ich buchstabiere:

5 Von keinem geliebt, von keinem gehasst, starb heute, nach langem, mit himmlischer Geduld ertragenem Leiden: Gott.
Klein, darunter:
Die Beisetzung findet heute Nachmittag in aller Stille auf dem St.-Zebedäus-Friedhof statt.
Siehste, denk ich, hats ihn auch geschnappt, den Alten; nu ja. Steck die Brille ins Futteral und steh auf.

10 „Frau!", ruf ich, „n Mantel!" „Wieso n?", brummelt sie oben. „Frag nich so blöd", sag ich; „muss zur Beerdigung." „Kenn ich", grient sie; „Skat kloppen willste." „Quatsch", sag ich; „Gott ist gestorben."
„Na und –?", sagt sie; „vielleich noch n Kranz kaufen, hm?"
„Nee", sag ich; „aber Franzens Zylinder könntste rausrücken. Wer weiß, wer alles da is."
„Ach nee", sagt sie; „auch noch n Dicken Willem markieren? Nee, is nich. Außerdem duster; sieht

15 sowieso keiner, dass de n Zylinder aufhast."
Schön denk ich; denn nich, liebe Tante.
Zieh mein Paletot an, klapp n Kragen hoch und geh runter zur Tür.
S pladdert. (...)

20 Alles wie immer draußen. Glitschiger Asphalt, bisschen Laternenlicht; paar Autos, paar Fußgänger; auch die Straßenbahn fährt.
Frag ich einen: „Schon gehört – Gott is gestorben." Sagt der: „Nanu; heut erst?"
Der Regen nimmt zu. Vor mir taucht n Kiosk auf mit ner Karbidlampe drin.
Halt, denk ich, musst doch mal sehn.

25 Beug mich rein; blättere, such.
Heute: nichts. Morgen: nichts. Neue Welt: nichts. Die Zukunft: nichts. Am Feierabend: nichts. Keine Zeile; nicht mal unter Kurznachrichten.
Frag ich: „Sonst noch was?"
„Anzeigenblatt", sagt der Zeitungsmann.

30 „Moment", sag ich.
Such, finds: Letzte Seite; reiner Zufall. Unter Sonstiges klitzeklein:
Von keinem geliebt, von keinem gehasst, starb heute, nach langem, mit himmlischer Geduld ertragenem Leiden: Gott.
Aus; alles.

35 Zeigs dem Zeitungsmann: „Na –?"
Sagt der: „Armer Deubel. Kein Wunder."
Auf m Paradeplatz, mitten im Nebel, steht n Schutzmann. Frag ich: „Nich was durchs Radio gekommen?"
„Krieg", sagt er.

40 „Nee", sag ich; „was Besondres."
„Nee", sagt er.
„Kein Todesfall? Gott soll gestorben sein."
Zuckt er die Schultern: „Hat er davon."

| | Wird dunkler. Die Straße verengt sich. Ecke Kadettenweg renn ich einen an.
45 | Sagt der: „Gehts n hier zum Zebedäus-Friedhof?"
| „Pfarrer?", frag ich; „Beerdigung?"
| Er nickt.
| „Wen denn."
50 | Sagt er: „n gewissen Klott oder Gott oder so ähnlich."
| Fragt der Pfarrer: „Verwandt mit dem Toten?"
| „Nee", sag ich; „bloß so." (…)

Vorm Friedhof steht was. n Wagen mit ner Kiste drauf; paar Leute, n Pferd.
„n Abend", sag ich.
„Biste Pfarrer?"
„Nee", sag ich, „der."
„Los, pack mit an."
Der Pfarrer greift zu, schweigend. Sie heben sich die Kiste auf die Schulter und schwanken durchs Tor.
„Beeilt euch!", schreit der Kutscher. Er hat sich unter ner Decke verkrochen und lehnt an dem Pferd; raucht. s Tor quietscht, wie ichs zumach. Langsam schlendre ich hinter den Männern her.
Zwei tragen Spaten. Die kenn ich; sind die Totengräber. Der dritte hat n blauen Kittel an, hinter seinem rechten Ohr klebt ne aufgeweichte Zigarette; n Straßenfeger oder so was. Die andern beiden stecken in speckigen Feldblusen und haben Schildmützen auf; Heimkehrer aus m Lager wahrscheinlich. Der sechste ist der Pfarrer.

Jetzt sind sie aus m Schritt gekommen, die Kiste auf ihren Schultern liegt schief.
Hat der Pfarrer dran schuld; kriegt s Kreuz nicht raus, stöhnt.
Schreit plötzlich: „Absetzen!" Duckt sich.
„Rumms."
Der Deckel fliegt ab. Haben sie die Bescherung. Der Pfarrer hinkt, hat die Kiste auf n Fuß gekriegt. Der Tote ist herausgefallen. Liegt da, bleich. Die Azetylenlampen vom Lager leuchten ihn an. n graues Hemd trägt er, ist hager, und an seinem Mund und im Bart ist etwas Blut festgetrocknet. Er lächelt.
„Idiot", sagt der Kittelmann.
Sie drehn die Kiste um und heben den Toten wieder rein. (…)
Wie der Deckel drauf ist, bücken sie sich.
„Haaaaaau-ruck!", schrein die Totengräber.
„Maaaarsch!"
Der Pfarrer hinkt. (…)

An nem zermanschten Erdhaufen wartet ne Frau. Kenn ich; ist die Inspektorin…
„Hierher!", schreit sie.
Neben dem Erdhaufen ist n Loch. Neben dem Loch liegt n Strick. Daneben n Blechkranz mit ner Nummer drauf. Die Träger schwenken ein.
„Seeeeeeetzt-ab!", kommandieren die Totengräber.
Die Kiste rumpelt zur Erde. H. Gott ist drangeschrieben mit Kreide. Drunter n Datum; schon verwischt aber.
Der Pfarrer räuspert sich. (…).

M1

„Liebe Anwesende", sagt er.

„Hier", sagt der eine Totengräber, „fass mal n Strick an. Und jetzt drauf mit dem Ding."

Sie heben die Kiste an und stellen sie auf den Strick, der rechts und links mit je drei Schlaufen drunter vorsieht.

95 „Zuuuuu-gleich!", kommandieren die Totengräber.

Die Kiste schwenkt überm Loch.

Taghell machens die Azetylenlampen. Die Blechkreuze rings auf den flachen Hügeln sind nicht höher als Kohlköpfe. (…)

„Nachlassen", sagt der eine Totengräber; „langsam nachlassen."

100 Die Kiste senkt sich.

„Woran is er n gestorben?", frag ich.

Die Inspektorin gähnt. „Soll ich n das wissen." (…)

Der Pfarrer faltet die Hände.

„Na, ja." Der eine Totengräber spuckt aus und wickelt den Strick auf.

105 „Bisschen tiefer hättet ihr ruhig gehn können", sagt die Inspektorin.

Der Pfarrer hat fertig gebetet. Er hebt nen Lehmbatzen auf und wirft ihn ins Loch.

„Bumms", macht es. Auch ich bück mich.

„Bumms."

Der Kittelmann schubst seine Portion mit m Fuß rein.

110 „Bumms."

n Augenblick ist es still; man hört nur das Rattern und Stampfen der Maschinen aus der Stickstoff-Fabrik. Dann setzt die Musik wieder ein, lauter jetzt. (…)

„Fertig –?", fragt der Kittelmann.

115 „Fertig", sagt die Inspektorin. „Haut das Kreuz weit genug rein."

Der Pfarrer putzt sich die Hände ab. „Liebe Anwesende", sagt er.

„He!", schreit draußen der Kutscher.

„Ja doch!", brüllt der Kittelmann. Tippt an die Mütze: „n Abend allerseits." (…)

Die Totengräber fangen an zu schippen.

120 „Rumms", macht es; „rumms, rumms."

„fluchter Dreck", sagt der eine und tritt mit m Absatz Lehm vom Spaten.

„Geben se n heut im Odeon?", fragt der andere.

Der Pfarrer starrt die Rückwand von Waldemars Ballsälen an.

„Noch nich nachgesehn", sagt der erste Totengräber; „gleich mal vorbeigehn."

125 „Hü!", schreit der Kutscher draußen.

„n Abend", sag ich.

Der Pfarrer rührt sich nicht.

„n Abend", sagen die Totengräber.

s Friedhofstor quietscht, wie ichs zumach. Am Zaun ist n Zettel aufgespießt. Reiß ihn ab; Stück

130 Zeitungspapier. Inseratenteil, weich vom Regen. Links sucht die Patria-Bar n eleganten Kellner mit eigener Wäsche; rechts tauscht einer n Bettlaken gegen ne Bratpfanne ein. Dazwischen, schwarzer Rand, Traueranzeige:

Von keinem geliebt, von keinem gehasst, starb heute, nach langem, mit himmlischer Geduld ertragenem Leiden: Gott. (…)

135 s Friedhofstor quietscht. Ist der Pfarrer. Er hinkt.

Wolf-Dietrich Schnurre 1977

Aus einem Brief vom 8. Juni 1944 und vom 16. Juli 1944

Der Mensch hat gelernt, in allen wichtigen Fragen mit sich selbst fertig zu werden ohne Zuhilfenahme der „Arbeitshypothese: Gott". In wissenschaftlichen, künstlerischen und ethischen Fragen ist das eine Selbstverständlichkeit geworden, an die man kaum mehr zu rühren wagt; seit etwa 100 Jahren gilt das aber in zunehmendem Maße auch für die religiösen Fragen; es zeigt sich, dass alles auch ohne „Gott" geht, und zwar ebenso gut wie vorher. Ebenso wie auf wissenschaftlichem Gebiet wird im allgemein menschlichen Bereich „Gott" immer weiter aus dem Leben zurückgedrängt, er verliert an Boden.

(…) Die zum Bewusstsein ihrer selbst und ihrer Lebensgesetze gekommene Welt ist ihrer selbst in einer Weise sicher, dass uns das unheimlich wird. Fehlentwicklungen und Misserfolge vermögen die Welt an der Notwendigkeit ihres Weges und ihrer Entwicklung doch nicht irrezumachen; sie werden mit männlicher Nüchternheit in Kauf genommen, und selbst ein Ereignis wie dieser Krieg macht darin keine Ausnahme.

Gegen diese Selbstsicherheit ist nun die christliche Apologetik in verschiedenen Formen auf den Plan getreten. Man versucht, der mündig gewordenen Welt zu beweisen, dass sie ohne den Vormund „Gott" nicht leben könne. Wenn man auch in allen weltlichen Fragen schon kapituliert hat, so bleiben doch immer die so genannten „letzten Fragen" – Tod, Schuld –, auf die nur „Gott" eine Antwort geben kann und um derentwillen man Gott und die Kirche und den Pfarrer braucht. Wir leben also gewissermaßen von diesen so genannten letzten Fragen der Menschen. Wie aber, wenn sie eines Tages nicht mehr als solche da sind, bzw. wenn auch sie „ohne Gott" beantwortet werden? (…) Die Attacke der christlichen Apologetik auf die Mündigkeit der Welt halte ich erstens für sinnlos, zweitens für unvornehm, drittens für unchristlich. Sinnlos – weil sie mir wie der Versuch erscheint, einen zum Mann gewordenen Menschen in seine Pubertätszeit zurückzuversetzen, d.h. ihn von lauter Dingen abhängig zu machen, von denen er faktisch nicht mehr abhängig ist (…). Unvornehm – weil hier ein Ausnutzen der Schwäche eines Menschen zu ihm fremden, von ihm nicht frei bejahten Zwecken versucht wird. Unchristlich – weil Christus mit einer bestimmten Stufe der Religiosität des Menschen (…) verwechselt wird.

So führt uns unser Mündigwerden zu einer wahrhaften Erkenntnis unserer Lage vor Gott. Gott gibt uns zu wissen, dass wir leben müssen als solche, die mit dem Leben ohne Gott fertig werden. Der Gott, der mit uns ist, ist der Gott, der uns verlässt (Markus 15,34)! Der Gott, der uns in der Welt leben lässt ohne die Arbeitshypothese Gott, ist der Gott, vor dem wir dauernd stehen. Vor und mit Gott leben wir ohne Gott. Gott lässt sich herausdrängen ans Kreuz, Gott ist ohnmächtig und schwach in der Welt und gerade und nur so ist er bei uns und hilft uns. Es ist (Matth. 8,17) ganz deutlich, dass Christus nicht hilft kraft seiner Allmacht, sondern kraft seiner Schwachheit, seines Leidens!

Hier liegt der entscheidende Unterschied zu allen Religionen. Die Religiosität des Menschen weist ihn in seiner Not an die Macht Gottes in der Welt, Gott ist der deus ex machina. Die Bibel weist den Menschen an die Ohnmacht und das Leiden Gottes; nur der leidende Gott kann helfen. Insofern kann man sagen, dass die beschriebene Entwicklung zur Mündigkeit der Welt, durch die mit einer falschen Gottesvorstellung aufgeräumt wird, den Blick frei macht für den Gott der Bibel, der durch seine Ohnmacht in der Welt Macht und Raum gewinnt.

Dietrich Bonhoeffer 1944
© Chr. Kaiser/Gütersloher Verlagshaus GmbH, Gütersloh

M3 Vom Ende des Theismus

Ich gehe vom Ende des Theismus aus. Die Vorstellung eines höchsten Wesens an der Spitze der Pyramide des Seins, das alle Ordnungen ins Dasein gesetzt hat und sie erhält, ist nicht mehr denkmöglich. Gott „ist" nicht, wie der Himalaja ist, ein feststellbares, erforschbares Objekt, das zum Beispiel fotografiert werden kann. Anders gesagt, der Theismus als die selbstverständliche Annahme Gottes ist unfähig, die Erfahrungen mit Gott, die auch heute gemacht werden, zu kommunizieren. (…)

In Wirklichkeit sind Atheismus und Theismus gleich weit von einem das Leben bestimmenden, existenziellen Glauben entfernt. (…) Für die lebendige Beziehung auf den Grund des Lebens und auf sein Ziel, auf das Woher und das Wohin, auf Schöpfung und Erlösung bedeuten beide gleich wenig. Das Ende des Theismus oder den Tod des theistischen Gottes sehe ich daher als Chance an, endlich konkret, auf die Lebenspraxis bezogen, von Gott zu reden. Das bedeutet, Gott zu bezeugen in einer vom Tod beherrschten und auf den Tod hin orientierten Welt. (…)

Die entstehende Naturwissenschaft emanzipiert sich von aller Offenbarung und Gottesspekulation. Aber auch die Theologie ihrerseits löst sich langsam aus der Vorherrschaft des aristotelischen Denkens und erkennt, dass der Gott Abrahams und Sarahs ein anderer ist als der der Philosophen. Der biblische Gott ist nicht unveränderlich, er bereut sogar, was er zuvor getan hat (Gen 8,21). Die in der klassischen Theologie entwickelten Symbole der Absolutheit, nämlich Allwissenheit, Allgegenwart und Allmacht Gottes, können das, was die biblische Erfahrung von Menschen mit Gott meint, nicht wirklich, nicht realitätsnah ausdrücken. Sie verleihen dem Begriff Gott ein äußerstes Maß an Transzendenz, das der religiösen Erfahrung widerspricht. Diese Ober-Transzendenz oder absolute, unbezogene Transzendenz lässt die Erde gottlos zurück. Geist und Materie stehen sich dualistisch unversöhnt gegenüber, und jene mittlere Ebene religiöser Erfahrung, die wir Transzendenz-in-Immanenz nennen können, wird verschwiegen und bleibt sprachlos.

Die früheste christliche Theologie hat versucht, den Glauben mit Hilfe der griechischen philosophischen Tradition auszudrücken. Sie hat die biblische Frömmigkeit mit dem theistischen Weltbild der hierarchisch-patriarchalen Pyramide mit Gott-Vater an der Spitze verbunden, und zwar so eng, dass beim Zusammenbruch dieses Weltbildes auch die biblische Erfahrung schwand; sie wurde zunächst für eine Minderheit von Aufgeklärten, heute für die Mehrheit der Bevölkerung in den industrialisierten Ländern unverständlich und unglaubwürdig. Die Schwierigkeit der selbstverständlichen, sozusagen naiven Annahme Gottes, also das Ende des Theismus, hat dann dazu geführt, dass heute im Mittelpunkt des Nachdenkens über Gott eine ganz andere Ebene der Reflexion erreicht ist, die nicht mehr an Beweisen für die Existenz Gottes interessiert ist; es ist die Ebene der Sprachphilosophie, des möglichen, sinnvollen Sprechens über Gott.

Wie können wir sinnvoll und verstehbar über Gott reden, wenn die theistische Selbstverständlichkeit nicht mehr gegeben ist? Wie wird das Wort „Gott" überhaupt verwandt? Welche Bilder für Gott gebrauchen wir? Welche Gottessprache ist angemessen, das heißt verständlich?

Dorothee Sölle 1990

Von der Stellvertretung Gottes

Wir sind also nicht mehr die triumphierenden Atheisten der ersten Generation, wir ziehen nicht mehr gegen die Religion zu Felde als gegen Pfaffenbetrug und Aberglauben. Im Gegenteil, wir wissen – oder ahnen wenigstens, wie viel Halt und Sinngebung den Menschen früherer Zeiten aus dem Gottesgedanken zukam, gerade deshalb, weil er eine allgemeine Selbstverständlichkeit war, die dem Einzelnen als Sitte und geltende Überlieferung zur Lebensorientierung diente und ihm für die Stunde der eigenen Bedürftigkeit zur Aktualisierung im Glauben bereit stand. Aber wir sind nicht mehr so dran. Das Zusammenwirken von wissenschaftlicher Welterhellung und schauerlichen Erlebnissen, von Aufklärung und Erfahrung hat uns den Ausblick auf eine allmächtige, allgütige und allweise Weltregierung und die Hoffnung auf ein Eingreifen aus dem Jenseits verbaut. Wir finden uns vor: allein gelassen und auf uns selbst geworfen in einer gottlosen Welt. Was uns unterscheidet von den früheren Atheisten mit ihrer triumphierenden Selbstgewissheit, ist die Erkenntnis, dass unsere Situation nicht die des Reichtums, sondern des Mangels ist. Wir sehen, dass frühere Menschen in der Religion Erfüllung von Bedürfnissen und Antwort auf Fragen fanden, die untrennbar zum menschlichen Leben gehören. Deshalb bekämpfen wir die Religion nicht mehr, sondern fragen, ob wir aus den alten Botschaften nicht noch etwas für uns heute gewinnen können (…)

Als solche Menschen hören wir neben den anderen alten und neuen Botschaften auch die christliche – und sind betroffen von dem, was dort von Jesus von Nazareth berichtet und wie dort von Jesus gesprochen wird (…), weil hier nicht von Göttern oder Gott oberhalb und außerhalb unseres Lebens gesprochen wird, von Bildern jenseitiger Macht und Herrlichkeit, die allzu durchsichtig Projektionen unserer eigenen Wünsche sind, sondern weil hier unbeschönigt die Not und Armut unseres Menschenwesens aufgedeckt ist und bleibt und das Wort „Gott" gerade auf sie bezogen wird, weil hier zum ersten Mal in der inneren Geschichte der Menschheit Gott und Leiden zusammengebracht, zusammenerlebt sind. Damit wird uns Hoffnung gemacht – (…)

Wir merken daran, dass diese Botschaft etwas Wichtiges für uns enthält; wir beginnen, es für möglich zu halten, dass dieser Mensch Jesus nicht nur irgendeine seltsame und sympathische Gestalt ferner Vergangenheit ist, sondern eine überzeitliche Bedeutung haben könnte, also auch eine Bedeutung für uns. Was aber diese Bedeutung sei, müssen wir selbst Schritt für Schritt erst entdecken. Wir können dafür nicht die großen Lehrgebäude der Überlieferung übernehmen. Sie sind Häuser des Reichtums, erbaut von Menschen, die nicht in einer gottlosen, sondern in einer gotterfüllten Welt lebten, die noch einen direkten Zugang zum Jenseitigen hatten (…) Aus diesem Reichtum der Unmittelbarkeit und der Selbstverständlichkeit Gottes sind wir herausgefallen und müssen unserer Lage treu bleiben, also auch unserer Armut. Deshalb können wir unser Verständnis des christlichen Glaubens nur aus seinen einfachsten Elementen wieder aufbauen und müssen die Überlieferung erst auf diese einfachsten Elemente zurückführen. Diese einfachsten Elemente aber sind jene Aussagen über Jesus, in denen er zu den persönlichsten Bedürfnissen unseres Lebens in Beziehung tritt, – und zwar gerade zu denjenigen Bedürfnissen, die wir nicht durch unsere Produktion, nicht durch Welterkenntnis und durch technischen Fortschritt befriedigen können, ja die vielmehr gerade in unserer Welt besonders nackt an den Tag treten. Das zentralste dieser Bedürfnisse in unserer arbeitsteiligen Massengesellschaft, in der jeder Durchschnittsmensch täglich seine Überflüssigkeit und seine Ersetzbarkeit erfährt, ist: wirklich so unersetzlich zu sein, wie er in den seltenen Situationen des Liebens und Geliebtwerdens zu sein meint. Dafür stand dem Menschen früherer Zeiten Gott und der Ausblick auf das jenseitige Leben bei Gott ein.

M4

Wir beginnen zu ahnen, dass die Gestalt Jesus über die Zeiten hinweg die Verheißung solcher Unersetzlichkeit ist, gerade in ihrer Menschlichkeit, in ihrer innerweltlichen Erfolglosigkeit, in ihrem qualvollen, einsamen Sterben. Wir können diese Ahnung nicht, wie früher, zu einer Gesamttheorie ausbauen; wir können von hier aus nicht positive Aussagen über Gott, Jenseits und Ewigkeit machen. Wir können aber die Gestalt Jesus auch nicht dem großen Massengrab der Vergangenheit überweisen. Sie hat Bedeutung für uns als Verheißung und als Anweisung: als Verheißung, dass es doch auch ein liebendes Eintreten für uns gibt, durch das wir Unersetzlichkeit empfangen, – und als Anweisung, unseren Mitmenschen gleiches liebendes Eintreten für sie zu gewähren und damit die gesuchte Weise sinnvollen Lebens zu finden. Das ist unsere bescheidene Theologie und Christologie, eine kleine Hütte im Vergleich zu den großen Häusern der Vergangenheit, aber doch eine Hütte, in der man leben kann. Oder (wenn dieses Bild schon als Verführung zu Flucht in uns nicht zustehende Behaustheit erscheint): nicht eine umfassende Beschreibung der Welt vom Standort Gottes aus, wie die dickleibigen Dogmatiken der Vergangenheit, sondern eine schmale Wegweisung, ein kleiner, dünner Lichtstrahl, aber immerhin so viel, dass wir nicht ganz im Dunkeln unseren Weg weitertasten müssen.

Helmut Gollwitzer 1968
© Chr. Kaiser/Gütersloher Verlagshaus GmbH, Gütersloh

M5

Von Gott schweigen

Eigentlich wäre von Gott nur zu schweigen – solange Theologie so tut, als wäre nichts Böses geschehen, wofür auch sie verantwortlich wäre; solange sich das nicht ändert, bleibt sie eine von allen guten Geistern und auch gottverlassene Theologie. (...)

Zu schweigen wäre wegen der Nacht von Auschwitz, die nach wie vor über allem Leben liegt. (...)
Zu schweigen wäre von Gott, weil man nicht von ihm reden kann.

Wir reden dennoch von ihm, weil uns das Wort jüdischer Verzweiflung einleuchtet, dass wir nicht Hitler noch nachträglich Recht geben sollten, indem wir von Gott schweigen.

Friedrich-Wilhelm Marquardt 1997
© Chr. Kaiser/Gütersloher Verlagshaus GmbH, Gütersloh

VI. Von Beweisen, Fragen und (An-)Klagen

Theologisch-didaktische Aspekte

Für eine „Kurzfassung" der Themen Gottesbeweise und Religionskritik verweisen wir auf die entsprechenden Kapitel von Dietrich Schwanitz: Bildung (allerdings sehr populär, manchmal populistisch formuliert) und Peter Kliemann: Glauben ist menschlich (eine hervorragende Abitur-Vorbereitung!).

Das Bedürfnis, Gott rational zu begründen, soll an historischen Beispielen deutlich werden. Dabei wird erkennbar, dass es eine voraussetzungsfreie Argumentation im Zusammenhang mit Gott nicht geben kann. Der Wunsch nach Eindeutigkeit – auch in Beziehung auf Gott – muss relativiert werden. Es kann keinen Beweis im Sinne einer naturwissenschaftlichen Beweisführung für „Gott" geben, die auch für Nicht-Glaubende zwingend ist.

Zugleich wird die Vorstellung zurückgewiesen, dass „Glaube" nur eine Vorform von „Wissen" sei.

Die Positionen philosophischer Religionskritik sollen auf ihr Potenzial für heutiges religiöses Denken befragt werden. Die Positionen werden in Beziehung gesetzt zu biblischen Gottesbildern und so – auch – als Kritik an einem Missbrauch von Religion und „Gott" erkennbar.

Intentionen

Im Vordergrund dieser Unterrichtseinheit steht die Stärkung der Sachkompetenz. Historische Positionen sollen erarbeitet und bewertet werden. Dazu bedarf es auch methodischer Fertigkeiten im Umgang mit Quellentexten und im Vergleich philosophischer und theologischer Argumentationsweisen.

Es geht darum herauszufinden, wogegen sich die jeweilige Kritik richtet: Gegen Religion als menschliche Erfahrungssphäre, gegen den religiösen Betrieb oder gegen ein bestimmtes Gottesbild. Die Kritik soll auf ihre Berechtigung geprüft, zu Recht Kritisiertes konkretisiert und mit eigenen Erfahrungen korreliert werden, unberechtigte Kritik soll qualifiziert zurückgewiesen werden.

In der Bewertung der Positionen müssen Begriffe wie „Atheismus" und „Religionskritik" geklärt und abgegrenzt werden.

Die Analyse eines Textes aus einem nicht-religiösen Kontext erfordert neben Sachwissen vor allem Methodenkompetenz. Dazu gehört auch der Umgang mit Definitionen.

Literatur und Medien

Barth, Hans-Martin: Dogmatik. Evangelischer Glaube im Kontext der Weltreligionen, Gütersloh: Gütersloher Verlagshaus, 2002

Bloch, Ernst: Atheismus im Christentum, Frankfurt a.M.: Suhrkamp Verlag 1968

Bloch, Ernst: Das Prinzip Hoffnung, Frankfurt a.M.: Suhrkamp Verlag 1959

Bockmühl, Klaus: Die Argumente für die Existenz Gottes. Eine Wiedererwägung ihres Zweckes, in: ders.: Denken im Horizont der Wirklichkeit Gottes. Schriften zur Dogmatik und Theologiegeschichte, hg.v. Rainer Mayer, Gießen: Brunnen 1999 (Bockmühl Werkausgabe 2.1), S. 91-104

Buber, Martin: Die Erzählungen der Chassidim, Zürich: Manesse Verlag 1949

Casalis, Georges: Die richtigen Ideen fallen nicht vom Himmel. Grundlagen einer induktiven Theologie, Stuttgart: Kohlhammer Verlag 1977

Eitz, Andreas: Nietzsche…?! Da musst du durch! Anlässlich seines 100. Todestages (25.08.2000): Bausteine für einen Kurs in der Oberstufe, in: forum religion 3/2000, S. 33-39

Fastenrath, Heinz: Abiturwissen Religion: Religionskritik, Stuttgart: Klett Lerntraining 2000 (5. Aufl.)

Feuerbach, Ludwig: Das Wesen der Religion (1845), hg.v. Albert Esser, Köln: Hegener Bücherei 1967

Fromm, Erich: Das Christusdogma, München: Szczesny-Verlag 1965

Herbst, Michael: Das Kreuz in der evangelistischen Verkündigung, in: ThBeitr 34./2003, S. 197-213

Kakuschke, Barbara und Reimar; Wischmann, Günter; Trutwin, Werner (bearbeitet): Gespräch mit dem Atheismus, Göttingen: Vandenhoeck & Ruprecht 1970

Kliemann, Peter: Glauben ist menschlich, Stuttgart: Calwer Verlag 1999 (9. Aufl.)

Küsters, Matthias: Gottesbeweise über den Wolken und anderswo, in: Religion: betrifft uns, Aachen 2002 (Nr. 2)

Löw, Reinhard: Die neuen Gottesbeweise, Augsburg: Pattloch 1994

Marx, Karl, Engels, Friedrich: Studienausgabe in 4 Bänden, hg.v. Iring Fetscher, Frankfurt 1966 (Fischerbücherei; 764)

Nietzsche, Friedrich: Die fröhliche Wissenschaft (1882). Nietzsche-Werke in zwei Bänden, hg.v. Gerhard Stenzel, Salzburg: Bergland Verlag o.J. (Bd. 2)

Schwanitz, Dietrich: Bildung. Alles, was man wissen muss, Frankfurt: Eichborn Verlag 1999

Slenczka, Reinhard: Gottesbeweise. Eine theo-logische Studie, in: ders.: Neues und Altes. Bd. 1: Aufsätze zu dogmatischen Themen, hg.v. Herzog, Albrecht Immanuel, Neuendettelsau: Freimund Verlag 2000, S. 69-96

Weischedel, Wilhelm: Die philosophische Hintertreppe. 34 große Philosophen im Alltag und Denken, München: Nymphenburger 2002 (23. Aufl.)

Wohlgemut, Joseph; Niehl, Franz W.: Die Wette, in: Neumüller, Gebhard; Niehl, Franz Wendel: Gott und Gottesbilder, München: Kösel; Frankfurt a.M.: Diesterweg 1977 (Konzepte; 2)

Unterrichtsimpulse, Verlaufsvorschläge und Projektideen

1. Gottes-Beweise als Gottes-Vorstellungen

Die Sch präsentieren vorbereitete Referate:

Anselm von Canterbury (siehe hierzu die Ausführungen von Herbst, Michael).

Aufgaben:

- Erkunden Sie, wer Anselm von Canterbury war.
- Vollziehen Sie seine Beweisführung in wenigen Sätzen nach.
- Welche nicht mehr hinterfragbaren Voraussetzungen macht Anselm in seiner Beweisführung?
- Wen wird diese Argumentation überzeugen? Wen nicht?

Thomas von Aquin

Aufgaben:

- Erkunden Sie, wer Thomas von Aquin war.
- Stellen Sie die logische Struktur seiner Argumentation dar.
- Führen Sie den zweiten und fünften „Beweisgang" selbstständig durch.
- Beschreiben Sie Ihre Gefühle, wenn die Argumentation gelungen ist.
- Welche Denkvoraussetzungen macht Thomas?
- Wen überzeugt diese Art der Argumentation? Wen nicht? Finden Sie Gegenargumente.

Immanuel Kant

Aufgaben:

- Stellen Sie kurz bzw. überblicksartig dar, wer Immanuel Kant war.
- Geben Sie Kants Argumentation in wenigen Sätzen wieder.
- Welche Voraussetzungen macht Kant in seiner Argumentation?
- Wen kann Kant wovon überzeugen?

2. Naturwissenschaftlich-mathematisches Verständnis von „Beweis"

Aufgaben:

- Geben Sie Inhalt und Position von Peter Kliemann in seinem Text „Wie Naturwissenschaftler arbeiten" (in ders.: Glauben ist menschlich, S. 50–53) wieder.
- Was bedeuten diese Überlegungen für die Frage nach Gott und der Beweisbarkeit Gottes?

Im Gespräch werden die jeweiligen Denk-Voraussetzungen benannt. Die unterschiedlichen Ansätze werden zusammengestellt und verglichen. Dabei wird deutlich, dass die Absicht der frühen „Gottesbeweise" ursprünglich nicht war, Ungläubige von der Existenz Gottes zu überzeugen. Die Annahme einer göttlichen Macht war bis in die Neuzeit selbstverständliche Denk- und Lebensvoraussetzung. Die Gottesbeweise setzten die existenzielle Erfahrung Gottes voraus und versuchten, Dasein und Wesen Gottes methodisch und rational einsichtig zu machen.

Verschiedene Typen von Gotteserkenntnissen können erörtert werden:

Kosmologisch	In dieser Welt ist eine Ordnung (ein Kosmos) zu entdecken. Das verweist auf eine ordnende Erschaffung aller Dinge und Wesen. Der Kosmos selbst ist Beweis für die Existenz eines Schöpfers.
Teleologisch	In der Welt und im Leben der Menschen sind „Sinn und Ziel" („telos") zu erkennen. Diese weisen über sich selbst hinaus auf ein höheres planendes Wesen.
Ontologisch	Da der Mensch „Gott" denken kann, muss es nach den Regeln der Ontologie (der Lehre vom Sein) ein göttliches Seiendes geben.
Moralisch	Jede menschliche Gemeinschaft hat Regeln und Gebote, nach denen sie überhaupt bestehen kann. Die Regeln der verschiedenen Völker stimmen auffallend überein. Das ist ohne die Annahme eines obersten Garanten der Weltmoral nicht erklärlich.
Mystisch	Visionen erleuchteter Menschen und Zwiesprachen empfänglicher Seelen mit Gott erweisen Gott als existent (z.B. Hildegard von Bingen).

(Siehe: Büchner, Frauke u.a.: Perspektiven Religion, Göttingen, 2000, S. 72)

In Kleingruppen oder Einzelarbeit werden unterschiedliche Positionen erarbeitet und vorgestellt, die der Frage nach der Eindeutigkeit und Beweisbarkeit Gottes nachgehen.

Aufgabe in allen Gruppen ist, die Position in wenigen Thesen zu formulieren und Stellung zu beziehen zu dem Versuch, mit der Unverfügbarkeit Gottes zurecht zu kommen.

1. Die Wette – nach Blaise Pascal (**M1**)
2. Martin Luther (Text in: Büchner, Frauke u.a.: Perspektiven Religion, Göttingen 2000, S. 74)
3. Martin Buber: Vielleicht (Text in ders.: Die Erzählungen der Chassidim, Zürich 1947, S. 363f., zitiert in: Bubolz, Georg; Tietz, Ursula: Akzente Religion 4: Spuren Gottes – Vom Unbedingten reden, Düsseldorf 1998, S. 54)
4. Hans-Martin Barth: Relativierung westlich-christlicher Zugänge zur Gottesfrage (**M2**)
5. Fragen Sie Menschen, die an Gott glauben, wieso sie sich ihres Glaubens sicher sein können. Zeichnen Sie das Gespräch auf und spielen Sie die Aufnahme der Gruppe vor.

Aufgaben zur Auswertung und Zusammenfassung

- Stellen Sie sich vor, ein/e Mitschüler/in wirft Ihnen vor, dass das „alles nicht beweisbar" sei, was Sie im Religionsunterricht verhandeln. Antworten Sie ihr/ihm!
- Diskutieren Sie per Schreibgespräch zu der Aussage von Ludwig Wittgenstein: „Ein Gottesbeweis sollte eigentlich etwas sein, wodurch man sich von der Existenz Gottes überzeugen kann. Aber ich denke mir, dass die Gläubigen, die solche Beweise lieferten, ihren ‚Glauben' mit ihrem Verstand analysieren und begründen wollen, obwohl sie selbst durch solche Beweise nie zum Glauben gekommen wären."

Zum Abschluss erzählt L, wie das Volk Gottes in der Wüste mit dem Bedürfnis umging, einen eindeutigen, sichtbaren, beweis- und handhabbaren Gott zu haben. Ex 32: Das Goldene Kalb (frei nach **M3**).

3. Philosophische Religionskritik

Die Sch werden mit der Parabel vom Gärtner, den es gar nicht gibt (**M4**), in die Fragestellung eingeführt: Wie unterscheidet sich theistisches von atheistischem Denken? Dabei sind Begriffe in einem L-Vortrag oder als Recherche-Aufgabe für die Sch zu klären und abzugrenzen: Atheismus; Theismus; Religionskritik; Agnostizismus; Nihilismus. In einer Einleitung kann deutlich werden, dass erst durch Aufklärung und Säkularisierung der mitteleuropäischen Gesellschaft „Atheismus" denkbar wurde. Die Entwicklung der Naturwissenschaften erzwang – nachdem sie sich von sog. kirchlicher Bevormundung befreit hatte – ein Denken und Forschen ohne Gott bzw. „als gäbe es Gott nicht". Bisherige theologische Denkmuster erwiesen sich in veränderten sozialen Verhältnissen als unbefriedigend, die Kirche hatte auf neue soziale Fragen keine überzeugenden Antworten. Die Sch bilden Gruppen, die sich mit jeweils einer religionskritischen Position beschäftigen:

- Ludwig Feuerbach
- Karl Marx
- Friedrich Nietzsche (siehe hierzu v.a. die Unterrichtsimpulse von Eitz, Andreas)
- Ernst Bloch
- (mögliche Erweiterungen: Sartre, Camus, Amery)

Aufgaben für alle Arbeitsgruppen:
Darstellung einer Position. Dazu gehört jeweils

- Biographie des jeweiligen Philosophen
- Einordnung dieser Position in zeitgenössische Entwicklungen, auch der Kirchen
- Einen zentralen Text bearbeiten mit der Frage nach dem kritischen Potential für heute
- Beurteilung aus eigener Perspektive bzw. aus christlicher Sicht

Besondere Aufgaben

- für die Gruppe Karl Marx
  - Beziehen Sie die entsprechende Szene aus dem „Gottesbilderladen" (welche Szene ist das?) auf die Religionskritik Karl Marx.
  - Was würde nach der Theorie von Karl Marx die Religion zum Verschwinden bringen?
- für die Gruppe Ludwig Feuerbach:
  - Entwerfen Sie eine Szene im Sinne Feuerbachs für den Gottesbilderladen.
- für Gruppe Nietzsche:
  - Wie „fröhlich" ist die Wissenschaft, für die Nietzsche plädiert?
- für die Präsentation im Kurs
  - Darstellung der bearbeiteten Position/des historischen Kontextes auf einer DIN-A4-Seite;
  - Thesenpapier für eine Diskussion im Kurs;
  - Reflexion des Gruppenprozesses.

Während der Referate werden Protokolle geschrieben, die aber vor ihrer Veröffentlichung in der Klasse von L korrigiert werden.

Zusammenfassende Auswertung der Gruppenpräsentationen:

In Gruppen wird eine „Podiumsdiskussion" zwischen Feuerbach, Marx, Nietzsche, Bloch und einem Vertreter der biblischen Mose-Bücher vorbereitet. Neben diesen Rollen wird die einer moderierenden Person besetzt. In Absprache mit den verschiedenen Gruppen wird von der Moderatorin eine „Tagesordnung" festgelegt, um das Gespräch strukturieren zu können.

4. Sozialpsychologische Religionskritik

Ein/e oder zwei Sch halten ein vorbereitetes Referat über den Text von Erich Fromm (siehe Textauszug in Kakuschke, Barbara u.a.: Gespräch mit dem Atheismus, Göttingen: Vandenhoeck & Ruprecht 1970, S. 22f.). Der ausgewählte Text erscheint uns leichter zugänglich als viele Freud-Texte, die nach vielen Lehrplänen vorgeschlagen sind.

Aufgaben für das Referat:

- Erich Fromms Biographie und Zeitgeschichte
- Hauptthesen seines Gesamtwerks, Beziehung zu Freud
- Präsentation des Textes, wobei Leitfragen und Aufgaben sind:
- Wogegen richtet sich Fromms Kritik?
- Prüfen Sie die Stichhaltigkeit der Position Erich Fromms. Finden Sie Gegenargumente?
- Welche biblischen Gottesbilder könnten in Fromms Sinne gedeutet oder genutzt werden? Welche widersprechen seiner Position?
- Bewerten Sie die Position Fromms.
- Wenn Fromm Recht hat, was bedeutet das für unseren Umgang mit Gottesbildern?
- Ist die Position Fromms atheistisch? Definieren Sie, was Atheismus ist.

Das auswertende Gespräch über die Position Erich Fromms hat zu klären, ob es sich hier um eine a-theistische Position handelt oder um eine religionskritische. Wie ist Kritik positiv aufzugreifen? Wäre auch eine kirchen- und religionsinterne Kritik mit ähnlicher Tendenz denkbar? (siehe oben unter Praktischer Atheismus)

Die Wette – nach Blaise Pascal (1623–1662) | M1

A: Ob es Gott gibt oder nicht, kann man nicht sicher entscheiden. Stimmst du dem zu?
B: Ich stimme zu.
A: Also können wir die Frage auf sich beruhen lassen.
B: Nein, ich glaube trotzdem an Gott.
A: Aber kannst du an etwas glauben, was du nicht beweisen kannst? Ich glaube nämlich, dass es keinen Gott gibt.
B: Aber wie kannst du das glauben, wenn du es auch nicht beweisen kannst?

A: So kommen wir nicht weiter. Ich habe ja gleich gesagt, dass man die Frage nicht entscheiden kann.
B: Ich bin einverstanden. Deshalb schlage ich dir ein anderes Verfahren vor. Wir wollen wetten.
A: Wieso wetten?
B: Nun, ein Spiel –, aber ein Spiel mit Folgen, ein Spiel am Abgrund! – Ich wette, dass es einen Gott gibt.
A: Gut, ich wette also, dass es keinen Gott gibt! Und was bekomme ich, wenn ich gewinne?
B: Nichts!
A: Nichts?
B: Ja, wenn du nämlich gewinnst, hast du zwar Recht: Es gibt dann keinen Gott. Aber im Grunde hast du verloren! Und ich habe auch verloren. Wenn es keinen Gott gibt, ist unser Leben sinnlos und leer.
A: Und wenn du gewinnst?
B: Nun, dann habe ich doppelten Gewinn: Ich habe Recht behalten: Es gibt einen Gott! Damit gibt es zugleich Glück und Zukunft für den Menschen – auch für mich. Für dich aber auch. Du hast also mit mir gewonnen.
A: Das sehe ich ein. Aber wir sind noch nicht weitergekommen. Ob es Gott wirklich gibt, ist genauso ungewiss wie vorher.

B: Ja und nein. Es ist doch immerhin klar geworden, dass du dich entscheiden musst und dass die Entscheidung Folgen hat.
A: Und du meinst, deshalb schon sollte ich mich für den Glauben an Gott entscheiden?
B: Ja sicher. Bedenke doch: Du musst zwischen zwei Antworten wählen, die sich ausschließen, die aber mit gleicher Wahrscheinlichkeit richtig sind. Eine Antwort hat gute Folgen, die andere schreckliche. Wie kannst du da noch zögern?
A: Aber, wenn ich mich dabei irre?
B: Dann hast du nichts verloren. Du hast eine Illusion geglaubt, gewiss. Aber im anderen Fall hättest du das Nichts gewählt, das kann dich auch nicht glücklich machen.
A: Du meinst also, ich muss eigentlich an Gott glauben.
B: Nein, du musst nicht. Aber es ist deine einzige Chance.

Gebhard Neumüller, Franz W. Niehl 1997

M2 Relativierung

Angesichts der in den nichtchristlichen Religionen zutage tretenden Ganzheitlichkeit der Gottesbegegnung relativieren sich die Zugänge zur Gotteserkenntnis, wie sie von der traditionellen christlichen Theologie gesehen und empfohlen werden. Man denke nur an die Mühe, die sich die christliche Theologie und eine ihr sekundierende (oder auch widersprechende) Philosophie um das Problem des „Gottesbeweises" gemacht haben. Es ist offensichtlich eine Vereinseitigung und zugleich eine unsachgemäße Reduktion, „Gott" primär als ein Objekt des Denkens, als ein Problem der Ratio, abschätzig formuliert: als Denksportaufgabe zu begreifen. Die Denkleistung der abendländischen Theologie soll gewiss nicht gering geachtet werden, aber es ist nötig, sich bewusst zu machen, dass sie, global betrachtet, einen partikularen Ansatz darstellt und dass sie in ihrer Einseitigkeit auf einen Holzweg geführt hat. Der Versuch, Gott primär rational zu erfassen oder gar seine Existenz zu „beweisen", hat in gewisser Weise der These vom Tod Gottes und dem Atheismus die Bahn bereitet. Bemühungen, nach erfolgtem „Beweis" zu klären, wie sich denn Glaube und Vernunft oder Glaube und Erfahrung zueinander verhalten, konnte den nötigen Ausgleich nicht schaffen. So wurde die „Sache mit Gott" schließlich zu einem nicht endenden „Gespräch über Gott" – so die charakteristischen Titel zweier von Heinz Zahrnt vorgelegter Publikationen; schließlich folgten dann noch „Mutmaßungen über Gott". Die Geschichte der Theologie löst sich auf in eine Geschichte von einander folgenden oder widersprechenden Meinungen über Gott, ein Selbstläufer, der schließlich nur noch Historiker, Ästheten und formale Logiker zu interessieren droht. Der Kandidat/die Kandidatin der Theologie aber hat darüber Auskunft zu geben, welcher Theologe mit welchen Argumenten was wann wozu sagt. Für die wahrhaftige, existenzielle, erschütternde oder befreiende Gottesbegegnung bleibt all dies weitestgehend ohne Belang – im Blick sowohl auf den dozierenden Theologen als auch auf die kleiner werdende Schar seiner Zuhörer und Zuhörerinnen.

Hans-Martin Barth 2002
© Chr. Kaiser/Gütersloher Verlagshaus GmbH, Gütersloh

Das Goldene Kalb

Der Weg in die Freiheit ist lang. Jetzt lagern sie hier am Fuß des Heiligen Berges und warten. Warten darauf, dass Mose zurückkommt. Dass er Weisung bringt von Gott. Von diesem Gott, den offenbar nur Mose sieht und hört und den sie sich so gar nicht vorstellen können.

Es ist schwer, den Glauben an einen Gott zu bewahren, der nicht sichtbar ist, der sich verbirgt in Wolkensäulen und im Nebel.

Es ist schon lange her, dass Mose in diesem Nebel um den Berggipfel verschwunden ist, um mit Gott zu reden. Vielleicht ist Mose in eine Felsspalte gefallen und sie warten vergeblich. Wenn sie doch einen Gott hätten wie die anderen Völker, einen sichtbaren, einen eindeutigen. So wie die Ägypter, vor denen sie geflohen sind, oder wie die Sippen und Stämme, denen sie auf ihrem Weg begegnet sind. Sichtbare Götter, da weiß man, was man hat. Sie würden es sich auch etwas kosten lassen. „Aaron, wir wollen einen Gott, den man sehen kann, nicht so einen verborgenen Gott im Nebel." Allen Goldschmuck sammeln sie von ihren Frauen ein, aber die Frauen sind einverstanden, wenn sie dafür einen Gott bekommen, auf den sie sich verlassen können. Die besten Handwerker und Goldschmiede machen sich daran: „Macht uns einen ansehnlichen Gott, mit dem wir bestehen vor unseren Nachbarn."

Es wird ein Stier – Bild für männliche Stärke und Fruchtbarkeit – nein, nicht nur Bild: Dieser Stier *ist* Stärke und Fruchtbarkeit. Wenn sie ihn anbeten, werden sie Teil haben an seiner Macht und Stärke. Endlich haben sie, was sie brauchen. Und sie feiern ein ausgelassenes und lautes Fest für ihren neuen Gott.

Und Mose? Als er zurückkommt von seinem Gott, sieht er sie feiern und um das goldene Kalb tanzen. Mose ist wütend, dass sein Volk es nicht begreift. Was soll er denn noch tun und ihnen sagen, dass sie es endlich begreifen: Ihr Gott ist der „Ich bin bei euch". Haben sie es denn nicht erlebt in der Wüste, dass Gott sie geschützt hat am Schilfmeer, dass er sie versorgt hat mit Wasser mitten in der Wüste, dass er Nahrung vom Himmel regnen ließ, damit sie es nur merken: „Ich bin bei euch"? Sie begreifen es nicht. Und im Zorn nimmt Mose das goldene Stierbild, zertrümmert es, zermalmt das Gold, rührt den Goldstaub in Wasser und lässt es die Israeliten trinken: „Da seht ihr, was übrig bleibt von der *göttlichen* Stärke und Macht. Unser Gott braucht keine goldenen Bilder, er will nicht, dass ihr Macht und Stärke und Reichtum anbetet. Zu ihm sollt ihr gehören. Und alles, was zählt, ist dies: Ich bin bei euch, das ist sein Name.

Hanne Leewe 2004

M4 Parabel vom Gärtner, den es gar nicht gibt

Es waren einmal zwei Forschungsreisende, die zu einer Lichtung im Urwald kamen. Dort blühten allerlei Blumen und allerlei Unkraut. Der eine Forscher sagt: „Es muss einen Gärtner geben, der dieses Stück Land bearbeitet." Der andere stimmt ihm nicht zu: „Es gibt keinen Gärtner." Sie bauen also ihre Zelte auf und halten Wacht. Aber einen Gärtner bekommen sie nicht zu sehen. „Vielleicht ist der Gärtner unsichtbar!" Sie errichten einen Zaun aus Stacheldraht. Sie setzen ihn unter Strom. Sie patrouillieren mit Bluthunden. Aber kein Schrei weist je darauf hin, dass ein Eindringling einen elektrischen Schlag bekommen hat, keine Bewegung des Stacheldrahtes verrät je einen unsichtbaren Kletterer. Nie schlagen die Bluthunde an. Doch der Gläubige ist noch nicht überzeugt. „Und doch gibt es einen Gärtner; er ist unempfindlich gegenüber elektrischen Schlägen; Hunde können ihn nicht riechen und er macht keinen Lärm; aber im Verborgenen kommt er, den Garten zu versorgen, den er liebt." Der Skeptiker verzweifelt zum Schluss. „Aber was bleibt denn noch übrig von dem, was du zuerst gesagt hast? Worin unterscheidet sich das, was du einen unsichtbaren, ungreifbaren und ewig entweichenden Gärtner nennst, von einem eingebildeten Gärtner oder sogar von einem Gärtner, den es gar nicht gibt?"

Antony Flew 1965

VII. Ausklang und Abschluss – Lerngruppen-Kooperation

Theologisch-didaktische Aspekte

Langfristige Absprachen mit der Ethik-Lehrkraft sind nötig, um die Zeitpläne im Ethik-Kurs Religionsphilosophie (in der Regel in der letzten Jahrgangsstufe 12 bzw. 13) mit dem des Religionskurses abzustimmen. Die Sch der Ethik-Lerngruppe bringen ein, was sie aus den Weltreligionen über das jeweilige Gottesverständnis wissen, die Sch des Religionskurses tragen mit verschiedenen Aspekten der christlichen und evtl. jüdischen Tradition zu dem fächerübergreifenden und interreligiösen Dialog bei.

Intentionen

Sch bündeln und gewichten das im Kurs Erarbeitete. Um es beispielsweise einer Ethik-Lerngruppe präsentieren zu können, müssen sie die eigene Argumentationsweise noch einmal überprüfen. Zudem überprüfen sie das im Kurs Gelernte auf seine Relevanz für erlebte oder mögliche Lebenssituationen. Dieses Bündeln und Abwägen des Erlernten fordert Sachkompetenz. Daneben kommt die Selbstkompetenz ins Spiel, wenn schon gefällte oder mögliche Lebensentscheidungen kritisch reflektiert und zu dem Gelernten in Beziehung gesetzt werden.

Literatur und Medien

Koch, Stefan: Religionskundliches Lernen im Philosophieunterricht, in: Hahn, Matthias u.a. (Hg.): Religiöse Bildung und religionskundliches Lernen in ostdeutschen Schulen – Dokumente konfessioneller Kooperation, Münster u.a. : LIT Verlag 2000 (Religionspädagogische Kontexte und Konzepte; 7), S. 71-77

Nipkow, Karl Ernst: Religionsunterricht und Ethikunterricht – „Dialogpartnerschaft" in einer zerstrittenen Welt, in: Domsgen, Michael; Hahn, Matthias, Raupach-Strey, Gisela (Hg.): Religions- und Ethikunterricht in der Schule mit Zukunft, Bad Heilbrunn: Klinkhardt 2003, S. 85-105

Petermann, Hans-Bernhard: Religion erkunden. Das Element des Religiösen im Ethikunterricht in religionsphilosophischer Perspektive, in: Domsgen, Michael; Hahn, Matthias, Raupach-Strey, Gisela (Hg.): Religions- und Ethikunterricht in der Schule mit Zukunft, Bad Heilbrunn: Klinkhardt 2003, S. 257-277

Wermke, Michael (Hg.): Rituale und Inszenierungen in Schule und Unterricht, Münster 1997

Unterrichtsimpulse, Verlaufsvorschläge und Projektideen

1. Annäherungen

Die Sch tragen zusammen, was ihnen im Kurs „Gottes-Vorstellungen" besonders vor Augen war bzw. neu deutlich wurde. Es wird überlegt und entschieden, was davon den Sch der Ethik-Lerngruppe vermittelt werden kann und soll. Vielleicht entfaltet sich dabei eine grundsätzliche Diskussion über den Unterschied zwischen Religions- und Ethikunterricht?! Hierzu könnte die Kurzdefinition von Karl Ernst Nipkow provozierend zur Sprache kommen: Ethikunterricht wirft die Frage *nach* Gott auf; Religionsunterricht stellt die Erfahrung *mit* Gott und die Beziehung *zu* Gott in die Mitte. Hierdurch wird der Religionsunterricht unverwechselbar." Während Sch der Ethik-Lerngruppe Referate zu Gottes-Vorstellungen im Islam, im Hinduismus usw. vorbereiten, bekommen Kleingruppen oder Einzelne der Religionslerngruppe den Auftrag, jeweils einen Aspekt des christlichen Gottesverständnisses so darzustellen, dass sich die Relevanz dieser Vorstellung für Alltagssituationen oder für Entscheidungssituationen diskutieren lässt.

Gemeinsam wird nach solchen Situationen gesucht, in denen die eine oder andere Gottes-Vorstellung relevant sein könnte (z.B. die Frage des „gerechten Krieges", eines Waffendienstes, des gerechten Welthandels, Begegnung mit Tod und Sterben, mit Behinderung, Abtreibung, Leid und materieller Not, aber auch die Frage der Leistungsbewertung in der Schule und in mitmenschlichen Beziehungen).

Nachdem die Referate präsentiert wurden, bilden sich gemischte Ethik-Religion-Gruppen, die für jeweils eine Situation die Relevanz verschiedener Gottesvorstellungen prüfen.

Die Gruppenergebnisse werden vorgestellt und diskutiert.

Zum Abschluss sollen die Sch beider Gruppen Menschen kennen lernen, deren Handeln von ihrem Gottesbild bestimmt wird. Dies kann durch Besuche in diakonischen Einrichtungen und Gesprächen mit gesprächsfähigen (!) Menschen geschehen, aber auch durch Literatur oder Filme.

> Kommt eine Kooperation nicht zustande, bereiten sich die Religions-Sch. dennoch darauf vor, in der geschilderten Tendenz Kurzreferate des Erarbeiteten zu präsentieren. Ihre Ergebnisse werden dann für eine Auseinandersetzung mit dem Gottesbild des Islam genutzt, wie es in **M1** zusammengefasst ist.

2. Andächtiges zum Abschluss

Im Rückblick auf den Halbjahreskurs „Gottes-Vorstellungen" schreiben die Sch in Einzelarbeit auf Kärtchen, was ihnen wichtig geworden ist: Erkenntnisse, Erfahrungen, Einschätzungen. Dazu können sie in ihren Aufzeichnungen blättern. Sie haben 15 Minuten Zeit.

Die beschrifteten Kärtchen werden sichtbar aufgehängt. Eventuelle Nachfragen sind möglich, allgemeine Diskussionen aber nicht. Der „Erfolg" des Kurses wird sichtbar, wenn die Situation bzw. Fragestellung der Sch aus der ersten Stunde des Kurses mit dem Stand am Ende verglichen wird. Was hat sich verändert? Warum? Wozu?

Das im Kurs Erreichte soll präsentiert werden. Über die Form der Präsentation ist zunächst zu diskutieren: Eine Andacht bzw. Gottesdienst bietet sich an, wenn alle Sch einverstanden sind. An dieser Stelle kann sich eine spannende Diskussion über das Verhältnis von Religionsunterricht, Spiritualität und religiöser Praxis entwickeln. Wenn bei Sch Bedenken gegen einen Gottesdienst laut werden, wird eine für alle akzeptable Form der Präsentation gesucht, die Äußerungen persönlichen Glaubens möglich, aber nicht zwingend macht.

In Kleingruppen oder in Einzelarbeit werden Elemente für diese Abschlussfeier erarbeitet. Gebete, Psalmen, Lieder, Bilder sind im Unterricht vorgekommen, sie können als Vorlage für eigene Kreationen der Sch dienen. Auch L sollte zu dem Gottesdienst/der Andacht oder Abschlussfeier etwas beitragen.

Wenn Christen nach Allah fragen – Antworten einer Muslima | M1

Er ist Allah, der Schöpfer, der Bildner, der Gestalter. [59:24]

Was sagt Gott über sich selbst? Was bedeutet das Wort Allah?

Allah ist das arabische Wort für „der Gott", es ist kein spezieller Eigenname im herkömmlichen Sinn, denn auch arabische Christen sagen „Allah". Allah definiert sich im Qur'an durch viele Zusätze. Die häufigsten Worte, die in diesem Zusammenhang von Ihm selbst genannt werden sind ar-rahman (= gnädig) und ar-rahim (= barmherzig). Mit einer Ausnahme stehen diese Worte über jeder Sure des Qur'ans in der sog. Basmallah (Bismillahi-rahmani-rahim = im Namen Gottes, des Gnädigen, des Barmherzigen).

Interessant ist in diesem Zusammenhang, dass die arabische Wortwurzel von rahman, nämlich r-h-m dieselbe ist wie bei dem Wort rahm = Gebärmutter bzw. auch weibliche Verwandtschaft.

Gott stellt sich im Qur'an als der Schöpfer allen Seins dar und Er definiert die Beziehung zu Seiner Schöpfung, besonders zur Schöpfung Mensch:

„Er hat Sich Selbst Barmherzigkeit vorgeschrieben. ..." [6:12]

Von dem Er auch sagt: „Und wahrlich, Wir erschufen den Menschen, und Wir wissen, was er in seinem Innern hegt; und Wir sind ihm näher als (seine) Halsschlagader." [50:16]

Die 99 Namen Allahs drücken weitere Eigenschaften des Schöpfers aus. Trotzdem sind sich die Geschöpfe bewusst, dass sie Ihn nie völlig erfassen können, denn könnte der Mensch selbst das Wesen Gottes vollständig erfassen, bedürfte es keiner Offenbarung.

Wie kommen Muslime mit einem Gott zurecht, der so viele Gebote und Gebete fordert?

Die Gebote im Qur'an sind quantitativ nicht derart, dass sie den Menschen überfordern würden. Das ist auch nicht die Absicht des Schöpfers. Im Qur'an heißt es vielmehr:

„Allah will es euch leicht, Er will es euch nicht schwer machen – damit ihr die Frist vollendet und Allah rühmt, dass Er euch geleitet hat." [2:185]

Die Problematik innerhalb der muslimischen Gemeinschaften besteht vielmehr darin, dass die Menschen eine fatale Neigung dazu haben das Leben in „Verboten" und „Erlaubt" einzuteilen. Dies aber sind Kategorien des Rechts und dort haben sie auch ihre Sinngebung.

„Sprich: Wer hat die schönen Dinge Allahs verboten, die Er für Seine Diener hervorgebracht hat?" [7:32]

Allah selbst fordert vom Menschen die meisten Dinge zu dessen eigenem Besten:

„Wenn ihr Gutes tut, so tut ihr Gutes für eure eigenen Seelen." [17:7]

Nur das Fasten fordert der Schöpfer für sich ein. Somit kann der Mensch entscheiden, ob er etwas für sich selbst tun will.

Das Gebet ist für das Geschöpf eine direkte Verbindung zu diesem Schöpfer, es ist ein sich Bewusstmachen der Nähe Dessen, Der näher ist als die eigene Halsschlagader. Auch das Suchen dieser Nähe geht eigentlich mehr von einem Bedürfnis des Menschen aus, denn niemand kann das Gebet, das Fasten oder ähnliches kontrollieren. Somit ist das Einhalten von Geboten eine Frage der Perspektive und der Einstellung und ist mehr das Folgen einer Empfehlung.

M1

Gibt es Verpflichtungen Gottes gegenüber dem Menschen?

Neben der bereits erwähnten Verpflichtung zur Barmherzigkeit Seinen Geschöpfen gegenüber, stellt der Schöpfer den Menschen grundsätzlich die Möglichkeit zur Versorgung zur Verfügung. Er hat die Erde für den Menschen und dessen Bedürfnisse erschaffen und wenn der Mensch Gerechtigkeit walten lassen würde, wären die vorhandenen Ressourcen auch ausreichend für alle.

„Wahrlich, das ist Unsere Versorgung; nie wird sie sich erschöpfen." [38:54] und

„Und es gibt kein Geschöpf auf der Erde, dessen Versorgung nicht Allah obläge. Und Er kennt seinen Aufenthaltsort und seine Heimstatt. Alles ist in einer deutlichen Schrift (verzeichnet)." [11:6]

Außerdem hat sich Allah gegenüber dem Menschen zur Gerechtigkeit verpflichtet, das ist ein tröstlicher Ausblick sowohl für das Diesseits als auch für das Jenseits.

„Wahrlich, Allah tut kein Unrecht; auch nicht vom Gewicht eines Stäubchens. Und ist da irgendeine gute Tat, so vervielfacht Er sie und gibt von Sich aus gewaltigen Lohn." [4:40]

Ist im Islam der Zweifel an der Gerechtigkeit Gottes erlaubt?

Im Islam ist jeder Zweifel erlaubt, denn er ist notwendig, um den Prozess der Klärung herbeizuführen. Ohne Zweifel gäbe es keine Fragen und ohne Fragen kein Reflektieren. Allah selbst verkörpert die absolute Gerechtigkeit und hat eine Veranlagung und gleichzeitig auch ein Verlangen zur bzw. nach Gerechtigkeit in die Natur (fitra) des Menschen gelegt. Die Vorstellung, dass Allah jemanden belohnen würde, der ein Attentat begeht, bei dem viele unschuldige Menschen sterben, ist ein irriges Klischee, dass sich qur'anisch nicht belegen lässt.

„... dass, wenn jemand einen Menschen tötet, ohne dass dieser einen Mord begangen hätte, oder ohne dass ein Unheil im Lande geschehen wäre, es so sein soll, als hätte er die ganze Menschheit getötet; und wenn jemand einem Menschen das Leben erhält, es so sein soll, als hätte er der ganzen Menschheit das Leben erhalten." [5:32]

Die Freiheit des Menschen geht so weit, dass er sich von seinem Schöpfer abwenden, ja Ihn sogar leugnen kann, ohne dass Dieser ihm die Versorgung wie z.B. das Atmen versagt. Kann es eine größere Freiheit geben?

Wo kommt das Böse her?

Gehe wir auf das satanische Prinzip zurück, dass im Qur'an geschildert wird, liegt die Ursache allen Übels in dem Wunsch des Menschen, besser zu sein als die anderen. Daraus resultiert der Wunsch Macht über die vermeintlich „Schlechteren" zu haben. Die Vorstellung im Besitz der alleinigen Wahrheit zu sein, lässt den Menschen die notwendige Demut verlieren. Wenn wir nicht gemeinschaftlich eine Instanz über uns Menschen anerkennen, wobei es unwesentlich ist, wie wir diese bezeichnen, bricht zweifellos der Machtkampf um eine Vormachtstellung aus, die es innerhalb der Schöpfung gar nicht geben kann. Trotz der Veranlagung Böses zu tun, gibt der Schöpfer stets die Möglichkeit der Vergebung:

„Und wer Böses tut oder sich gegen sich selbst vergeht und dann Allah um Vergebung bittet, der findet Allah Allvergebend, Barmherzig." [4:110]

Gott hat ein vom Menschen gar nicht voll erfassbares Vertrauen in Sein Geschöpf. Selbst die Engel erwähnen zur Absicht des Schöpfers den Menschen zu erschaffen:

„Und als dein Herr zu den Engeln sprach: Wahrlich, Ich werde auf der Erde einen Nachfolger einsetzen", sagten sie: Willst Du auf ihr jemanden einsetzen, der auf ihr Unheil anrichtet und Blut vergießt, wo wir doch Dein Lob preisen und Deine Herrlichkeit rühmen? Er sagte: Wahrlich, Ich weiß, was ihr nicht wisst." [2:30]

M1

Heißt Barmherzigkeit Gottes auch, dass Gott mit dem Menschen leidet?

Leid kann einem von außen widerfahren, d.h. es wird einem von einem anderen zugefügt; das ist nur möglich von einem gleich oder höher gestellten Wesen. Da Gott/Allah jedoch der Schöpfer ist, nichts Ihm gleich und schon gar nichts über Ihm ist, ist die Vorstellung eines leidenden Gottes in der islamischen Theologie im christlichen Sinne nicht vorstellbar.

Das bedeutet aber nicht, dass Gott sich nicht selbst als der Mitleidige, der Milde, der Großzügige, der Erhalter gegenüber Seiner Schöpfung bezeichnet, auf dessen Vergebung und Gunst der Mensch zeitlebens Anspruch erheben kann. Gott übernimmt die Verantwortung.

„ Und dies sind Allahs Gebote; und wer Allahs Gebote übertritt, der hat sich selber Unrecht getan. … .[65:1]"

Rabeya Müller 2004

C Lernerfolgsüberprüfungen
Mündliche Abiturprüfung

Zu Baustein II (Die Vielzahl und Vielfalt biblischer Gottes-Vorstellungen) bzw. IV.3 (Aspekte biblischen Redens von und mit Gott. Gott und das Leid)

Meditation „Gott du bist anders als wir denken" (Johannes Hansen)

Aufgabenstellung:

1. Geben Sie den Inhalt des Textes in wenigen Sätzen wieder und berücksichtigen Sie dabei Überschrift, Struktur und Lay-out des Textes!
2. Setzen Sie den Text in Beziehung zur Hiob-Erzählung und stellen Sie eine Verbindung her zwischen der Frage nach Gott und dem Umgang mit den Mitmenschen!

Als Erwartungshorizont ist von der *Problemerfassung* her zu erwarten, dass Sch eine oder mehrere folgender thematischen Schwerpunkte zur Sprache bringt:
– Gott als Gott der Beziehung;
– Grundlagenklärung ist notwendig vor Diskussion über Existenz Gottes;
– Monotheismus und Bilderverbot;
– Vielzahl und Vielfalt biblischer Gottes-Vorstellungen;
– Präsentation Gottes in religiösen und alltäglichen Kontexten;
– Begriffsanalyse „Gottesbild".

Hinsichtlich einer *Problembearbeitung* ist zu erwarten:
– Eine Darstellung der Projektionstheorie in bezug zum biblischen Gottesbild;
– Darstellung biblischer und gegenwärtiger Gottes-Vorstellungen;
– Reflexion eigener Erfahrungen und die Darstellung des Zusammenhangs zwischen Biographie, Persönlichkeit und Gottes-Vorstellung.

In Bezug auf die *Präsentation* ist von Sch zu erwarten:
– Eine strukturierte, eigenständige und reflektierte Vortragsform;
– Verknüpfung von Text mit Sachwissen und eigener Erfahrung;
– Kompetente Wiedergabe und Analyse des Textes von Johannes Hansen;
– Einordnungen in einen größeren Kontext und Umgang mit Fachtermini;
– Präsentation der Hiob-Erzählung und Verknüpfung mit dem Text.

Das Prüfungsgespräch kann in den Bereich Anthropologie weiter geleitet werden. Eine weitere Fokussierung wäre auf den Bereich Spiritualität oder „Leben in Beziehungen" (z.B. „sich ein Bild vom Menschen machen"; Umgang mit der Andersartigkeit anderer Menschen) möglich.

Gott
Du bist anders
als wir denken
immer wieder anders
Du lässt Dich nicht
berechnen
einordnen
gebrauchen
unterbringen
aussuchen
vergleichen
wählen
beweisen
durch uns Menschen

Gott
Du bist anders
als wir denken
immer wieder anders
Du läßt Dich
verachten
verlachen
verleugnen
verfolgen
verdrängen
vergessen
verfluchen
verlassen
durch uns Menschen

Gott
Du bist anders
als wir denken
immer wieder anders
Du läßt Dich
hören
suchen
finden
fragen
rufen
loben
bitten
lieben
durch uns Menschen

Johannes Hansen 1978

Klausur

Zu Baustein IV.3 Aspekte biblischen Redens von und mit Gott. Gott und das Leid

Die Frage nach dem Leid und die Antworten auf das Leid am Beispiel Hiob

Bild-Grundlage: Kees de Kort: Hiob (Neukirchener Erzählbibel; bitte farbig bereitstellen)

Aufgabenstellung:
1. Legen Sie die alttestamentliche Hiob-Erzählung in ihren Grundzügen dar.
2. Analysieren Sie das Bild von Kees de Kort und setzen Sie es einerseits in Beziehung zur alttestamentlichen Hiob-Erzählung und andererseits zur Überschrift („Die Frage nach dem Leid und die Antworten auf das Leid am Beispiel Hiob")!
3. Setzen Sie in das Bild Sprech- bzw. Gedankenblasen, platzieren Sie diese passend und versehen Sie sie jeweils mit einem Text, so dass es ein stimmiges Bild ergibt!
4. Nennen Sie drei Kontexte, in denen die Frage nach dem Leid einerseits und die Antworten auf das Leid andererseits ihre Relevanz aufzeigen können. Beziehen Sie jeweils Stellung dazu!

Quellenverzeichnis

Baustein I

M1a: Helmut Gollwitzer: Gottes Offenbarung und unsere Vorstellung von Gott, München 1964, 3.Aufl., S. 15–19 © Chr. Kaiser/Gütersloher Verlagshaus, Gütersloh

M1c: Bertolt Brecht, aus: Werke. Große kommentierte Berliner und Frankfurter Ausgabe, Band 18: Geschichten von Herrn Keuner, © Suhrkamp Verlag 1995

M2 (Karikatur): Marie Marcks: Zensurenpyramide, aus: dies.: Krümm dich beizeiten, Heidelberg 1977

Baustein II

M2a: Heinz Zahrnt: Das Leben Gottes, in: Aus einer unendlichen Geschichte, © Piper Verlag GmbH, München 1997

M2b: Eduard Kopp: Religion für Einsteiger, in: chrismon, Nr. 10, 2001, S. 25

M2c: Leszek Kolakowski: Der Himmelsschlüssel. Erbauliche Geschichten, © Piper 1992

M4a und b (Liedtexte): Schöne, Buschfunk, Berlin

M4c (Liedtext): Ute Rink: Gib mir deine Hand, Mit freundlicher Genehmigung MUSIK FÜR DICH Rolf Zuckowski OHG, Hamburg

M4d: Andreas Malessa: Glaubst du echt ans Material, in: CD „Langarbeitsheftspielscheibe", Dettenhausen: Pila Music 1994

Baustein III

M2b: Erich Fromm: Die Herausforderung Gottes und der Menschen, Konstanz: Diana Verlag 1970, S. 34f. © Internationale Erich-Fromm-Gesellschaft e.V., Tübingen

M2c: Max Frisch: Tagebuch 1946-1949, © Suhrkamp Verlag 1950, S. 26f.

M2d: Frauke Büchner: Wahrnehmungen in der Wüste und auf dem Berg, in: Aufbrüche (PTI Drübeck) 8./2001 (Heft 2), S. 28-33

M2e: Kurt Marti: O Gott! Essays und Meditationen, Stuttgart: Radius-Verlag 1986, S. 48

Baustein IV

M1a: S. Ph. de Vries: Jüdische Riten und Symbole, durchgesehene und neu bebilderte Ausgabe 2005, S.141–144 Ausgabe

M2: Ingo Baldermann: Ich glaube. Erfahrungen mit dem Apostolischen Glaubensbekenntnis, Neukirchen-Vluyn: Neukirchener Verlag 2004, S. 39–41

M3a: Christl Maier; Silvia Schroer: Das Buch Ijob, in: Schottroff, Luise, Wacker, Marie-Theres: Kompendium Feministische Bibelauslegung, Gütersloh: Chr. Kaiser 1998, S. 201-204

M3c: Zvi Kolitz: Jossel Rakovers Wendung zu Gott. Aus dem Jiddischen von Paul Badde, Copyright © 2004 Diogenes Verlag AG Zürich

M3e: Lothar Zenetti: Die Stunde der Seiltänzer, München: Pfeiffer Verlag 1982, S. 125f.

M3f: Elie Wiesel: Die Nacht. Erinnerung und Zeugnis, Freiburg: Herder 2003 (6. Aufl.) © F. A. Herbig Verlagsbuchhandlung

M3g: Ernst Bloch: Atheismus im Christentum, © Suhrkamp Verlag 1968, S. 148f.

M4a: Lexikon der Religionspädagogik, hg. v. N. Mette u. F. Rickers, Neukirchener Verlag, Neukirchen-Vluyn 2001, Band 1, Sp 655–659

M4b: Ingo Baldermann: Wer hört mein Weinen?, WdL Bd. 4, Neukirchener Verlag, Neukirchen-Vluyn, 7. Aufl. 2004

M4c: Nelly Sachs: Rechteinhaber unbekannt

M4d: Andrea Schwarz, in: dies.: Ich mag Gänseblümchen, © Verlag Herder 1995, Freiburg im Breisgau, 24. Gesamtauflage 2004

M4e (Bild): Edvard Munch: Der Schrei, © The Munch Museum/The Munch Ellingsen Group

M4f: Ilsetraud Ix und Rüdiger Kaldewey, Was in Religion Sache ist. Lern- und Lebenswissen, S. 145. © Patmos Verlag GmbH & Co., Düsseldorf

M4h (Bild): Klaus Staeck: Hände © VG Bild-Kunst, Bonn 2005

M4i (Lied): Manfred Siebald, Verlag Klaus Gerth 1972, © Hänssler-Verlag, Holzgerlingen

M4j: Dorothee Sölle: Gott denken, Kreuz Verlag Stuttgart, 1990, © Fulbert Steffensky

M4l: Martin Buber: Ich und du © Gütersloher Verlagshaus GmbH, Gütersloh

M4m: Martin Buber: Erzählungen der Chassidim, Zürich: Manesse Verlag 1949

M5a (Lied): © Christophorus-Verlag, Freiburg i.Br. und Verlag Ernst Kaufmann, Lahr

M5c: Johannes Jourdan: Hamburger Lyriktexte 2 „Sein Schrei ist stumm", Herbert Reich Verlag 1970

M5d: Friedrich Schorlemmer: Die Bibel für Eilige, ©Aufbau Taschenbuch Verlag, Berlin 2003

M6a: Hans Frör: Ich will von Gott erzählen wie von einem Menschen, den ich liebe, München: Kaiser 1977, S. 34f. © Chr. Kaiser/Gütersloher Verlagshaus GmbH, Gütersloh

M6c: Christofer Frey: Die Torheit des Kreuzes, Predigt über 1. Korinther 1,18-25, aus: Oberstufe Religion 10, Gottes verborgene Gegenwart, S. 70 + 71 © 1988 Calwer Verlag Stuttgart

M6d: Dorothee Sölle: Gott denken. Einführung in die Theologie, Stuttgart: Kreuz Verlag, 1990, S. 243–245i.A. © Fulbert Steffensky

M6e: Märchen des Volkes Israel, GTB Märchen 1982, S. 26 © Chr. Kaiser/Gütersloher Verlagshaus GmbH, Gütersloh

M6f: Wilhelm Willms: der geerdete himmel. wiederbelebungsversuche, © 1974 Verlag Butzon & Bercker, Kevelaer, 1.15

M6g: Brevard S. Childs: Die Theologie der einen Bibel, Childs, Bibeltheologie Bd. 2, aus dem Englischen von Christiane und Manfred Oeming © Verlag Herder, Freiburg im Breisgau, 1996 Band 2

M8a (Plastik): © Joh. Brendow & Sohn Verlag GmbH, Moers. Plastk von Dorothea Steigerwald, Motiv: Bleib sein Kind

M8c: Predigt von Craig D. Atwood, übersetzt von Frank Hiddemann, Neudietendorf: Brüdergemeinde, 2003

M8d: Pinchas Lapide, Er predigte in ihren Synagogen. Jüdische Evangelienauslegung, Gütersloh: GTS Siebenstern (1400) 1987, 87f © Chr. Kaiser/Gütersloher Verlagshaus GmbH, Gütersloh

Baustein V

M1: Kurt Marti: Größer von Gott denken, in: Heinrich Albertz (Hg.): Die Zehn Gebote, Bd 2, Stuttgart: Radius-Verlag 1986

M2: © Ilke S. Prick, Berlin, in: Schlangenbrut Nr. 71, 18./2000, S. 29

M3: © Margot Moers Wenig: Gott ist eine Frau – und sie wird älter, in: Evangelische Theologie 52./1991 (Heft 5), S. 382-388

M4: Klöpper, Diana; Schiffner, Kerstin: Gütersloher Erzählbibel. Mit Bildern von Juliana Heidenreich © Chr. Kaiser/Gütersloher Verlagshaus GmbH, Gütersloh

M1: Tilmann Moser: Gottesvergiftung, Frankfurt a.M.; © Suhrkamp 1976

M2: Elisabeth Moltmann-Wendel: Feministische Theologie – Ich bin gut, ich bin ganz, ich bin schön, in: Ev. Akademie Bad Boll: Arbeitshilfen 3: Feministische Theologie – Praxis, Werkstattbuch Evangelische Akademie Bad Boll 1981, S. 22-27 i.A.

M1(Liedtext): Herman van Veen © Polygram Music Publishing BV, Universal Music Publ. GmbH, Berlin

M1: Wolf-Dietrich Schnurre: Das Begräbnis, in: ders.: Erzählungen 1945–1986, München: Paul List Verlag 1977 © Marina Schnurre

M2: Bonhoeffer, Dietrich: Widerstand und Ergebung, München: Chr. Kaiser Verlag 1952, S. 215-218.241f. © Chr. Kaiser/Gütersloher Verlagshaus GmbH, Gütersloh

M3: Sölle, Dorothee: Vom Ende des Theismus, in: dies.: Gott denken. Einführung in die Theologie, Stuttgart: Kreuz 1990, S. 223ff. © Fulbert Steffensky

M4: Gollwitzer, Helmut: Von der Stellvertretung Gottes. Christlicher Glaube in der Erfahrung der Verborgenheit Gottes, München: Christian Kaiser 1968, S. 50-53 © Chr. Kaiser/Gütersloher Verlagshaus GmbH, Gütersloh

M5: Marquardt, Friedrich-Wilhelm: Eia, wärn wir da – eine theologische Utopie, Gütersloh, Christian Kaiser 1997, S. 572 © Chr. Kaiser/Gütersloher Verlagshaus GmbH, Gütersloh

Baustein VI

M1: Rüdiger Kaldewey, Gebhard Neumüller; Franz W. Niehl (Hg.): Konzepte 2. Gott und Gottesbilder, Kösel-Verlag, München 1977

M2: Hans-Martin Barth: Dogmatik. Evangelischer Glaube im Kontext der Weltreligionen, © Chr. Kaiser/Gütersloher Verlagshaus GmbH, Gütersloh, S. 258f.

M4: Flew, Antony:Parabel vom Gärtner, den es gar nicht gibt, in: van Buren, P.M.: Reden von Gott in der Sprache der Welt, Zürich: Zwingli Verlag 1965 (Rechteinhaber unbekannt)

Baustein VII

M1: © Rabeya Müller

Lernerfolgsüberprüfungen

Johannes Hansen: Gott, Du bist anders, als wir denken. Zu Psalm 14, in: ders.: Nach dem Dunkel kommt ein neuer Morgen. Psalm-Meditationen, Wesel: Kawohl Verlag 2004 (18. Aufl.), S. 50

Wir haben uns bemüht, die Rechtinhaber ausfindig zu machen; für etwa fehlende Informationen sind wir dankbar.

Die Materialien, die hier nicht erwähnt sind, sind frei (z.B. Eigenproduktionen der Autoren/des Verlags).